AutoCAD 이해와 활용

개정판

하강훈 지음

도서출판 동화기술

Preface

본 책에서는 AutoCAD를 용어 위주의 교육이 아닌 실무 위주의 교육을 할 수 있도록 실무에서 가장 많이 사용되는 2D객체와 도면 위주로 책을 구성하였다.

AutoCAD는 책으로 학습하는 것도 중요하지만 학생이 직접 많은 객체와 도면을 그림으로써 손에 익히는 것이 가장 중요하다. 따라서 대학 및 학원의 정해진 수업시간에 많은 도면을 실습할 수 있도록 많은 객체와 도면을 삽입하여 교육자가 실습 도면을 복사 및 출력하는 번거로움을 해소하였다. 또한 교육을 받는 학생들과 스스로 공부하는 학생들 또한 빠른 시간에 AutoCAD의 기본지식을 함양할 수 있도록 작성하였다.

본 책은 기계, 전기, 소방 등의 도면 및 배관, 밸브류 등의 객체 및 도면을 삽입함으로써 공학도의 이해력을 높이는데 노력하였다.

끝으로 이 책을 출판함에 있어서 큰 도움을 주신 도서출판 동화기술 이재영 부장님, 부경대학교 최재욱 교수님, 경일대학교 소수현 교수님, 순천제일대학교 이도와 교수님, 하동효 님께 감사의 말씀을 드린다.

Contents

CHAPTER 4

CHAPTER 5

CHAPTER 6

CHAPTER 7

CHAPTER 8

CHAPTER 11

CHAPTER 12

CHAPTER 13

CHAPTER 14

CHAPTER 15

CHAPTER 1

AutoCAD의 특징 및 설치 방법

1. AutoCAD 소개
2. 시스템 요구사항
3. 설치하기

1 AutoCAD 소개

AutoCAD란 PC용 CAD 프로그램으로서 여기서 CAD는 'Computer Aided Design' 또는 'Computer Aided Drafting'의 약자이다.

국내에서는 1987년 9월 Release 9부터 국내에 도입되어 사용되었으며 AutoCAD 2000이 발표된 이후로는 매년 새로운 버전이 업데이트 되고 있다.

AutoCAD는 전용 프로그램이 아닌 범용 프로그램으로서 건축, 전기, 전자, 소방, 자동차 등 도면을 필요로 하는 거의 모든 분야에서 활용되고 있다.

2 시스템 요구사항

AutoCAD에서는 다양한 버전이 사용되고 있지만 본 책에서는 실무에서 가장 많이 사용하고 있는 AutoCAD 2010버전을 사용하였으며, 32Bit와 64Bit에 따라 다음과 같은 PC의 운영체계가 필요하다.

【 32 Bit AutoCAD 2010 사용을 위한 시스템 요구사항 】

구분	요구사항
운영체제	Microsoft Window XP Home 및 Professional SP2 이상 Microsoft Window Vista SP1 이상 Window Vista Enterprise, Business, Ultimate, Home Premium
브라우저	Internet Explorer 7.0 이상
CPU	Window XP : Intel Pentium 4 또은 AMD Athlon Dual Core 1.6GHz 이상 (SSE2 기술 포함) Window Vista : Inter Pentium 4 또는 AMD Athlon Dual Core 3.0GHz 이상 (SSE2 기술 포함)
메모리	Window XP : 2GB RAM / Window Vista : 2GB RAM
디스플레이 해상도	1024×768(트루 컬러)
하드 디스크	설치 용량 1GB
입력장치	MS-마우스 호환
미디어	DVD 또는 CD-ROM
3D 모델링 요구사항	Intel Pentium 4 프로세서 또는 AMD Athlon, 3.0GHz 이상 Intel이나 AMD Dual Core 프로세서 2.0GHz 이상, 2GB 이상 RAM, 2GB 하드 디스크 여유 공간(설치 미포함) 1280×1024 32Bit 컬러 비디오 디스플레이 어댑터(트루 컬러)128MB 이상, Direct3D 지원 워크스테이션급 그래픽 카드

【 64 Bit AutoCAD 2010 사용을 위한 시스템 요구사항 】

운영체제	Microsoft Window XP Home 및 Professional SP2 이상 Microsoft Window Vista SP1 이상 Window Vista Enterprise, Business, Ultimate, Home Premium
브라우저	Internet Explorer 7.0 이상
CPU	AMD Athlon 64(SSE2 기술 포함), AMD Opteron(SSE2 기술 포함) Intel Xeon(Intel EM64T 지원 및 SSE2 기술 포함), Intel Pentium 4(Intel EM64T 지원 및 SSE2 기술 포함)
메모리	Window XP : 2GB RAM / Window Vista : 2GB RAM
디스플레이 해상도	1024 × 768(트루 컬러)
하드 디스크	설치 용량 1.5GB
입력장치	MS-마우스 호환
미디어	DVD 또는 CD-ROM
3D 모델링 요구사항	Intel Pentium 4 프로세서 또는 AMD Athlon, 3.0GHz 이상 Intel이나 AMD Dual Core 프로세서 2.0GHz 이상, 2GB 이상 RAM, 2GB 하드 디스크여유 공간(설치 미포함) 1280 × 1024 32Bit 컬러 비디오 디스플레이 어댑터(트루 컬러)128MB 이상, Direct3D 지원 워크스테이션급 그래픽 카드

3 설치하기

① AutoCAD CD를 CD-ROM에 넣으면 다음과 같이 설치 마법사가 나타나며 좌측 상단에 있는 설치 버튼(Install Products)을 클릭한다.

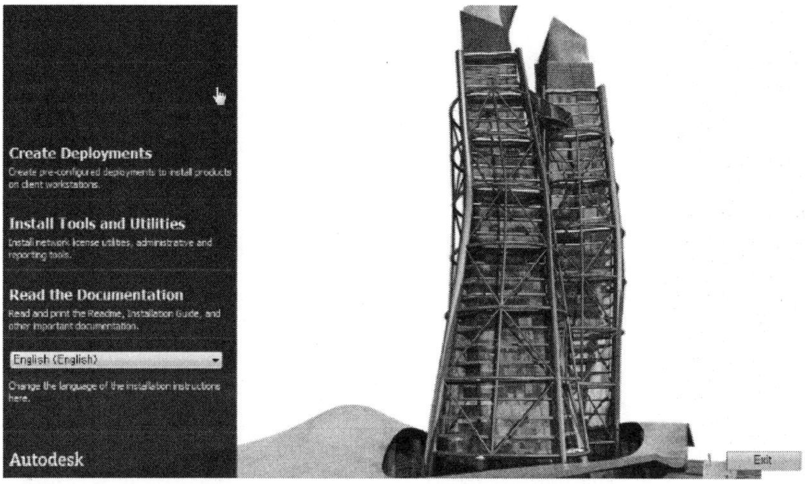

② AutoCAD 2010 항목을 체크한 후 다음(Next)을 클릭한다.

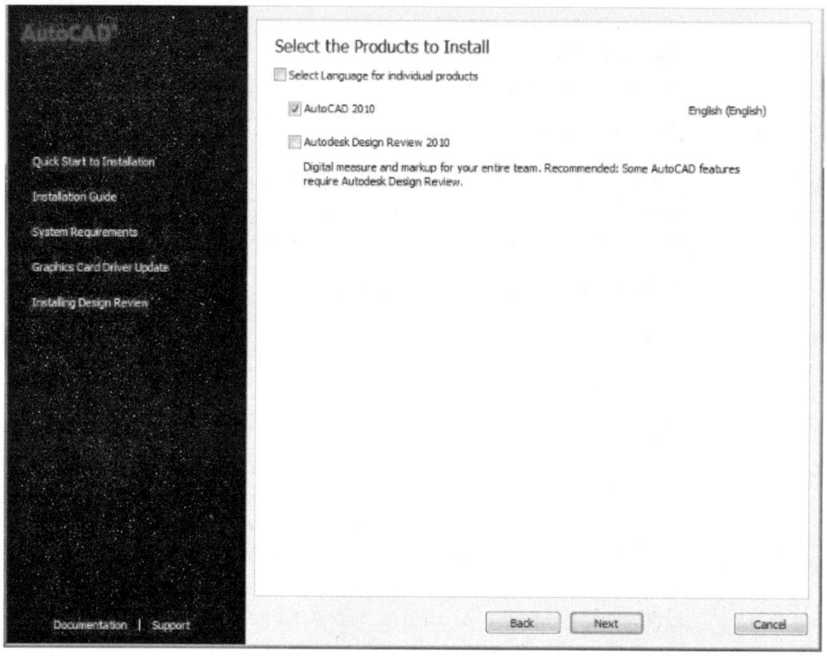

③ 라이센스 계약서 수락(Accept the License Agreement)에서 'I Accept'를 체크한 후 다음(Next)를 클릭한다.

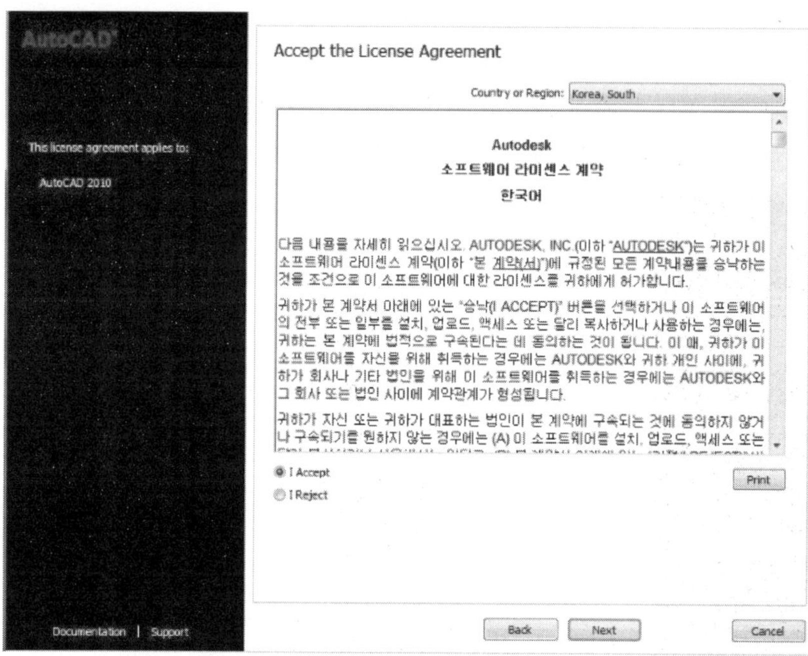

④ 제품 개인화 화면에서 일련 번호(Serial number)와 사용자 정보 등을 입력하고 Next 버튼을 클릭한다.

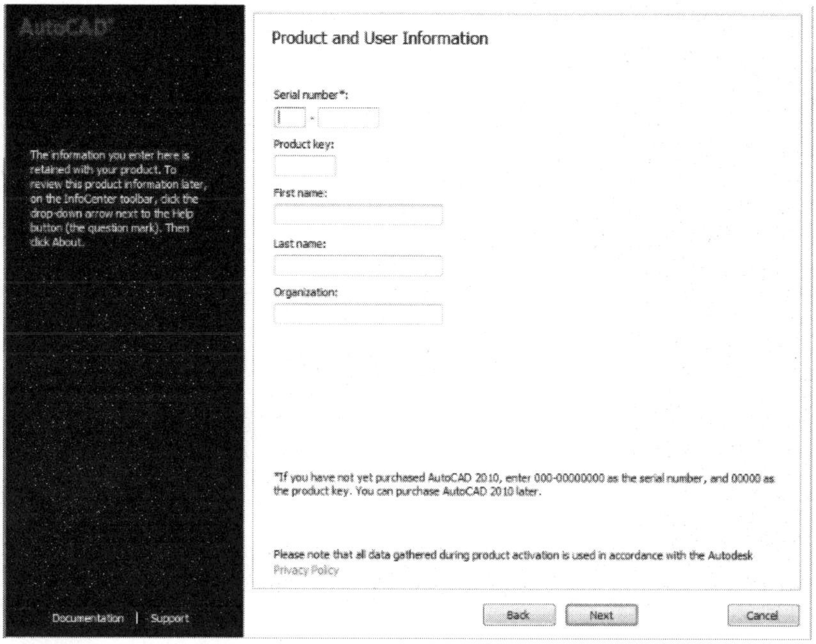

⑤ 검토(Review) - 구성(Configure) - 설치(Install) 화면에서 'Configure'를 클릭하여 제품 구성의 기본값을 설정한다.

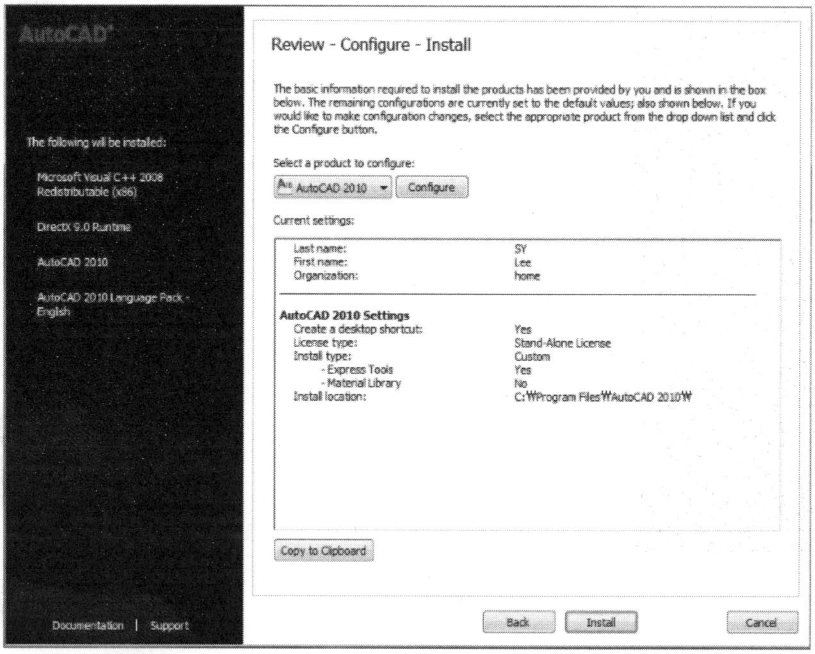

⑥ 다음 화면에서 구성요소들을 설치한다.

⑦ 설치가 완료되면 Finish 버튼을 클릭한다.

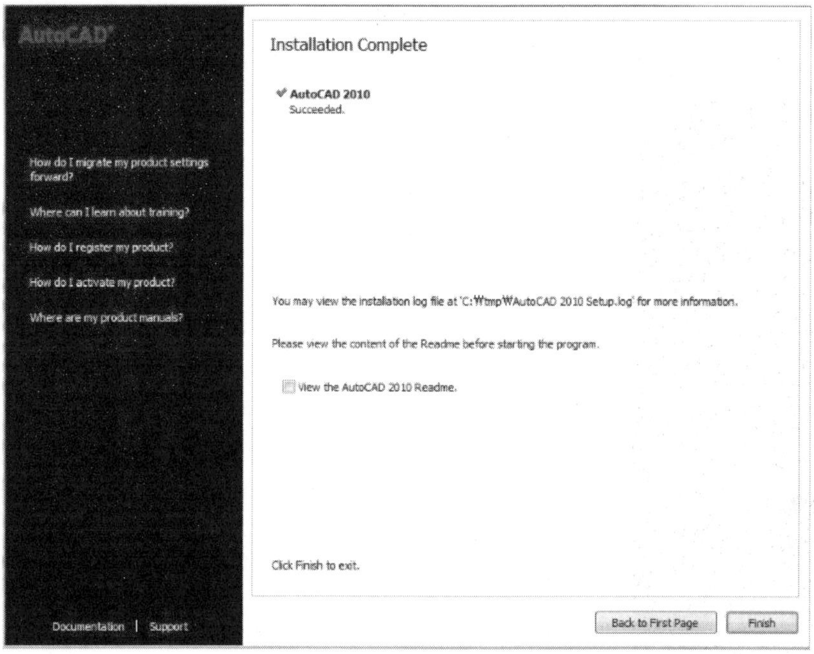

CHAPTER 2

AutoCAD 시작하기

1. 새 도면 열기(New)
2. 열기(Open)
3. 저장, 다른 이름으로 도면 저장(Save, Save As …)

1 새 도면 열기(New)

선택한 도면의 템플릿 파일을 오픈하여 새로운 도면을 시작하는 기능이다.

- **리본 메뉴(Ribbon Menu) :** 
- **메뉴 막대(Menu Bar) : 파일 → 신규**
- **명령(Command) : New**

명령어를 입력하거나 좌측 상단의 리본 메뉴를 클릭하면 다음과 같은 템플릿 선택(Select template)대화상자가 나타난다.

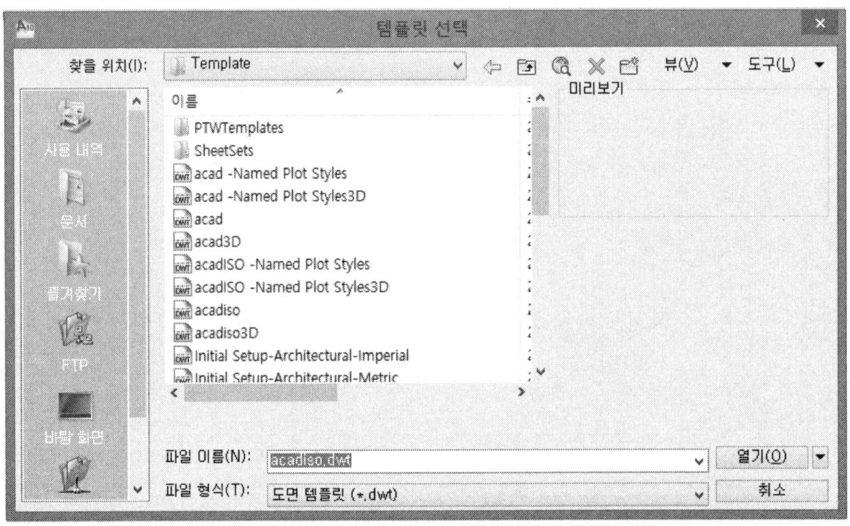

AutoCAD에서는 기본적으로 acadsio.dwt로 도면 파일이 적용되어 있으며 원하는 템플릿 파일을 설정하여 오픈할 수 있다.

2 열기(Open)

현재 프로그램에 저장되어 있는 도면 파일을 불러오는 기능이다.

- 리본 메뉴(Ribbon Menu) :
- 메뉴 막대(Menu Bar) : 파일→열기
- 명령(Command) : Open

명령어를 입력하거나 리본 메뉴를 클릭하면 다음과 같은 파일 선택(Select File) 대화상자가 나타난다.

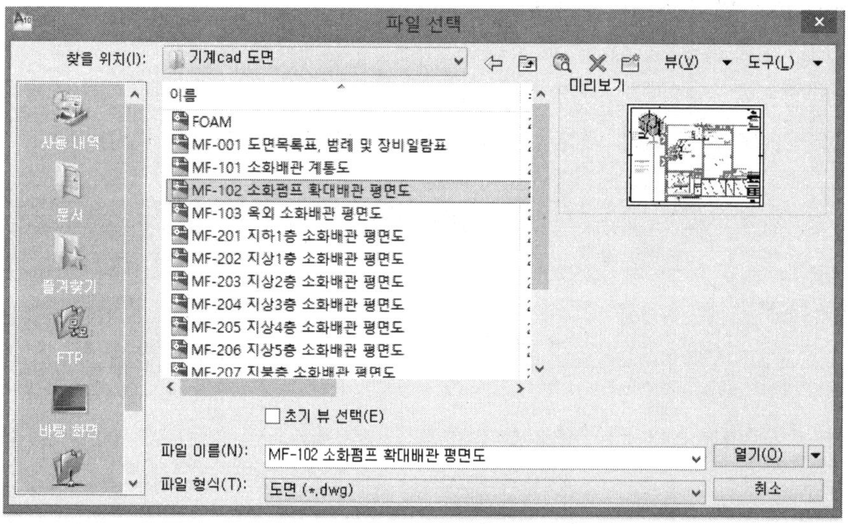

기존에 저장되어 있는 AutoCAD 파일 중 필요한 파일을 선택하여 열기(Open) 버튼을 클릭한다.

- 열기(Open)

  열기 버튼 옆의 삼각형을 클릭하면 읽기 전용 혹은 부분 열기 중 선택할 수 있다.

☞ 읽기 전용(Open Read-Only)

도면을 확인하고 출력할 경우 사용된다.

☞ 부분 열기(Partical Open)

저장된 도면의 도면층 중에서 필요한 도면층을 선택하여 불러올 수 있다.

3 저장, 다른 이름으로 도면 저장(Save, Save As …)

현재 작업한 파일을 저장하거나 새로운 이름으로 저장하는 기능이며 다른 파일의 형식으로도 저장이 가능하다.

- **리본 메뉴(Ribbon Menu) :** 
- **메뉴 막대(Menu Bar) : 파일→저장**
- **명령(Command) : Save, Saveas**

명령어를 입력하거나 리본 메뉴를 클릭하면 다음과 같은 대화상자가 나타난다.

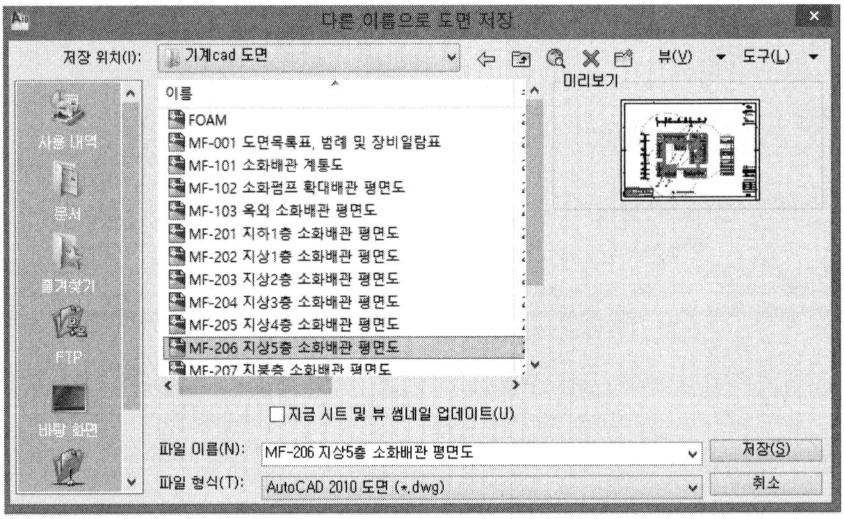

도면을 작업한 후 기존의 도면에 저장하거나 새로운 도면으로 저장할 수 있으며 옵션을 통해 일정 시간에 따라 자동으로 도면을 저장할 수 있다.

CHAPTER 3

AutoCAD의 화면 구성

1. Auto CAD의 화면구성
2. 응용 프로그램 메뉴
3. 신속 접근 막대
4. 리본 메뉴(Ribbon Menu)
5. 명령 행(Command Line)
6. 좌표(Coordinates)
7. 상태 표시 줄(Status Line) 도구막대

1 Auto CAD의 화면구성

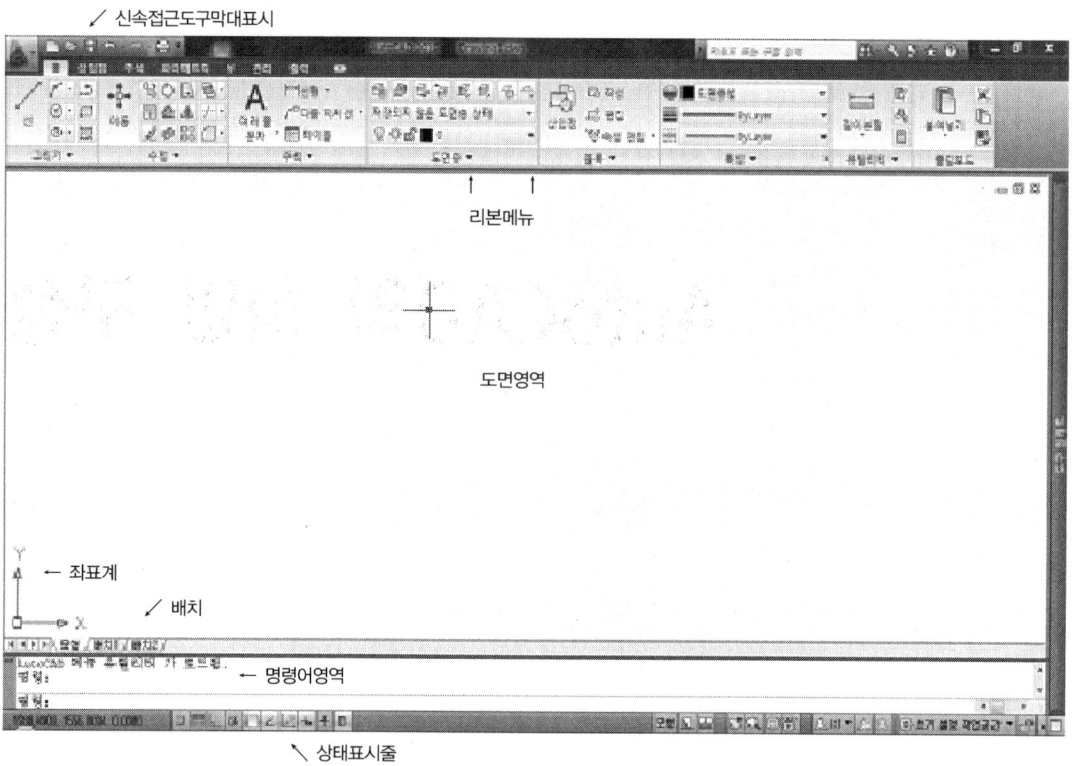

Auto CAD의 화면은 크게 메뉴, 도구막대, 도면, 명령어 영역, 상태표시줄, 신속 접근 도구막대 표시, 좌표계 등으로 구성되어 있다.

- **도면 영역**

  도면을 그리기 위한 영역

- **리본(Ribbon)메뉴**

  Line, Arc, Circle 등의 명령어를 아이콘을 이용하여 쉽게 선택하여 실행할 수 있는 영역

- **신속 접근 도구막대 표시**

  새 도면 열기, 저장, 출력, 명령취소 등 자주 사용하는 도구를 신속 접근막대에 표시

- **명령어 영역**
  명령어를 직접 입력하는 영역

- **상태표시 줄**
  커서의 좌표를 나타내고, 각종 설정에 대한 상태가 표시되어 있는 곳

- **좌표계**
  X, Y, Z의 방향과 원점을 표시해 주는 아이콘

- **배치**
  도면영역에서 그려진 도면을 출력하기 위해 화면을 구성하는 배치 공간

2 응용 프로그램 메뉴

응용 프로그램 메뉴는 AutoCAD 화면의 상단 왼쪽에 있는 알파벳 A가 그려져 있는 아이콘을 선택하면 다음과 같은 창이 로드된다.

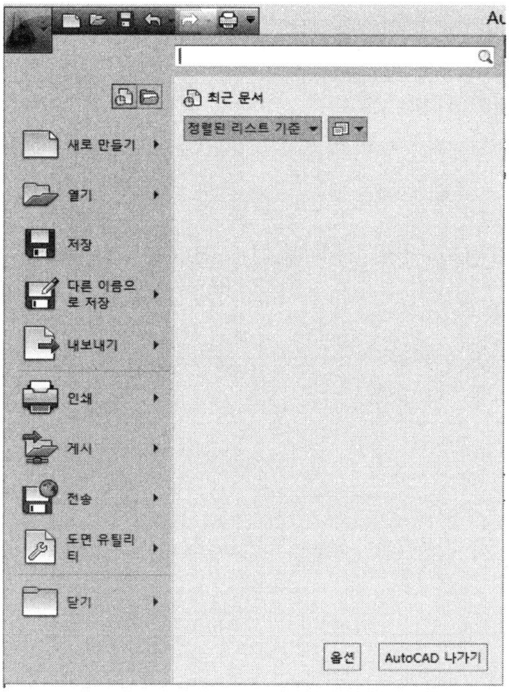

- **새로 만들기(New)**

  새로운 도면을 작성 할 때 사용하는 명령어이다.

- **열기(Open)**

  저장되어 있는 파일을 로드하는 기능이다.

- **저장(Save)**

  화면에 작업한 파일을 저장하는 기능이다.

- **다른 이름으로 저장(Save as)**

  화면에 작업한 파일이나 이미 작업한 파일을 다른 이름으로 저장하는 기능이다.

- **내보내기(Export)**

  다른 형식(*.DWF, *.DWFx, *.PDF 등)의 파일로 내보내는 기능이다.

- **인쇄(Print)**

  작업한 도면을 플로터 또는 프린터 등으로 출력하는 기능이다.

- **게시(Publish)**

  작업한 도면을 공유하는 기능이다.

- **전송(Send)**

  작업한 도면을 패키지(전자 전송, 전자 우편)로 보내는 기능이다.

- **도면 유틸리티(Drawing Utilities)**

  도면을 유지 및 관리하는 도구이다.

- **닫기(Close)**

  현재 작업 중인 도면 및 열려있는 모든 도면을 닫는 기능이다.

3 신속 접근 막대

신속 접근 막대란 새로 만들기, 열기, 저장, 명령 취소, 명령 복구, 출력 등의 명령을 실행할 수 있는 아이콘을 모아둔 곳으로 화면의 왼쪽 상단에 위치해 있다.

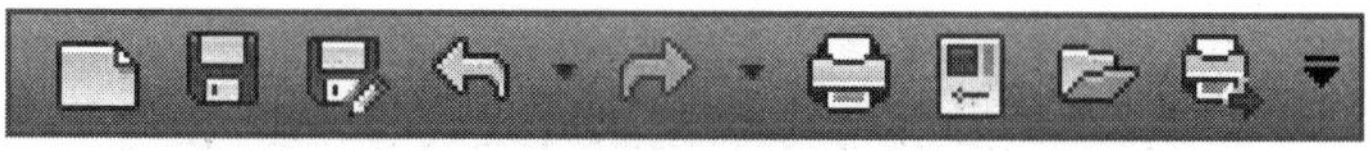

신속 접근 막대의 오른쪽 상단의 화살표를 마우스로 클릭하여 명령어를 추가하거나 아이콘에 마우스를 위치하고 마우스의 우측 버튼을 이용하여 아이콘을 삭제할 수 있다.

4 리본 메뉴(Ribbon Menu)

리본 메뉴란 홈, 삽입, 주석, 파라메트릭, 뷰, 관리, 출력의 탭 안에 그리기, 수정, 도면층 등의 패널로 구성되어 있고 명령을 클릭하여 도면을 작업할 수 있다.

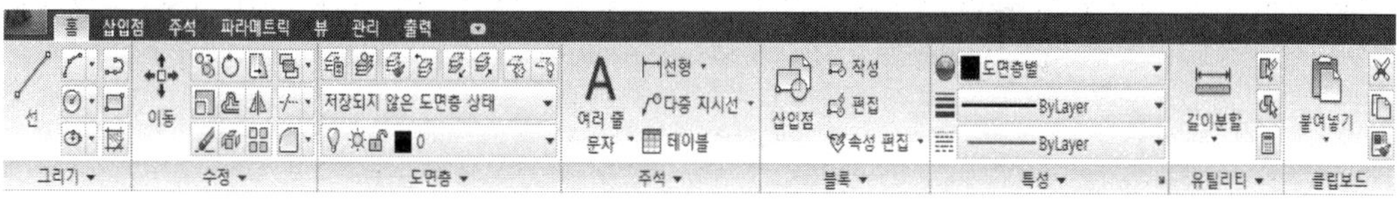

※ 리본 탭의 오른쪽에 있는 화살표를 이용하여 리본 메뉴를 숨기거나 표시할 수 있다.

5 명령 행(Command Line)

명령어를 키보드를 이용하여 직접 명령어를 입력하여 도면을 작성하는 창으로 대화창이라고도 불리기도 한다. 도면을 작성하는 도중 명령어를 입력할 경우에 명령행을 클릭할 필요없이 키보드로 입력하면 마우스의 위치에 관계없이 명령어가 입력된다.

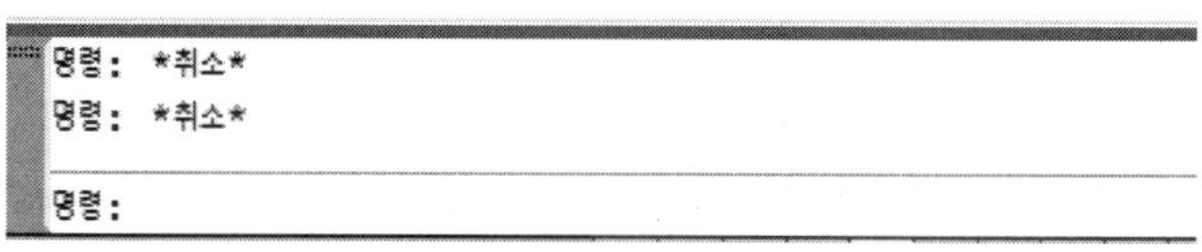

6 좌표(Coordinates)

마우스 커서의 X, Y, Z 좌표값을 나타내며 화면의 우측 하단에 표시되어 있다. 마우스를 클릭하여 ON, OFF 할 수 있다.

7 상태 표시 줄(Status Line) 도구막대

상태 표시 줄 도구막대란 스냅 모드, 그리드 표시, 직교 모드, 극좌표 추적하기, 객체 스냅, 객체 스냅 추적하기 등을 사용할 수 있는 도구들이 있으며 마우스로 아이콘을 클릭하거나 F1~F12(기능키)를 이용하여 실행할 수 있다.

【 상태 표시 줄 도구 막대 】

【 환경 설정 명령 】

F1	도움말
F2	커멘드 창 띄우기
F3	OSNAP 활용
F4	TABLE 그림판 도구함
F5	등각 평면
F6	자동 UCS 변경 사용 유무
F7	그리드 사용 유무
F8	직교 모드 사용 유무
F9	도면 스냅 사용 유무
F10	폴라 트래킹 사용 유무
F11	객체 스냅 트레킹 사용 유무
F12	다이나믹 입력 사용 유무

CHAPTER 4

AutoCAD의 탭 옵션

1. 옵션 열기
2. 파일(Files)
3. 화면 표시(Display)
4. 열기 및 저장(Open and Save)
5. 플롯 및 게시(Plot and Publish)
6. 시스템(System)
7. 사용자 기본 설정(User Preferences)
8. 제도(Drafting)
9. 선택 사항(Selection)
10. 프로파일(Profiles)

1 옵션 열기

AutoCAD 도면 화면에서 마우스 우측버튼을 클릭 후 옵션 창에서 옵션을 클릭하거나, 화면 좌측 상단의 알파벳 'A' 버튼을 클릭하면 다음과 같은 대화상자가 나타나며 하단의 옵션 버튼을 클릭하면 파일, 화면 표시, 열기 및 저장, 플롯 및 게시, 시스템, 사용자 기본 설정, 제도, 3D 모델링, 선택 사항, 프로파일 등의 옵션을 설정할 수 있다(본 책에서는 3D 모델링에 대한 설명은 생략한다).

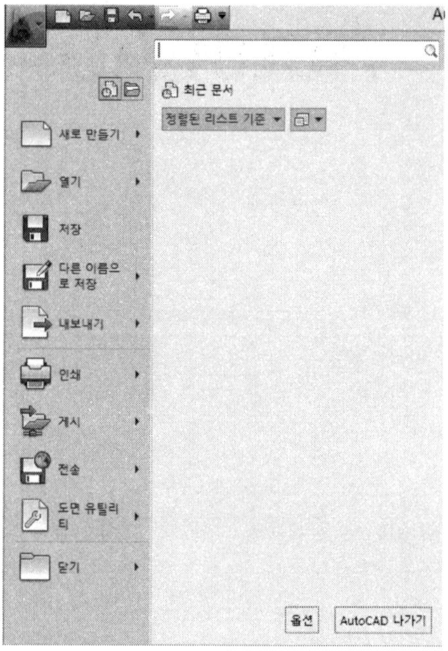

2 파일(Files)

오토캐드의 옵션 탭에서 가장 첫 번째 있는 탭으로서 AutoCAD의 파일 위치, 드라이버, 메뉴 등의 폴더의 위치를 변경하거나 사용자의 파일, 플러그인 등의 새로운 파일을 저장할 수 있다.

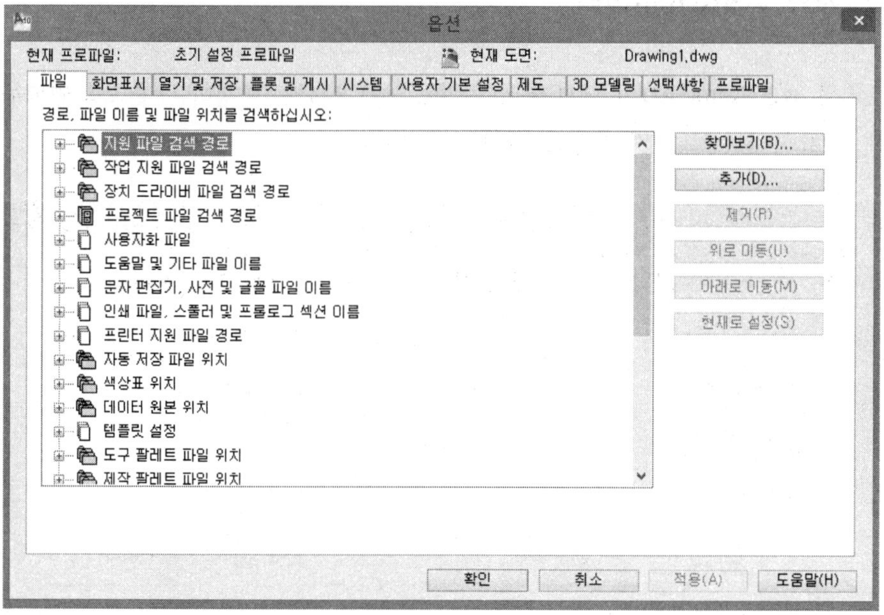

- **찾아보기(Browse …)**

  폴더 찾아보기 또는 파일 선택 대화상자를 나타내며 선택한 폴더 및 파일을 리스트에 지정할 수 있다.

- **추가(Add …)**

  지정한 폴더의 검색 경로를 추가하는 기능이다.

- **제거(Remove)**

  지정한 폴더의 검색 경로 또는 파일을 제거하는 기능이다.

- **위로 이동(Move up)**

  검색 경로의 앞 검색 경로로 이동하는 기능이다.

- **아래로 이동(Move Down)**

  검색 경로의 아래 검색 경로로 이동하는 기능이다.

- **현재로 설정**(Set Current)

  변경된 옵션으로 저장하는 기능이다.

3 화면 표시(Display)

화면 표시 탭은 AutoCAD의 작업 공간에 있는 세부 옵션을 변경하는 곳으로 윈도우 요소, 배치 요소, 표시 해상도 등의 옵션을 설정할 수 있다.

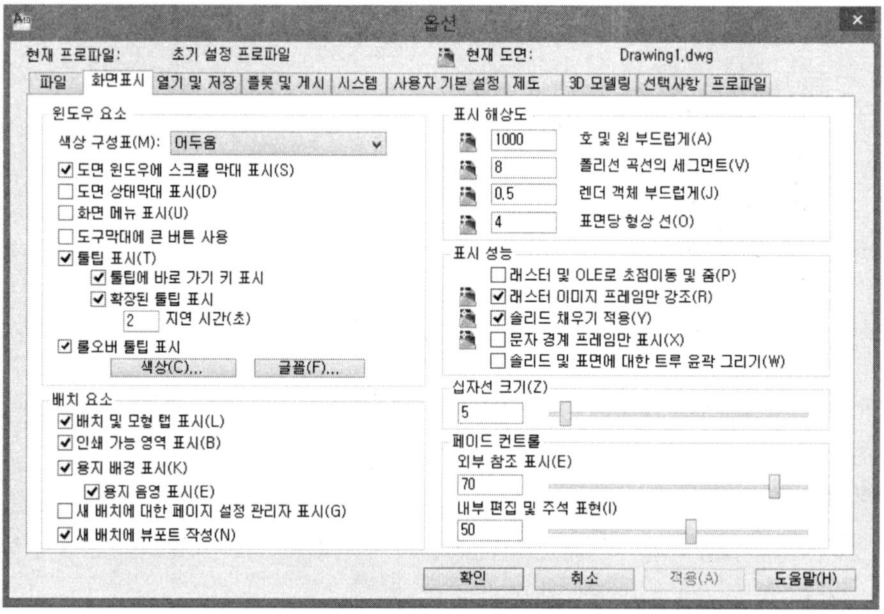

- **윈도우 요소**(Window Elements)

  도면의 모형 및 배치의 화면 표시를 설정하는 곳으로서 도면의 스크롤 막대, 상태 막대 등의 표시를 설정한다.

  ☞ **색상 구성표**(Color scheme)

  화면의 전반적인 프레임 등의 요소(상태막대, 제목, 표시줄, 리본 표시줄, 메뉴 검색기 프레임 등)의 배경색을 진하거나 옅은 색상으로 조정하는 기능이다.

  ☞ **도면 윈도우에 스크롤 막대 표시**(Display scroll bars in drawing window)

  도면의 하단과 우측에 스크롤 막대를 표시한다.

☞ 도면 상태막대 표시(Display Drawing status bar)

주석 축적을 위한 여러 도구를 표시하는 도면 상태막대를 표시한다.

☞ 화면 메뉴 표시(Display screen menu)

도면 영역의 우측에 화면 메뉴를 표시한다.

☞ 도구막대에 큰 버튼 사용(Use large buttons for Toolbars)

버튼을 큰 형식(32 x 32픽셀)으로 표시한다.

☞ 툴팁 표시(Show Tooltips)

리본 메뉴, 혹은 단축 아이콘에 마우스를 위치하면 간단한 설명(툴팁)이 표시된다.

► 툴팁에 바로 가기 키 표시(Show shortcut keys in Tooltips)

(Alt + Key), (Ctrl + Key)의 바로가기 키를 툴팁에 표시한다.

► 확장된 툴팁 표시(Show extended Tooltips)

확장된 툴팁의 표시를 조정한다.

☞ 롤 오버 툴팁 표시(Show rollover Tooltips)

강조 표시된 툴립의 롤오버 표시를 조절한다.

• **배치 요소(Layout elements)**

배치 및 모형 탭, 인쇄 가능 영역 및 용지 배경 등의 표시를 설정하는 기능이다.

☞ 배치 및 모형 탭 표시(Display Layout and Model tabs)

도면 영역의 좌측 하단에 배치 탭과 모형 탭을 화면상에 표시할 것인지에 대한 여부를 나타낸다.

☞ 인쇄 가능 영역 표시(Display printable area)

배치에 인쇄 가능한 영역을 표시한다.

☞ 용지 배경 표시(Display paper background)

플롯에서 지정한 용지가 배치에 표현되도록 한다.

☞ 새 배치에 대한 페이지 설정 관리자 표시(Show Page Setup Manager for new layouts)

배치 탭을 처음 클릭하면 페이지 설정관리자 대화상자를 표시하고, 대화상자에서 옵션을 설정할 수 있다.

☞ 새 배치에 뷰포트 작성(Create viewport in new layouts)
새 배치를 작성할 경우 단일 뷰포트를 자동으로 작성한다.

- **표시 해상도(Display resolution)**

화면상에 만들어지는 객체의 해상도 및 품질을 설정한다.

☞ 호 및 원 부드럽게(Arc and circle smoothness)
원, 호 및 타원의 부드러운 정도를 조정하는 옵션으로 숫자가 클수록 부드러운 객체가 완성된다.

☞ 폴리선 곡선의 세그먼트(Segments in a polyline curve)
폴리선 곡선을 위해 생성할 선 세그먼트의 개수를 설정한다.

☞ 렌더 객체 부드럽게(Rendered object smoothness)
렌더된 곡선 솔리드의 부드러운 정도를 조정한다.

☞ 표면당 형상선(Contour lines per surface)
객체의 표면에 대한 형상선 개수를 산정한다.

- **표시 성능(Display performance)**

화면상의 객체 품질을 조정하는 옵션이다.

☞ 래스터 및 OLE로 초점이동 및 줌(Pan and zoom with raster & OLE)
줌(Zoom)및 팬(Pan) 명령을 사용할 경우 이미지나 OLE객체 표현 방법을 결정하는 기능이다.

☞ 래스터 이미지 프레임만 강조(Highlight raster image frame only)
래스터 이미지를 선택할 경우 레스터 이미지의 표시를 조정한다.

☞ 솔리드 채우기 적용(Apply solid fill)
객체에 솔리드 채우기를 표시하는 기능이다.

☞ 문자 경계 프레임만 표시(Show text boundary frame only)
문자 객체의 프레임을 표시한다.

☞ 솔리드 및 표면에 대한 트루 윤곽 그리기
(Draw true silhouettes for solids and surfaces)
3D 솔리드 객체의 외각 모서리 표시 여부를 지정한다.

- **십자선 크기(Crosshair size)**

십자선의 크기를 조정한다.

- **페이드 컨트롤(Fade control)**

외부 참조 도면이나 참조 편집을 위해서 밝기 값을 조절하는 기능이다.

☞ 외부 참조 표시(Xref display)
외부 참조 되는 도면의 페이드 값을 설정한다.

☞ 내부 편집 및 주석 표현(In-place edit and annotative representations)
내부 참조 편집 시 객체의 밝기 감소를 지정한다.

4 열기 및 저장(Open and Save)

열기 및 저장 탭은 새로운 파일을 열거나 기존의 작업 파일을 저장하기 위한 옵션(파일 저장과 파일 예방조치, 파일 열기 등)의 값을 설정한다.

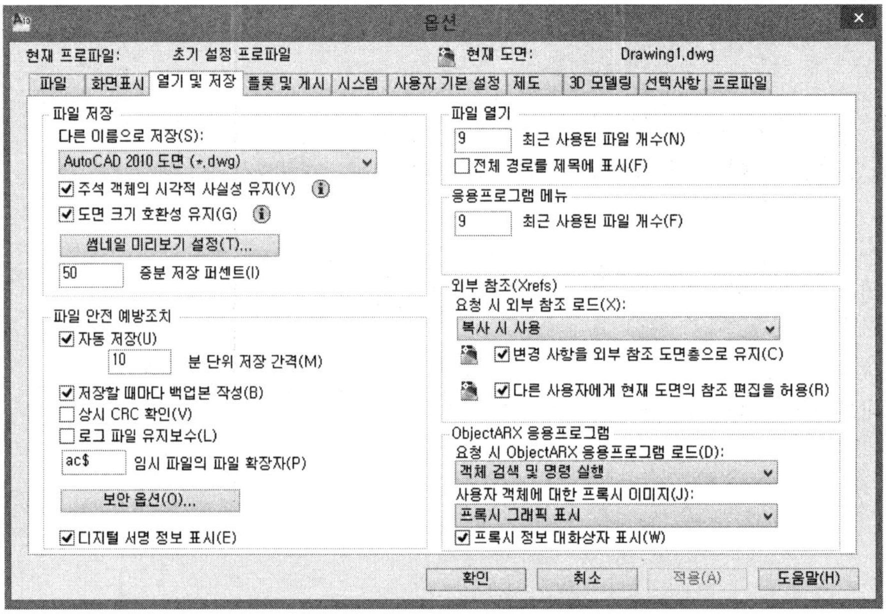

- **파일 저장(File Save)**

  작업한 도면 파일을 저장하기 위한 옵션이다.

☞ 다른 이름으로 저장(Save as)

Save, Save as, Qsave 및 Wblock의 파일을 저장할 수 있는 파일 형식을 나타낸다.

☞ 주석 객체의 시각적 사실성 유지(Maintain visual fidelity for annotative objects)

AutoCAD 2007 이전의 버젼이 파일로 저장될 경우 주석 축척이 지정된 주석 객체는 축척별로 다른 도면층에 지정된다.

☞ 도면 크기 호환성 유지(Maintain drawing size compatibility)

기존 도면을 저장할 경우 객체의 크기를 제한한다.

☞ 썸네일 미리보기 설정(Thumbnail Preview Settings …)

도면을 저장하기 전 썸네일 미리보기를 업데이트할지 여부를 표시한다.

☞ 중분 저장 퍼센트(Incremental save percentage)

도면 파일을 저장할 경우 낭비 공간을 제거하는 기능이다.

- **파일 안전 예방 조치(File Safety Precautions)**

도면 작업 시 컴퓨터 다운, 정전 등으로 발생할 수 있는 데이터 손실을 방지하거나 자동 저장 등의 옵션을 선택할 수 있는 기능이다.

☞ 자동 저장(Automatic Save)

설정된 시간에 따라 도면이 자동으로 저장되는 기능이다.

☞ 저장할 때마다 백업본 작성(Create backup copy with each save)

도면을 저장할 경우 도면의 백업 사본이 작성될지 여부를 설정한다.

☞ 상시 CRC 확인(Full-time CRC validation)

도면에 객체를 불러올 경우 순화중복점검(CRC)이 수행될지 여부를 설정한다.

☞ 로그 파일 유지보수(Maintain a log fire)

문자 윈도우의 내용을 로그 파일에 쓰는 기능이다.

☞ 임시 파일의 파일 확장자(File extension for temporary files)

임시 저장되는 파일의 확장자를 지정한다.

☞ 보안 옵션(Security Option …)

파일을 저장할 경우 실행되는 디지털 서명 및 암호에 대한 옵션을 설정한다.

☞ 디지털 서명 정보 표시(Display digital signature information)

디지털 서명을 가진 파일이 열릴 경우 디지털 서명 정보를 제공한다.

- **파일 열기(File Open)**

최근 사용한 도면 파일과 불러왔던 파일에 대한 기능을 설정한다.

☞ 최근 사용된 파일 개수(Number of recently-used files)

파일 메뉴 하단에 최근 사용된 파일의 개수를 조정한다(최대 9개).

☞ 전체 경로를 제목에 표시(Display full path in title)

도면의 제목 표시줄 또는 좌측 상단의 알파벳 'A' 아이콘 제목표시줄에 현재 도면의 전체 경로를 표시한다.

- 응용 프로그램 메뉴(Application Menu)

☞ 최근 사용된 파일 개수(Number of recently-used files)
아이콘을 클릭하였을 경우 최근 사용된 파일을 가장 먼저 나타낼 수 있다(최대 50개).

- 외부 참조(External References)

외부 참조 및 참조 도면 편집에 대한 옵션을 설정한다.

☞ 요청 시 외부 참조 로드(Demand load Xrefs)
외부 참조 옵션 시 로드옵션을 설정한다.

☞ 변경 사항을 외부 참조 도면 층으로 유지(Retain changes to Xref layers)
변경한 사항을 외부 참조 종속 도면 층을 위한 상태 및 도면 층 특성에 저장한다.

☞ 다른 사용자에게 현재 도면의 참조 편집을 허용
(Allow other users to Refedit current drawing)
현재의 도면 파일이 다른 도면에 의해 참조되고 있는 경우 현재 도면 파일이 내부 편집될 수 있는지 설정한다.

- ObjectARX 응용프로그램(ObjectARX Applications)

☞ 요청 시 ObjectARX 응용프로그램 로드(Demand load ObjectARX apps)
도면에 외부 응용프로그램에서 작성된 사용자 객체가 포함되어 있는 경우, 해당응용프로그램을 요청 시 로드할지 여부와 시기를 설정한다.

☞ 사용자 객체에 대한 프록시 이미지(Proxy images for custom objects)
도면에서 사용자 객체의 표시를 설정한다.

☞ 프록시 정보 대화상자 표시(Show Proxy Information dialog box)
객체가 포함되어 있는 도면을 여는 경우 경고 표시 여부를 설정한다.

5 플롯 및 게시(Plot and Publish)

플로팅 및 게시에 관한 옵션을 설정하는 기능이다.

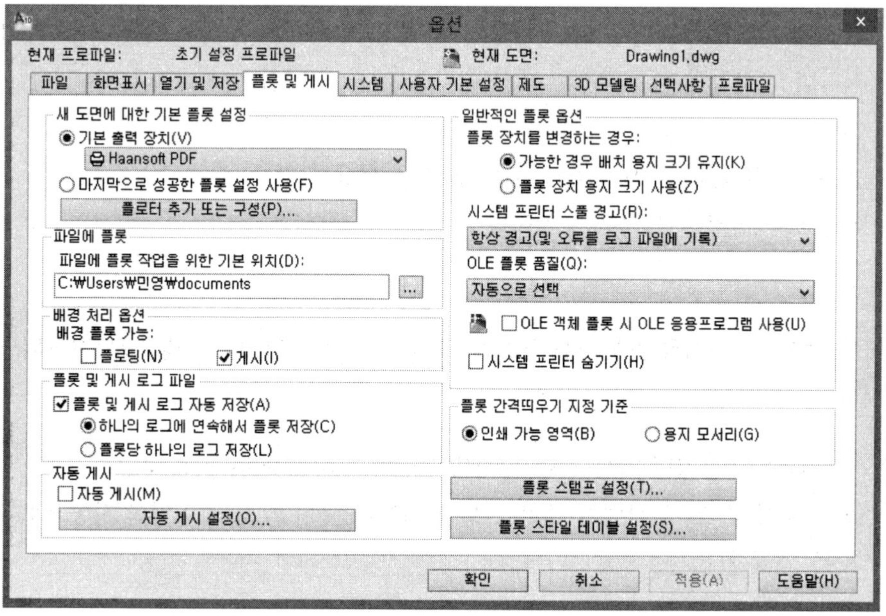

- **새 도면에 대한 기본 플롯 설정**(Default plot settings for new drawings)

새로운 도면을 작성할 경우 기존에 연결되어 있는 플롯 장치와 마지막에 성공한 플롯 설정값을 사용할지 여부를 지정한다. 또한 플로터를 추가하여 새로운 플롯 장치를 추가할 수 있다.

☞ 기본 출력 장치(Use as default output device)

AutoCAD 릴리즈 14 또는 이전 버전에서 작성되어 AutoCAD 2000 및 이후 형식으로 저장된 적이 없는 도면이나 새 도면에 대한 기본 출력 장치를 설정한다.

☞ 마지막으로 성공한 플롯 설정 사용(Use last successful plot settings)

마지막으로 성공한 플롯의 설정에 따라 플로팅 설정을 설정한다.

► 플로팅 추가 또는 구성(Add or Configure Plotters …)

클릭 시 플로터 관리자를 표시한다.

- **파일에 플롯**(Plot to file)

도면을 출력할 위치를 지정한다.

☞ 파일에 플롯 작업을 위한 기본 위치(Default location for plot file operations)

플롯 작업을 위한 기본적인 위치를 지정한다.

• **배경 처리 옵션**(Background processing options)

배경 플롯 및 게시를 위한 옵션을 지정한다. 배경 플롯을 사용하여 플롯 또는 게시 중인 작업을 시작하고 작업이 플롯되거나 게시되는 동안 도면 작업으로 돌아올 수 있다.

• **플롯 및 게시 로그 파일**(Plot and publish log file)

CSV 파일로 저장하는 옵션을 조정한다.

☞ 플롯 및 게시 로그 자동 저장(Automatically save plot and publish log)

모든 플롯 및 게시작업에 대한 정보를 포함하는 로그 파일이 자동으로 저장되도록 지정한다.

► 하나의 로그에 연속해서 플롯 저장(Save one continuous plot log)

모든 플롯 및 게시 작업에 대한 정보를 포함하는 단일 로그 파일이 자동으로 저장되도록 지정한다.

► 플롯 당 하나의 로그 저장(Save one log per plot)

각 플롯 및 게시 작업에 대해 별도의 로그 파일이 작성되도록 지정한다.

• **자동 게시**(Auto publish)

도면 파일을 저장하거나 닫을 때 도면이 자동으로 DWF, DWFx 또는 PDF 파일로 게시될지 여부를 설정한다.

• **일반적인 플롯 옵션**(General plot options)

플롯 장치를 변경할 경우 용지 상태 설정 여부와 스풀 경고, OLE 플롯 품질 등에 대하여 설정한다.

☞ 플롯 장치를 변경하는 경우(When changing the plot device)

► 가능한 경우 배치 용지 크기 유지(Keep the layout paper size if possible)

선택한 출력 장치가 이 용지 크기로 플롯 할 수 있으며 페이지 설정 대화상자의 지정된 용지 크기를 사용한다.

► 플롯 장치 용지 크기 사용 (Use the plot device paper size)
플로터 구성 파일 또는 기본 시스템 설정에서 지정된 용지 크기를 사용한다.

☞ 시스템 프린터 스풀 경고(System printer spool alert)
플롯된 도면이 입력 또는 출력 포트의 충돌 때문에 프린터에 스풀되는 경우 사용자에게 경고할지 여부를 조정한다.

☞ OLE 플롯 품질(OLE plot quality)
플롯된 OLE 객체의 품질을 결정한다. 단색, 저품질 그래픽, 고품질 그래픽 및 자동으로 선택옵션이 있다. 자동 옵션은 OLE 객체의 유형에 따라 플롯 품질 설정을 지정한다.

☞ OLE 객체 플롯 시 OLE 응용프로그램 사용
(Use OLE application when plotting OLE objects)
OLE 객체를 사용하여 도면을 플롯하는 경우 OLE 객체를 작성하는 데 사용된 응용 프로그램을 실행한다. 이 옵션을 사용하면 플롯된 OLE 객체의 품질을 최적화할 수 있다.

☞ 시스템 프린터 숨기기(Hide system printers)
윈도우 시스템 프린터가 플롯 대화상자와 페이지 설정 대화상자에 표시될지 여부를 조정한다. 이 옵션은 표준 윈도우 시스템 프린터만을 숨긴다. 플로터 추가 마법사를 사용하여 구성된 윈도우 시스템 프린터는 숨기지 않는다.

• **플롯 간격 띄우기 지정 기준(Specify plot offset relative to)**

플롯 영역의 간격띄우기를 인쇄가능 영역의 좌측 하단에 지정할 것인지 용지의 모서리에서 시작하는지를 지정한다.

☞ 인쇄 가능 영역(Printable area)
플롯 간격띄우기 기준이 인쇄 가능 영역임을 지정한다.

☞ 용지 모서리(Edge of paper)
플롯 간격띄우기 기준이 용지의 모서리임을 지정한다.

• **플롯 스탬프 설정(Plot Stamp Settings …)**

플롯 스탬프 설정 버튼을 클릭 시 플롯 스탬프 대화상자가 나타나며 대화상자에서 플롯 스탬프 필드, 사용자 정의 필드 등을 설정할 수 있다.

• **플롯 스타일 테이블 설정(Plot Style Table Settings …)**

플롯 스타일 테이블 설정 버튼을 클릭 시 플롯 스타일 테이블 설정 대화상자가 나타나며 대화상자에서 새 도면에 대한 기본 플롯 스타일, 현재 플롯 스타일 테이블 설정 등의 옵션을 설정할 수 있다.

6 시스템(System)

현재 사용 중인 컴퓨터 시스템의 설정값을 지정하는 기능이다.

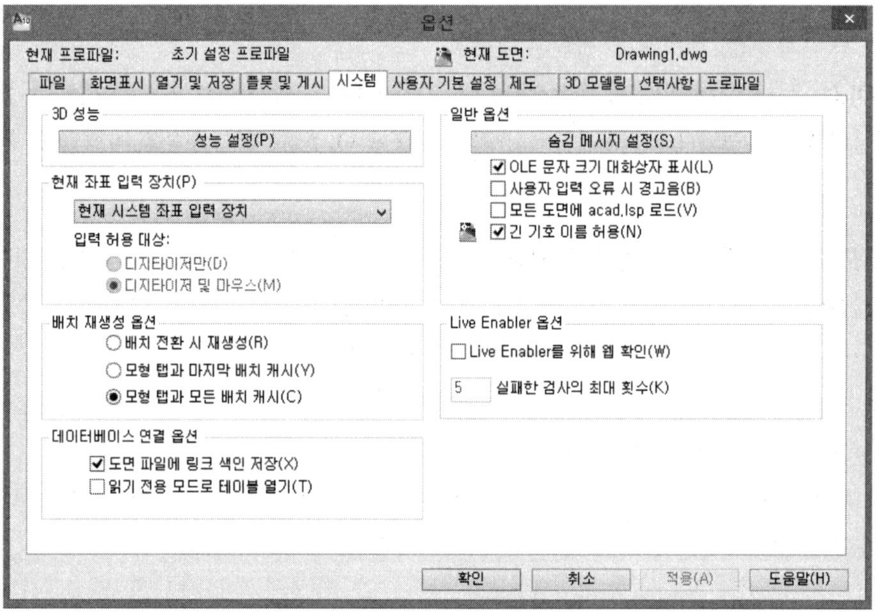

• **3D 성능(3D Performance)**

대형 도면을 작업하거나 그래픽 카드의 성능이 떨어졌을 경우 AutoCAD의 각종 효과들의 용량을 줄이거나 정지시켜 성능을 유지할 수 있도록 설정한다.

☞ 성능 설정(Performance settings)

가변 성능 낮춤 및 성능 대화상자를 설정할 수 있다.

• **현재 좌표 입력 장치(Current Pointing Device)**
현재 컴퓨터상에 존재하고 있는 입력장치 드라이버를 표시하는 기능이다.

☞ 입력 허용 대상(Accept input from)
마우스와 디지타이저가 동시에 작동할 경우 작업할 장비를 선택하는 기능이다.

• **배치 재생성 옵션(Layout Regen Options)**
해당 작업 탭으로 전환할 경우 도면을 재생성하거나 해당 탭으로 전환할 때 화면 표시 리스트를 메모리에 저장하고 수정한 객체만 재생성하여 업데이트 할 수 있다.

☞ 배치 전환 시 재생성(Regen when switching layouts)
탭을 전환할 경우 도면을 재 생성한다.

☞ 모형 탭과 마지막 배치 캐시(Cache model tab and last layout)
모형 탭과 마지막 배치를 현재로 설정한 경우 화면표시 리스트를 메모리에 저장하여 두 탭 사이를 전환할 때 재생성하지 않지만 다른 탭으로 전환 시 모든 탭을 재생성한다.

☞ 모형 탭과 모든 배치 캐시(Cache model tab and all layouts)
각 탭으로 처음 전환할 경우 도면을 재생성한다.

• **데이터베이스 연결 옵션(dbconnect Options)**
데이터베이스의 연결옵션에 대하여 설정한다.

☞ 도면 파일에 링크 색인 저장(Store Links index in drawing file)
도면 파일에 데이터베이스 색인을 저장하여 링크 선택 작업의 성능을 향상시킨다.

☞ 읽기 전용 모드로 테이블 열기(Open tables in read-only mode)
도면 파일에서 데이터베이스 테이블을 읽기 전용 모드로 열지 여부를 설정한다.

• **일반 옵션(General Options)**
숨김 메시지 설정, OLE 문자 크기 대화상자 표시, 사용자 입력 오류 시 경고음 중의 옵션을 설정한다.

☞ 숨김 메시지 설정(Hidden Messages Settings)

숨김 메시지 설정을 표시한다.

☞ OLE 문자 크기 대화상자 표시(Display OLE Text Size Dialog)

OLE객체를 도면에 삽입할 경우 OLE 문자의 크기를 묻는 대화상자의 표시 여부를 설정한다.

☞ 사용자 입력 오류 시 경고음(Beep on error in user input)

잘못된 입력을 탐지하면 경고음을 울린다.

☞ 모든 도면에 acad.lsp 로드(Load acad.lsp with every drawing)

acad.lsp 파일이 모든 도면에 로드될지 또는 세션이 열려있는 첫 번째 도면에만 로드될지 여부를 설정한다.

☞ 긴 기호 이름 허용(Allow long stmbol names)

사용자가 지정할 수 있는 각종 AutoCAD의 이름 길이를 설정한다.

- Live Enabler 옵션(Live Enabler Options)

☞ Live Enable를 위해 웹 확인(Check Web for Live Enablers)

AutoCAD에서 Object Enabler를 검사할지 여부를 지정한다.

☞ 실패한 검사의 최대 횟수(Maximum number of unsuccessful checks)

Object Enabler를 찾지 못하였을 경우 Object Enabler의 검사 확인 횟수를 설정한다.

7 사용자 기본 설정(User Preferences)

AutoCAD에서 도면을 작업할 경우 작업하는 방식을 최적화 할 수 있는 옵션을 설정하는 곳으로 Window 표준 동작, 삽입축척, 필드 등의 옵션이 있다.

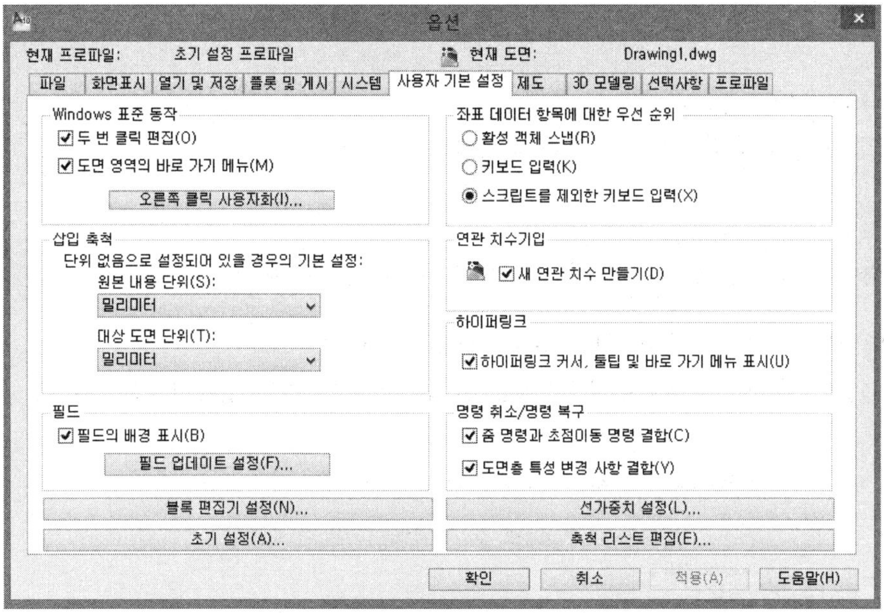

- Window 표준 동작(Windows standard Behavior)

  마우스 운영에 대한 기본적인 설정을 하는 옵션이다.

  ☞ 두 번 클릭 편집(Double click editing)

  객체를 두 번 클릭하였을 경우 객체의 편집 상태로 전환되는 기능이다.

  ☞ 도면 영역의 바로 가기 메뉴(Shortcut menus in drawing area)

  좌표 입력 장치를 마우스의 우측 버튼으로 클릭하였을 경우 바로 가기 메뉴를 표시하는 기능이다.

  ☞ 오른쪽 클릭 사용자화(Right-click Customization …)

  오른쪽을 클릭하였을 경우 작동사항에 대하여 설정하는 옵션이다.

- 삽입 축척(Insertion scale)

  도면의 기본 축척 단위를 설정하는 옵션이다.

☞ 원본 내용 단위(Source content units)

현재 도면에 객체를 삽입할 때 사용할 단위를 설정한다.

☞ 대상 도면 단위(Target drawing units)

INSUNITS 시스템 변수에 삽입단위가 지정되지 않았을 경우 현재 도면에서 사용할 단위를 설정한다.

- **필드(Fields)**

필드로 삽입된 객체에 대한 내용을 설정한다.

☞ 필드의 배경 표시(Display background of fields)

필드로 삽입된 객체의 배경을 회색으로 표시하는 기능이다.

▸ 필드 업데이트 설정(Field Update Settings …)

필드 업데이트 설정의 대화상자를 표시하며 필드 자동 업데이트의 기능이 있다.

- **좌표 데이터 항목에 대한 우선순위(Priority for Coordinate Data Entry)**

명령 창에서 입력한 좌표와 객체 스냅 중 우선순위를 결정한다.

☞ 활성 객체 스냅(Running object snap)

현재 연속 객체 스냅 중 근사한 스냅에 좌표값이 지정되는 기능이다.

☞ 키보드 입력(Keyboard entry)

키보드로 직접 입력되는 좌표값에 의해 지정되는 기능이다.

☞ 스크립트를 제외한 키보드 입력(Keyboard entry except scripts)

스크립트에서 작성되는 도면에서는 객체 스냅이 우선이 되고 그 외에는 키보드 입력이 우선이 된는 기능이다.

- **연관 치수 기입(Associative Dimensioning)**

연관 치수 객체와 비 연관 치수 객체 작성 중 선택하는 기능이다.

☞ 새 연관 치수 만들기(Make new dimensions associative)

연관 치수를 작성하는 옵션이다.

- **하이퍼링크(Hyperlink)**

하이퍼링크 표시의 사용여부를 지정한다.

☞ 하이퍼링크, 커서, 툴팁 및 바로가기 메뉴 표시
(Display hyperlink cursor, tooltip, and shortcut menu)
좌표 입력 장치가 하이퍼링크를 포함하는 객체위에 위치할 경우 하이퍼링크 커서 및 툴팁을 표시한다.

- **명령 취소/명령 복구(Undo/Redo)**

Zoom(화면 축소 및 확대) 과 Pan(화면 이동)의 명령 취소와 명령 복구에 대한 사용 여부를 결정한다.

☞ 줌 명령과 초점이동 명령 결합(Combine zoom and pan commands)
Zoom과 Pan명령어가 단일 명령 취소 및 복구가 가능하도록 그룹화한다.

☞ 도면층 특성 변경 사항 결합(Combine layer property change)
도면층 특성 관리자에서 변경한 도면층 특성을 그룹화한다.

- **설정(Settings)**

☞ 블록 편집기 설정(Block Editor Settings …)
클릭 시 블록 편집기 설정 대화상자가 나타나며 블록 편집기의 환경을 설정할 수 있다.

☞ 선가중치 설정(Lineweight Settings …)
클릭 시 선가중치 설정 대화상자가 나타나며 선가중치의 환경을 설정할 수 있다.

☞ 초기 설정(Initial Setup …)
클릭 시 AutoCAD 초기에 설정되는 옵션을 재설정할 수 있다.

☞ 축척 리스트 편집(Edit Scale List …)
클릭 시 축척 리스트 대화상자가 나타나며 축척 리스트에 대하여 설정할 수 있다.

8 제도(Drafting)

도면 작업 시 자주 사용하는 AutoSnap, Auto Track 등을 설정할 수 있다.

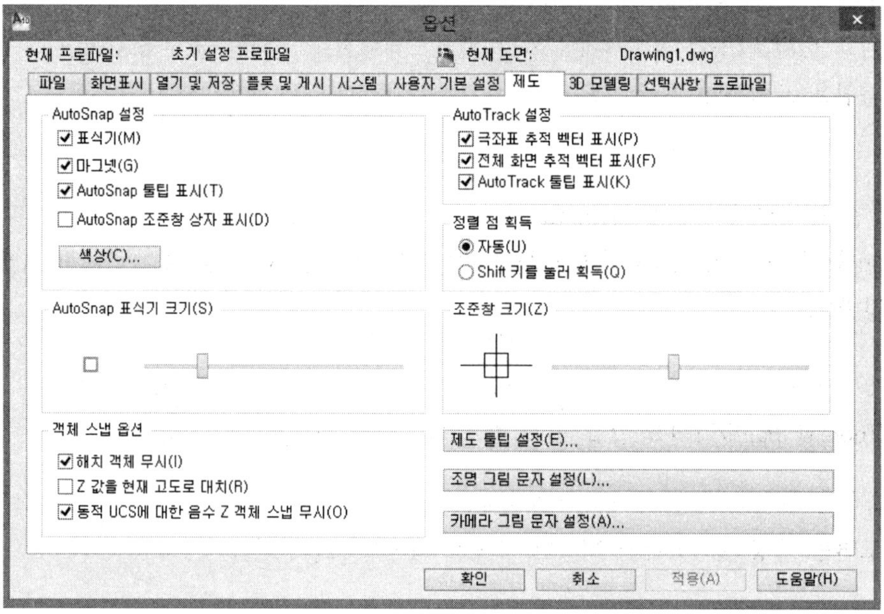

- AutoSnap설정(AutoSnap Settings)

  표식기, 마그넷, 툴팁 등의 표시 등을 설정하는 기능이다.

  ☞ 표식기(Marker)

  AutoSnap 표식기의 표시를 조정한다.

  ☞ 마그넷(Magnet)

  AutoSnap 마그넷을 켜거나 끄는 기능이다.

  ☞ AutoSnap 툴팁 표시(Display AutoSnap tooltip)

  AutoSnap 툴팁의 표시를 조정하는 기능이다.

  ☞ AutoSnap 조준창 상자 표시(Display AutoSnap aperture box)

  AutoSnap 조정자 상자의 표시를 지정한다.

  ☞ 색상(Colors …)

  도면 윈도우 색상 대화상자를 표시한다.

- AutoSnap 표식기 크기(AutoSnap Marker Size)

AutoSnap 표식기의 크기를 설정한다.

- 객체 스냅 옵션(Object Snap Size)

자동 객체 스냅의 활성 모드를 지정하는 옵션이다.

☞ 해치 객체 무시(Ignore hatch objects)

객체 스냅이 켜져 있을 경우 객체 스냅이 해치 패턴을 무시할 수 있도록 지정한다.

☞ Z값을 현재 고도로 배치(Replace Z value with current elevation)

객체 스냅이 객체 스냅위치의 Z 값을 무시하도록 지정하고 현재 UCS에 대해 고도 세트의 Z값을 사용한다.

☞ 동적 UCS에 대한 음수 Z 객체 스냅 무시
(Ignore negative Z object snap for Dynamic UCS)

동적 UCS를 사용하는 동안 객체 스냅이 음수 Z값인 형상을 무시하도록 지정한다.

- Auto Track 설정(Auto Track Settings)

☞ 극좌표 추적 벡터 표시(Display polar tracking vector)

극좌표 추적이 활성화 되어 있을 경우 지정한 각도에 따라 추적선(벡터)을 표시한다.

☞ 전체 화면 추적 벡터(Display full-screen tracking vector)

추적 벡터의 표시를 조정한다.

☞ Auto Track 툴팁 표시(Display Auto Track tooltip)

Auto Track 툴팁 및 Ortho 툴팁의 표시를 조정한다.

- 정렬 점 획득(Alignment Point Acquisition)

조준 창이 객체스냅위에 위치할 경우 추적 벡터의 표시 설정을 지정한다.

☞ 자동(Automatic)

조준창을 객체 스냅위로 위치할 경우 추적 벡터를 자동으로 표시한다.

☞ Shift 키를 눌러 획득(Shift to acquire)

Shift 키를 누른 상태에서 조준창을 객체 스냅위로 가져갈 경우 추적 벡터가 표시된다.

- **조준창 크기(Aperture Size)**

  AutoSnap의 조준창 크기를 설정한다.

- **제도 툴팁 설정(Drafting Tooltip Settings …)**

  클릭 시 툴팁 모양 대화상자가 나타나며 툴팁의 모양을 설정할 수 있다.

- **조명 그림 문자 설정(Lights Glyph Settings …)**

  클릭 시 라이트(조명) 그림 문자 모양 대화상가 나타나며 그림 문자의 색상 및 크기를 편집할 수 있다.

- **카메라 그림 문자 설정(Cameras Glyph Settings …)**

  클릭 시 카메라 그림 문자 모양 대화상자가 나타나며 그림 문자의 색상과 크기를 편집할 수 있다.

9 선택 사항(Selection)

객체 선택에 대한 옵션(확인란 크기, 선택 모드, 리본 옵션 등)을 설정 및 변경할 수 있다.

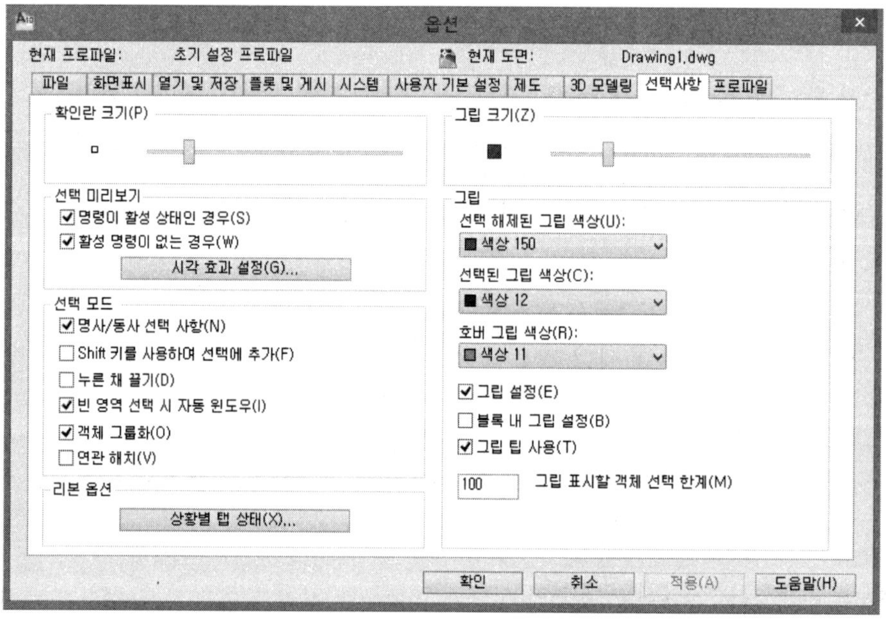

- **확인란 크기(Pickbox Size)**

편집 명령 객체 선택에서 나타나는 선택 도구 박스의 크기를 설정한다.

- **선택 미리보기(Selection Preview)**

☞ 명령이 활성 상태인 경우(When a command is active)

명령이 활성화되고 객체 선택 프롬프트가 표시된 경우 선택 미리보기를 표시할 수 있다.

☞ 활성 명령이 없는 경우(When no command is active)

모든 명령이 비활성화 되었을 경우 선택 미리보기를 표시할 수 있다.

☞ 시각 효과 설정(Visual Effect Settings …)

클릭 시 시각 효과 설정 대화상자가 나타나며 선택 미리보기 효과, 영역 선택 효과의 옵션을 변경할 수 있다.

- **선택 모드(Selection Modes)**

객체 선택 방법에 대한 사항을 설정한다.

☞ 명사/동사 선택사항(Noun/verb selection)

편집 명령을 하기 전 혹은 실행 후 객체를 선택할지 여부를 설정한다.

☞ Shift 키를 사용하여 선택에 추가(Use Shift to add to selection)

Shift 키를 누른 후 객체를 선택하여 선택 세트에 객체를 추가하거나 선택 세트에서 객체를 제거할 수 있다.

☞ 누른 채 끌기(Press and drag)

점을 선택한 후 두 번째 점으로 좌표 입력 장치 끌기를 선택할 경우 선택 윈도우를 그릴 수 있다.

☞ 빈 영역 선택 시 자동 윈도우(Implied windowing)

객체 외부에서 한 점을 선택하면 선택 윈도우가 그려진다.

☞ 객체 그룹화(Object grouping)

그룹 내에서 한 객체를 선택하는 경우, 그 그룹의 모든 객체를 선택할 수 있다.

☞ 연관 해치(Associative Hatch)
연관 해치된 해치를 선택하였을 경우 경계 객체도 선택될 수 있도록 지정할지 여부를 선택한다.

- **리본 옵션(Ribbon option)**

☞ 상황별 탭 상태(Contextual Tab States …)
클릭 시 리본 상황별 탭 상태 옵션 대화상자가 나타나며 탭 상태에 대한 상태를 설정할 수 있다.

- **그립 크기(Grip Size)**

그립 표시의 크기를 설정한다.

- **그립(Grip)**

그립에 대한 속성(색상, 설정 등)을 설정한다.

☞ 선택 해제된 그립 색상(Unselected grip color)
선택 해제된 그립의 색상을 지정할 수 있다.

☞ 선택된 그립 색상(Selected grip color)
선택된 그립의 색상을 지정할 수 있다.

☞ 호버 그립 색상(Hover grip color)
커서가 그립위로 움직일 경우 그립이 표시하는 색상을 결정한다.

☞ 그립 설정(Enable grips)
객체를 선택하였을 경우 객체에 그립을 표시한다.

☞ 블록 내 그립 설정(Enable grips within blocks)
블록을 선택한 후 블록에서 그립이 표시되는 유형을 조정한다.

☞ 그립 팁 사용(Enable grip tips)
그립 팁을 지원하는 사용자 객체의 그립 주변을 커서가 맴돌았을 경우 그립 특정 팁을 표시한다.

☞ 그립 표시할 객체 선택 한계(Object selection limit for display of grips)

지정한 수보다 많은 객체가 초기 선택 세트에 포함되었을 경우 그립 표시를 억제한다.

10 프로파일(Profiles)

현재 설정되어 있는 AutoCAD 환경 설정값을 저장하거나 각각의 상황별로 설정하고 프로파일을 변경할 수 있으며, 설정값을 초기값으로 재지정할 수 있다.

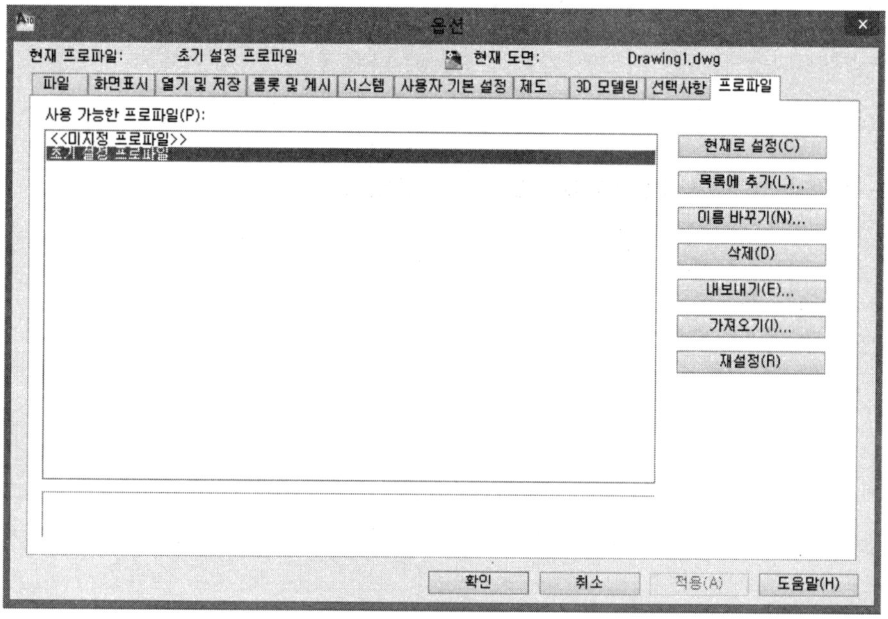

- **현재로 설정(Set Current)**

  선택한 프로파일을 현재 프로파일로 만든다.

- **목록에 추가(Add to List …)**

  클릭 시 프로파일 추가 대화상자가 나타나며 선택한 파일을 다른 이름으로 저장할 수 있다.

- **이름 바꾸기(Rename …)**

  클릭 시 프로파일 변경 대화상자가 나타나며 프로파일의 현재 설정은 유지하고 프로파일의 이름을 바꿀 수 있다.

- **삭제(Delete)**
  선택한 프로파일을 삭제할 수 있다.

- **내보내기(Export …)**
  프로파일을 확장자가 .arg 파일로 내보내 다른 사용자와 파일을 공유할 수 있다.

- **가져오기(Inport …)**
  내보내기 옵션을 사용하여 작성된 프로파일을 가져온다.

- **재설정(Reset)**
  선택한 프로파일의 값을 시스템 기본 설정으로 다시 설정할 수 있다.

> **※ 본 책에서는 3D 모델링 옵션에 관한 설명은 생략한다.**

CHAPTER 5

AutoCAD의 작업 환경설정

1. 단위(Units)
2. 도면한계(Limits)
3. 스냅(Snap)모드
4. 그리드(Grid) 표시
5. 직교(ORTHO) 모드
6. 극좌표 추적하기(Polar Tracking)
7. 객체스냅(Osnap)
8. 객체 스냅 추적(Object Snap Tracking)
9. 동적 UCS를 허용함/허용하지 않음(Allow/Disallow Dynamic UCS)
10. 동적 입력(Dynamic Input)
11. 빠른 특성(Quick Properties)

1 단위[Units(단축 명령어 : Un)]

Units(단위)명령어는 객체를 그리기 전 객체의 길이, 단위, 각도, 정밀도 등을 설정하기 위해 실행한다.

- 리본 메뉴(Ribbon Menu) : 0.0
- 메뉴 막대(Menu Bar) : 형식 → 단위
- 명령(Command) : Units[Un]

Units명령을 실행하면 다음과 같이 도면 단위 대화상자가 나타난다.

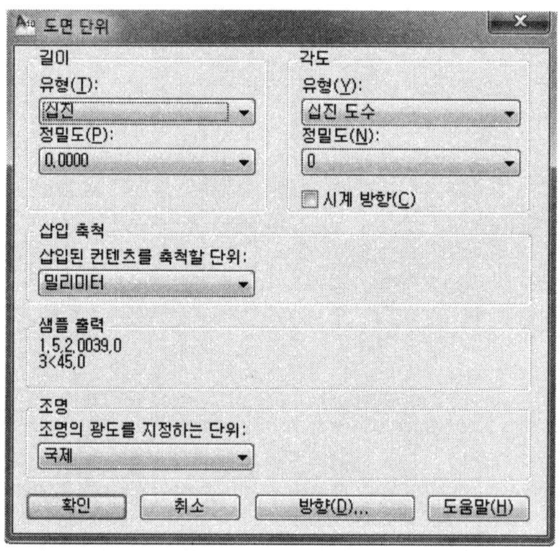

- 길이(Length)

도면에 사용되는 길이 유형과 정밀도를 선택하는 명령어이다.

☞ 유형(Type)

- ► 건축(Architectural) : 건축용 치수를 인치로 표시
- ► 공학(Engineering) : 공학치수를 인치로 표시
- ► 과학(Scientific) : 지수로 표시
- ► 분수(Fractional) : 분수로 표시
- ► 십진(Decimal : 소수로 표시

☞ 정밀도(Precision)

소수점이하 자리 수(소수 8번째 자리)를 설정한다.

- **각도(Angle)**

도면에 사용되는 각도의 유형과 정밀도를 선택하는 명령어이다.

☞ 유형(Type)

그래드, 도/분/초, 라디안, 십진 도수, 측량사 단위 중에 설정할 수 있다.

☞ 정밀도(Precision)

소수점이하 자리 수(소수 8번째 자리)를 설정한다.

- **시계방향(Clockwise)**

클릭하면 시계 방향이 플러스(+)방향이 되고 클릭하지 않으면 시계 반대방향이 플러스(+)가 된다.

- **삽입 축적(Insertion Scale)**

도구 팔레트, Auto CAD Design Center에서 삽입에 사용될 단위를 선택할 수 있으며 인치, 피트, 마일, 밀리미터 등이 있다.

- **조명(Lighting)**

조명의 조도를 설정하는 명령어로서 국제, 미국, 일반 중에서 선택할 수 있다.

- **방향(Direction)**

각도의 기준 방향과 측정방향을 지정하는 명령어로서, Auto CAD의 기본 각도는 3시 방향으로 '0도'이며 방향옵션을 클릭하면 화면에 다음과 같은 방향 조정 대화상자가 나타난다.

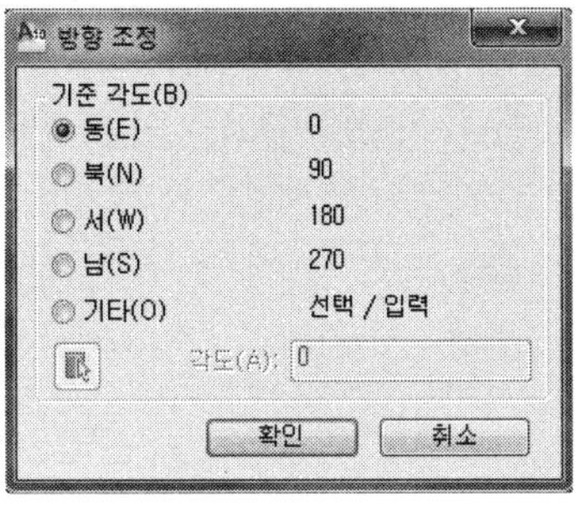

위의 대화 상자에서 방향과 각도의 설정값을 변경할 수 있다.

2 도면한계[Limits(단축명령어 : Limits)]

도면의 한계(영역)을 설정하는 명령어로서, 제도용지와 같은 크기의 화면을 만드는 것이다. 그림이 설정한 도면의 한계를 벗어나더라도 ZOOM 명령어를 이용하여 화면에서 벗어난 그림을 모두 보이게 할 수 있다.

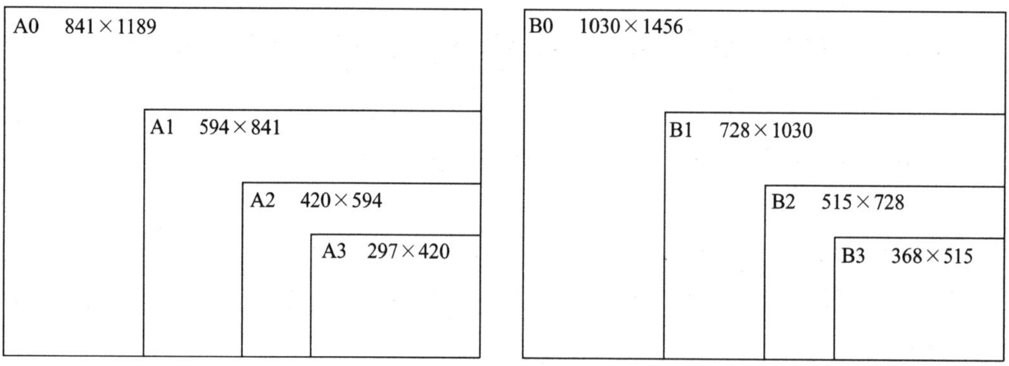

* 도면 치수 설정 값

명령(command) : limits
왼쪽아래 구석 지정 또는[켜기(on)/끄기(off)] 〈0.0000,0.0000〉 : 〈enter〉
오른쪽 위 구석지정 〈420.0000,297.0000〉 : 420,297
(*A3화면으로 지정할 경우)

* 출력 → 페이지 설정 관리자에서 '플롯 크기' 로 확인 가능

3 스냅(Snap)모드

스냅모드는 마우스 커서의 움직임을 지정된 간격으로 움직일 수 있도록 제어하는 기능이다.

- **리본 메뉴(Ribbon Menu) :**
- **상태 표시 줄 : 상태막대 → 스냅**
- **명령(Command) : Snap**

스냅 모드를 실행하려면 화면 아래의 상태표시줄의 스냅모드에서 마우스 커서를 위치시키고 on, off 하거나 스냅 모드의 활성화는 마우스 우측 버튼을 클릭하면 다음과 같은 화면이 나타난다.

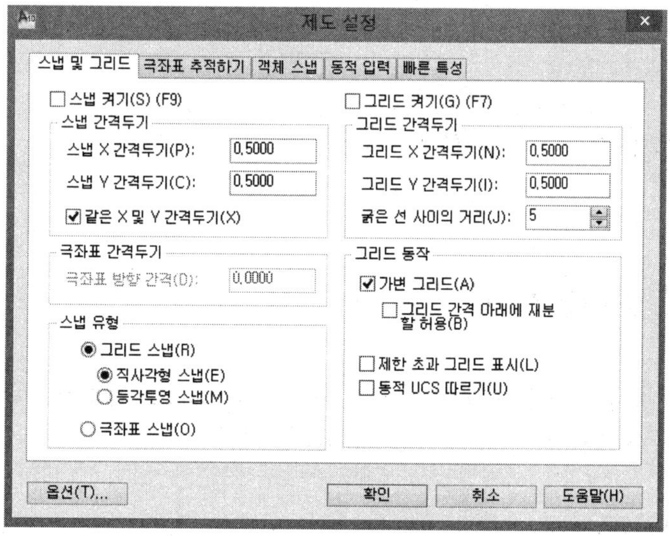

스냅(Snap)기능을 사용하기 위해서는 스냅 켜기를 체크(✔)하며, 왼쪽이 스냅을 설정하는 옵션이다.

- **스냅 간격두기(Snap spacing)**

  스냅의 간격을 설정하는 기능으로 X와 Y의 간격을 따로 설정할 수 있다.

  ☞ 스냅 X 간격두기(Snap X spacing)

  스냅의 X 간격입력

  ☞ 스냅 Y 간격두기(Snap Y spacing)

  스냅의 Y 간격입력

- **극좌표 간격두기(Polar spacing)**

  ☞ 극좌표 방향 간격(Polar distance)

  극좌표 추적에 설정된 거리만큼 마우스가 움직인다(극좌표 추적과 함께 사용할 수 있다).

- **스냅 유형 (Snap type)**

☞ 그리드 스냅(Grid snap) : 스냅의 형태를 Grid로 지정한다.

► 직사각형 스냅(Rectangular snap) : 직사각형 스냅 모드로 설정된다.

► 등각 투영 스냅(Isometric snap) : 등각투영 스냅 모드로 설정된다.

☞ 극좌표 스냅(Polar snap)

스냅의 형태를 Polar로 지정한다.

4 그리드(Grid) 표시

도면 속도 및 효율 향상을 위해 화면에 직 사각형 그리드를 표시하는 명령이다. 즉, 화면에 모눈종이와 같이 일정한 간격의 점을 표시해 준다.

- **리본 메뉴(Ribbon Menu) :**
- **상태 표시 줄 : 상태막대 → 그리드 표시**
- **명령(Command) : Grid**

그리드(Grid)를 실행하려면 화면 아래의 상태표시줄의 그리드 표시에서 마우스 커서를 위치시키고 On, Off 하거나 그리드를 활성화시키기 위해서는 마우스 우측 버튼을 클릭하면 다음과 같은 화면이 나타나며, 오른쪽이 그리드를 설정하는 옵션이다.

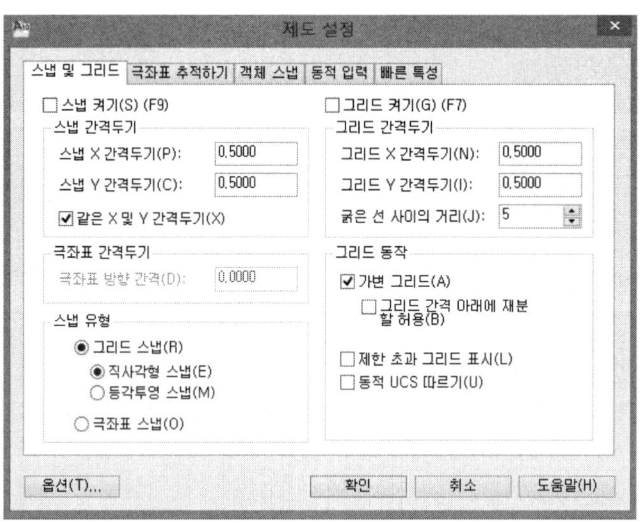

그리드 기능을 사용하기 위해서는 그리드 켜기를 클릭한다.

- **그리드 간격두기(Grid spacing)**

그리드의 간격을 설정하는 기능으로 X와 Y의 간격을 따로 설정할 수 있다.

☞ 그리드 X 간격두기(Grid X spacing)
그리드의 X 간격입력

☞ 그리드 Y 간격두기(Grid Y spacing)
그리드의 Y 간격입력

☞ 굵은 선 사이의 거리(Major line every)
굵은 선 사이의 가는 보조선이 표시되는 개수 입력

- **그리드 동작(Grid behavior)**

그리드의 동작에 대한 설정을 하는 부분이다.

☞ 가변 그리드(Adaptive grid) : 화면이 축소되었을 경우 모눈의 밀도를 제한
그리드 간격아래에 재분할 허용(Allow subdivision below grid spacing)
: 화면이 확대될 경우 가는 선 사이에 있는 가는 선을 표시한다.

☞ 제한 초과 그리드 표시(Display grid beyond Limits)
Limits영역 이외의 부분에도 모눈을 표시한다.

☞ 동적 UCS 따르기(Follow Dynamic USC)
동적 UCS를 이용하여 3차원 도면에서 작업할 경우 X와 Y의 평면이 바뀌지 않는다.

5 직교(ORTHO) 모드

직교 모드란 마우스의 커서로 선을 입력하면 원하는 방향의 직각(0, 90, 180, 270도)으로만 그려지는 기능이다.

- **리본 메뉴(Ribbon Menu) :**
- **상태 표시 줄 : 상태 표시→직교 모드**
- **명령(Command) : ORTHO**

선의 시작점을 클릭한 후 마우스를 원하는 방향에 위치시키고 길이값을 입력하면 선이 완성된다.

(※ F8 버튼을 이용하여 사용 가능)

6 극좌표 추적하기(Polar Tracking)

극좌표 추적(Polar Tracking)은 화면에 그리려는 객체의 각도와 거리를 표시하는 명령어이다.

- **리본 메뉴(Ribbon Menu) :**
- **상태 표시 줄 : 상태막대 → 그리드 표시**

극좌표 추적하기(Polar Tracking)를 실행하려면 화면 아래의 상태표시줄의 극좌표 추적에서 마우스 커서를 위치시키고 On, Off 하거나 극좌표 추적하기의 활성화는 마우스 우측 버튼을 클릭하면 다음과 같은 화면이 나타난다.

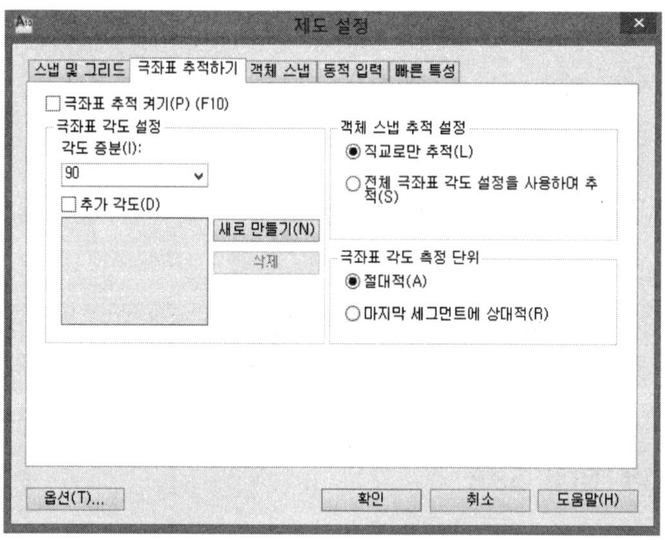

극좌표 추적하기를 실행하려면 대화상자 왼쪽 상단의 극좌표 추적(Polar Tracking on)하기를 클릭한다. 이후 극좌표 각도 설정(Polar Angle settings)에서 각도 중분(Increment angle)에서 원하는 각도를 지정할 수 있다(최대 10개).

- **극좌표 추적 켜기(Polar Tracking On)**

  극좌표 추적을 켜거나 끌 수 있다.

  ☞ 극좌표 각도 설정(Polar Angle Settings)

  현재 설정되어 있는 각도를 설정할 수 있다.

  ► 각도 증분(Increment angle)

  극좌표 추적 경로를 표시하는데 사용되는 극좌표 중분 각도를 설정한다.

  ► 추가 각도(addition angle)

  극좌표 추적에 사용할 수 있는 각도를 리스트에 추가로 만든다.

- **객체 스냅 추적 설정(Object Snap Tracking Settings)**

  직교를 이용하거나 전체 극좌표 각도 설정을 사용하여 추적할 지 여부를 설정한다.

- **극좌표 각도 측정 단위(Polar Angle measurement)**

  현재 사용자 좌표계를 극좌표 추적 각도의 기반으로 설정하거나 마지막으로 그린 세그먼트가 극좌표 추적 각도의 기반이 될 지 설정한다.

7 객체 스냅(Osnap)

객체 스냅이란, 객체를 그릴 경우 객체의 X, Y값의 정확한 좌표를 찾기 위해 사용되며, 객체의 일부 특정 부분에 대한 정확한 좌표를 쉽게 찾을 수 있다.

- **리본 메뉴(Ribbon Menu) :**
- **상태 표시 줄 : 상태막대 → 그리드 표시**
- **명령(Command) : OSNAP**

객체 스냅(Osnap)을 실행하려면 화면 아래의 상태표시줄의 객체 스냅에서 마우스 커서를 위치시키고 On, Off 하거나 객체 스냅의 활성화는 마우스 우측 버튼을 클릭하면 다음과 같은 화면이 나타난다.

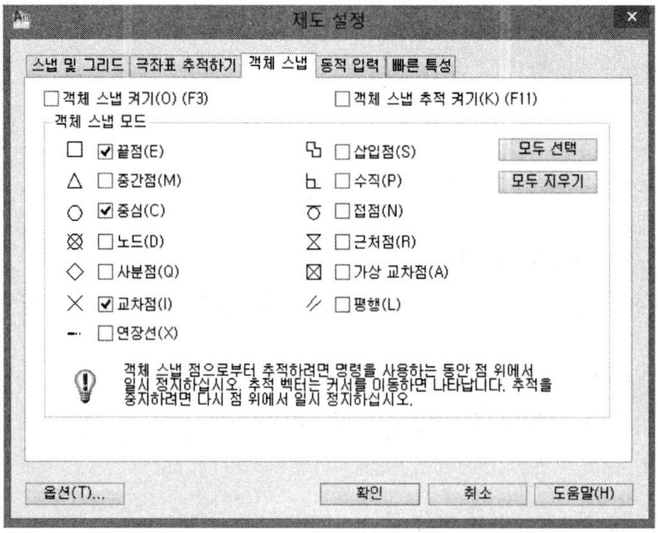

객체 스냅 켜기(Object Snap On)를 체크(✔)하면 객체 스냅을 실행할 수 있으며, 객체 스냅 모드(Object Snap modes)에서 모드를 체크(✔)하면 명령을 실행할 수 있다.

- **객체 스냅 모드**(Object Snap modes)

☞ 끝점(Endpoint)

Line(선), Arc(호) 등과 같이 끝점이 존재하는 객체의 끝점을 찾아주는 기능이며, 끝점에 마우스의 커서를 실행하고자 하는 위치에 위치시키면 끝점 표시가 나타난다.

☞ 중간점(Midpoint)

Line(선), Arc(호) 등의 양 쪽 끝점 사이의 존재하는 객체의 중간점을 찾아주는 기능이며, 중간점에 마우스의 커서를 실행하고자 하는 위치에 위치시키면 중간점 표시가 나타난다.

☞ 중심점(Center)

원(Circle), 호(Arc)의 중심점을 찾아주는 기능으로서, 중심에 마우스의 커서를 실행하고자 하는 위치에 위치시키면 중심점 표시가 나타난다.

☞ 노드(Node)

화면에 표시되어 있는 등분점을 찾아주는 옵션이다.

☞ 사분점(Quadrant)

원이나 호의 0, 90, 180, 270도에 있는 가장 가까운 점을 찾아준다.

☞ 교차점((Intersection)

각 각의 객체들이 교차하는 점을 찾아주며, 교차하는 부분에 마우스의 커서를 실행하고자 하는 위치에 위치시키면 표시가 나타난다.

☞ 연장선(Extension)

객체를 연장할 수 있는 가상의 연장선을 찾아주며, 마우스로 객체의 끝점을 선택하고 마우스를 움직이면 가상의 연장선이 나타나고, 연장선의 한 점을 클릭하면 연장선으로 연결된다.

☞ 삽입점(Insertion)

Text, Block, Shape 등의 기준점이나 삽입점을 찾아주며, 객체에 마우스를 실행하고자 하는 위치에 위치시키면 표시가 나타난다.

☞ 수직점(Perpendicular)

객체 상에 수직정렬을 형성하는 기능으로서, 직선에 다른 직선이 직각으로 만나는 점이나 곡선에 직선이 직각으로 만나는 점을 찾아준다.

☞ 접점(Tangent)

직선이 곡선(원 또는 호)에 접하거나, 곡선에 곡선을 접하는 경우 접점을 찾아주며, 마우스의 커서를 실행하고자 하는 위치에 위치시키면 접점표시가 나타난다.

☞ 근처점(Nearest)

객체 위를 지나는 한 점을 찾아주는 기능으로서, 커서가 지정한 위치에서 가장 가까운 거리에 있는 객체의 임의의 한 점을 찾아주며, 마우스의 커서를 실행하고자 하는 위치에 위치시키면 표시가 나타난다.

☞ 가상 교차점(Apparent Intersection)

3차원 가상의 공간(존재하지 않는 공간)에 다른 높이에 있는 객체의 교차점을 찾는 기능으로서, 교차하고 있는 직선 혹은 곡선에 마우스의 커서를 실행하고자 하는 위치에 위치시키면 표시가 나타난다.

☞ 평행점(Parallel)

그려져 있는 객체와 평행선의 한 지점을 찾는 기능이다.

- **객체 스냅 추적(Object Snap Tracking On) 기능은 객체 스냅(Osnap)기능과 함께 사용할 수 있다.**

8 객체 스냅 추적(Object Snap Tracking)

객체의 한 점을 이용하여 가상의 연장선 위의 다른 점을 찾는 명령어이다. 객체 스냅 추적(Object Snap Tracking On) 기능은 객체 스냅(Osnap)기능과 함께 사용할 수 있다.

- **리본 메뉴(Ribbon Menu) :** 
- **상태 표시 줄 : 상태막대 → 객체 스냅 추적**

객체 위에 마우스 커서를 위치시키면 객체 스냅이 표시된다. 이 때 클릭하지 않고 커서를 움직이면 가상의 연장선이 나타나며 연장선의 한 선을 클릭하면 좌표로 입력된다.

9 동적 UCS를 허용함/허용하지 않음(Allow/Disallow Dynamic UCS)

아이콘을 클릭하여 동적 UCS를 허용함/허용하지 않음 기능은 동적 USC를 켜거나 끌 수 있다.

- **리본 메뉴(Ribbon Menu) :** 
- **상태 표시 줄 : 상태막대 → 동적 UCS를 허용함/허용하지 않음**

상태 표시 줄의 아이콘 위에 마우스를 위치하고 마우스의 우측 버튼을 클릭하면 세부 사항이 나타나며 이를 체크하면 활성화되며 화면 표시에서 세부 옵션을 설정할 수 있다.

10 동적 입력(Dynamic Input)

동적 입력(Dynamic Input)은 명령어 행(Command)에 명령어를 직접 입력하지 않고 명령을 실행 할 수 있는 옵션으로 화면에 직접 명령이 입력된다.

- **리본 메뉴(Ribbon Menu) :** 
- **상태 표시 줄 : 상태막대 → 동적 입력**

아이콘에 마우스 커서를 위치한 후 마우스 오른쪽 버튼을 클릭하고 설정을 클릭하면 다음과 같이 제도 설정 대화상자가 나타난다.

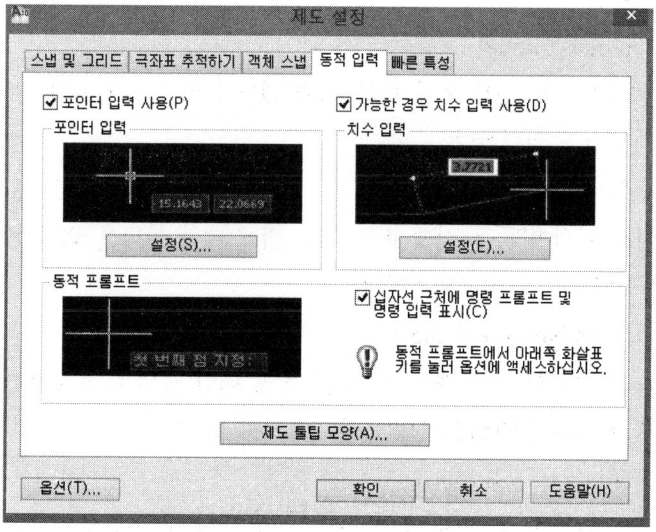

위의 대화상자에서 포인터 입력, 치수 입력, 툴팁 모양 등을 설정할 수 있다.

- **포인터 입력 설정**(Point Input Settings)

포인터 입력 설정 버튼을 클릭하면 다음과 같은 대화상자가 나타난다.

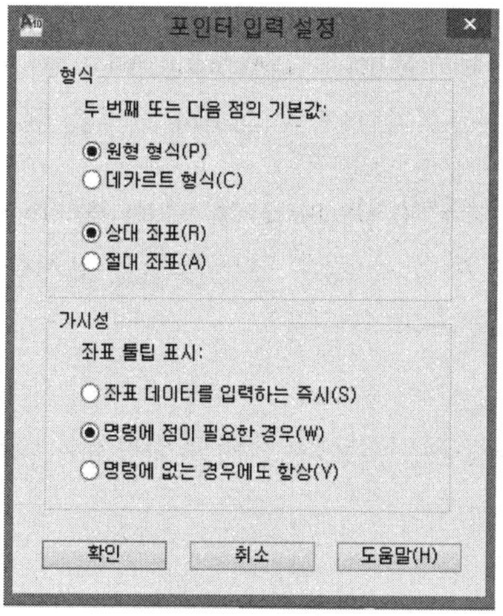

☞ 형식(Format)

원형 형식, 데카르트 형식, 상대 좌표, 절대 좌표의 두 번째 점에 대해 표시되는 좌표 형식을 조정한다.

► 원형 형식(Polar format)

극좌표 형식에서 두 번째 또는 다음 점에 대한 툴팁을 표시하며 직교 형식으로 변경하려면 기호(,)를 입력한다.

► 데카르트 형식(Cartesian format)

직교 극좌표 형식에서 두 번째 또는 다음 점에 대한 툴팁을 표시하며 극좌표 형식으로 변경하려면 기호(<)를 입력한다.

► 상대 좌표(Relative coordinates)

상대 좌표 형식에서 두 번째 또는 다음 점에 대한 툴팁을 표시하며 절대 좌표 형식으로 변경하려면 기호(#)를 입력한다.

► 절대 좌표(Absolute coordinates)

절대 좌표 형식에서 두 번째 또는 다음 점에 대한 툴팁을 표시하며 상대 좌표 형식으로 변경하려면 기호(@)를 입력한다.

☞ 가시성(Visibility)

포인터 입력이 표시되는 시기를 조정한다.

► 좌표 데이터를 입력하는 즉시(As soon as I type coordinate data)

좌표 데이터 입력을 시작할 경우에만 툴팁을 표시한다.

► 명령에 점이 필요한 경우(When a command asks for a point)

점을 입력하라는 프롬프트가 나타날 때마다 툴팁을 표시한다.

► 명령에 없는 경우에도 항상(Always-even when not in command)

포인터 입력이 설정되어 있을 경우 항상 툴팁을 표시한다.

• **치수 입력 설정**

치수 입력 설정 버튼을 클릭하면 다음과 같은 대화상자가 나타난다.

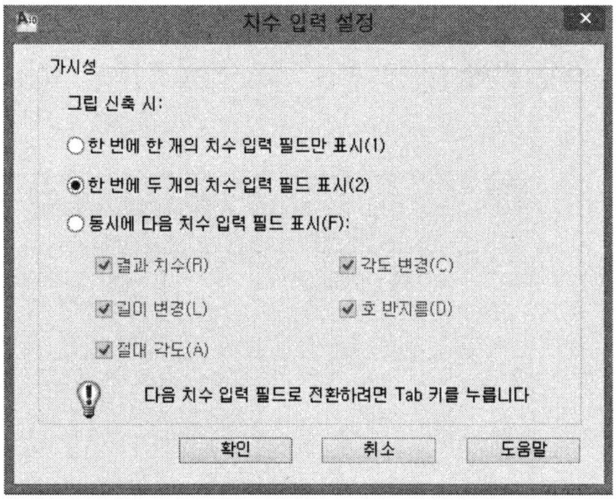

☞ 가시성(Visibility)

Grip 신축을 하였을 경우 표시할 툴팁을 설정한다.

► 한 번에 한 개의 치수 입력 또는 필드만 표시

(Show only 1 dimension imput field at a time)

객체를 신축하는 경우 한 번에 하나의 길이 변경 치수 입력 툴팁만 사용한다.

► 한 번에 두 개의 치수 입력 필드 표시

(Show 2 dimension imput field at a time)

객체를 신축하는 경우 한 번에 두 개의 길이 변경 치수 입력 툴팁만 사용한다.

► 동시에 다음 치수 입력 필드 표시

(Show the following dimension input fields simultaneously)

Grip을 이동할 때 변경되는 치수, 길이, 각도 치수, 각도, 반지름 등의 툴팁을 표시한다.

- **십자선 근처에 명령 프롬프트 및 명령 입력 표시**

(Show command prompting and command input near the crosshairs)

동적 입력 툴팁에 프롬프트를 표시한다.

- **제도 툴팁 모양(Drafting Tooltip Appearance …)**

제도 툴팁 모양 버튼을 클릭하면 다음과 같은 대화상자가 나타난다.

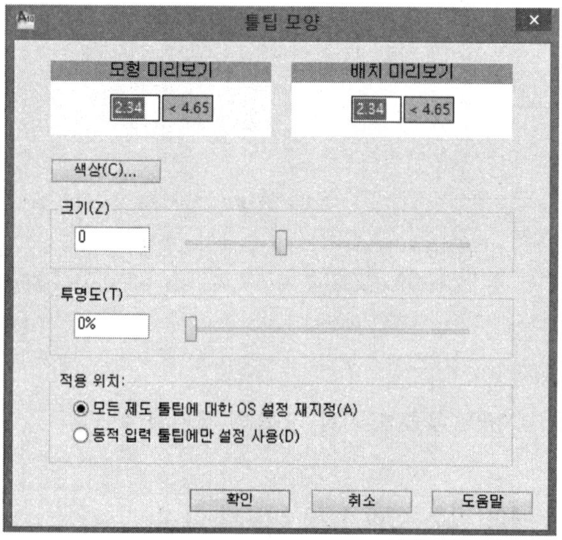

☞ 툴팁 모양 대화상자에서는 툴팁의 색상, 크기, 투명도 등을 설정할 수 있으며 변경된 설정 값은 적용 위치에서 선택할 수 있다.

11 빠른 특성(Quick Properties)

빠른 특성(Quick Properties)은 선택한 객체의 특성을 빠르게 보여주는 기능이다.

- **리본 메뉴(Ribbon Menu) :**
- **상태 표시 줄 : 상태막대 → 빠른 특성**

빠른 특성은 상태 표시줄의 아이콘에 마우스 커서를 위치하고 마우스 오른쪽 버튼을 클릭한 후 설정에서 사용할 수 있다.

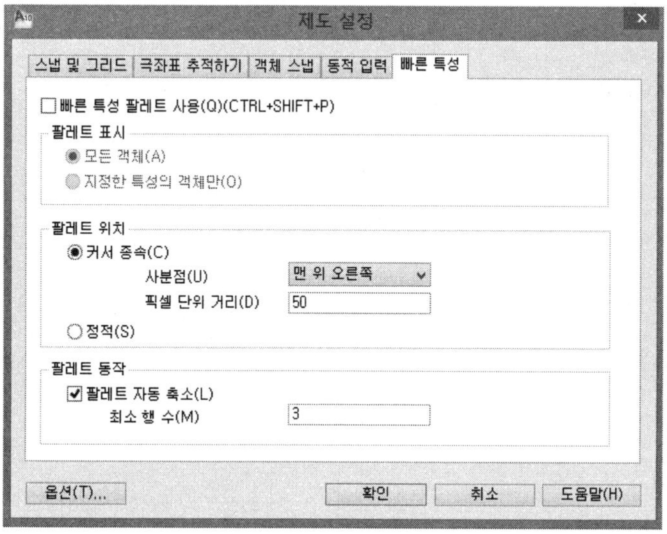

- **빠른 특성 팔레트 사용**

객체 유형에 따라 빠른 특성 팔레트를 사용하거나 사용하지 않을 수 있다.

☞ 팔레트 표시

모든 객체를 선택하거나 지정한 특성의 객체에 빠른 특성 팔레트가 표시될 수 있도록 한다.

☞ 팔레트 위치

팔레트 위치 모드를 커서 종속으로 지정할지 정적 모드를 지정할지 여부를 설정한다.

☞ 팔레트 동작

빠른 특성 팔레트에 지정한 수의 특성만 표시되도록 설정한다.

※ 선 가중치 표시/숨기기 옵션은 Layer 명령어에서 설명하도록 한다.

CHAPTER 6

화면 제어

1. 화면의 확대 · 축소(ZOOM)
2. 화면의 이동(Pan)

1 화면의 확대·축소[ZOOM(단축 명령어 : Z)]

현재의 화면을 확대하거나 축소하는 기능으로서, 화면의 일부분을 확대하여 작업할 때 많이 쓰인다. 줌을 사용하더라도 객체의 크기가 실제로 변경되어 지는 것은 아니다.

- **리본 메뉴 : 범위**
- **메뉴 막대(Menu Bar) : 뷰 → 줌(범위)**
- **명령(Command) : Zoom[Z]**

줌 명령어는 전체, 중심, 동적, 범위, 이전, 축척, 윈도우, 객체 등의 옵션을 이용하여 여러 가지 방법으로 화면을 조정할 수 있으며, 옵션 별 명령어의 특징은 다음과 같다.

아이콘	기 능
범위	Limits의 모든 개체를 화면에 꽉 차게 보이도록 조절 명령어 : Z → E
윈도우	마우스를 이용하여 대각선으로 두 점을 입력하면, 사각형이 그려지고 사각형 부분을 확대하여 보여준다. 명령어 : Z → W
이전	화면상의 도면 크기를 바로 이전의 크기로 되돌리는 명령어 명령어 : Z → P
실시간	Zoom 명령어 실행 후 마우스를 누른 상태에서 화면을 확대·축소할 수 있다.
모두	화면에 존재하는 모든 객체가 표시된다. 명령어 : Z → A
동적	도면의 특정 부분을 확대·축소할 수 있으며 도면의 크기를 지정할 수 있다. 명령어 : Z → D
축척	원하는 배수 값을 입력하여 도면의 전체 크기를 확대·축소할 수 있다. 명령어 : Z → S
중심	객체의 일부분이 화면의 중심에 오도록 중심점과 높이를 지정하여 설정 명령어 : Z → C
객체	선택한 객체가 화면의 중심에 최대한 표시되도록 확대 명령어 : Z → O
확대	현재 화면을 기준으로 두 배씩 확대
축소	현재 화면을 기준으로 두 배씩 축소

2 화면의 이동[Pan(단축 명령어 : P)]

Pan명령어를 실행하면 척도의 변화 없이 화면을 상, 하, 좌, 우로 이동시켜 원하는 부분을 볼 수 있다. 명령어 실행 시 마우스에 따라 객체가 움직이는 것 같이 보이지만 실제 화면은 움직이지 않는다.

- 리본 메뉴(Ribbon Menu) : 
- 메뉴 막대(Menu Bar) : 뷰 → 초점 이동
- 명령(Command) : Pan[P]

- **마우스 휠을 이용한 화면 이동**
  마우스 휠을 누르면 마우스 커서가 아이콘과 같이 손 모양으로 바뀐다. 마우스 휠을 누른 상태에서 원하는 방향으로 마우스를 이동시키면 객체를 원하는 방향으로 쉽게 이동할 수 있고 마우스 휠을 이용하여 화면을 축소, 확대할 수도 있다.

CHAPTER 7

좌표

1. 절대좌표(X, Y, Z)
2. 상대좌표(@X, Y, Z)
3. 상대 극좌표(@거리 〈 각도)

Auto CAD를 이용하여 객체를 그릴 경우에는 좌표값을 이용하여 그리게 되어 있으며 2차원 객체(X, Y)와 3차원 객체(X, Y, Z)가 사용된다.

1 절대좌표(X, Y, Z)

절대적인 좌표의 자기 자리값, 즉 항상 원점이 고정되어 있는 좌표이며 3차원에서는 원점(0, 0, 0)을 기준으로 (X, Y, Z)의 기준값을 가지며 2차원에서는 원점(0, 0)을 기준으로 (X, Y)의 기준값을 가진다. 실무에서는 3차원 입체작업보다 2차원 평면 작업에서 많이 사용되고 있으며, 본 책에서는 3차원 입체작업은 생략하고 2차원 평면 작업을 기준으로 설명되어 있다.

2 상대좌표(@X, Y, Z)

마지막에 입력된 점을 가상의 원점으로 간주하는 방식이다. 입력 방법으로는 X값 앞에 최종 좌표를 찾는 @를 입력하며 이 역시 2차원 평면 작업에서는 Z 방향의 좌표는 사용하지 않는다.

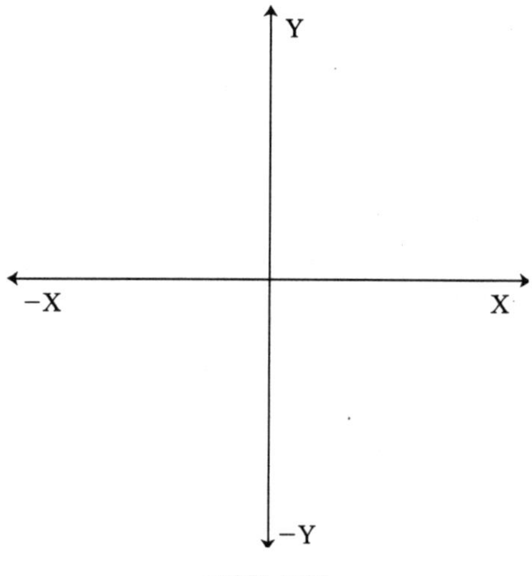

2차원 좌표

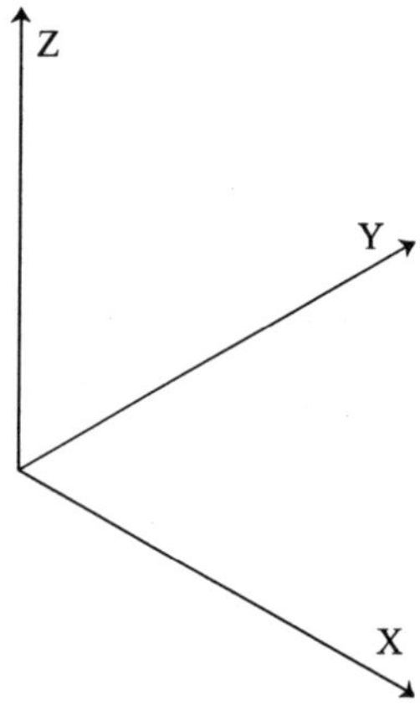

3차원 좌표

3 상대 극좌표(@거리<각도)

거리와 각도를 이용한 것으로 기준점으로부터 이동한 거리 값과 각도로 입력하는 방법이다. 상대좌표와 동일한 방식으로 거리 값 앞에 최종좌표를 찾는 @가 붙으며 각도 입력은 원하는 각도의 앞에 “<”를 입력함으로써 각도의 표시를 준다. 각도의 기준은 밑의 그림과 같이 X축(3시 방향)을 기준으로 시계 반대 방향으로 각도를 산출하며, X축을 기준으로 시계방향으로 각도를 산출할 경우에는 음의 각도로 표시한다.

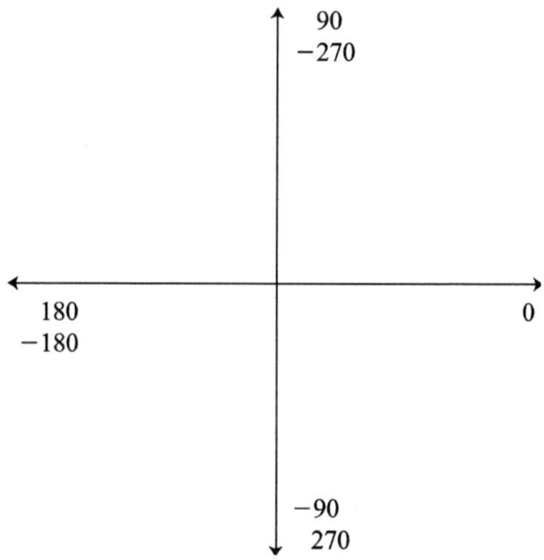

상대극좌표의 각도

CHAPTER 8

객체 그리기 명령어

1. 선 그리기(Line)
2. 명령 취소(Undo)
3. 취소명령복구(Redo)
4. 폴리선(Pline)
5. 폴리선 편집(Pedit)
6. 원 그리기(Circle)
7. 호 그리기(Arc)
8. 타원 그리기(Ellipse)
9. 직사각형 그리기(Rectangle)
10. 다각형 그리기(Polygon)
11. 도넛(Donut)
12. 스플라인(Spline)
13. 스플라인 편집(Splinedit)
14. Point
15. 객체 등분할하기(Divide)
16. 길이 분할(Measure)
17. 무한선 그리기(Xline)
18. 반무한선 그리기(Ray)

1 선 그리기 [Line(단축 명령어 : L)]

선은 도형을 그리기 위한 가장 기본적인 객체로서 다양한 방법으로 사용이 가능하며 다른 명령어와도 같이 사용할 수 있다. 입력방법으로는 좌표 및 직교 사용, 수치 입력, osnap 등을 사용할 수 있다.

- **리본 메뉴(Ribbon Menu) :** 
- **메뉴 막대(Menu Bar) : 그리기 → 선**
- **명령(Command) : Line[L]**

리본 메뉴를 클릭하거나 명령어를 입력하여 Line 명령을 실행하면 첫 번째 점 지정(Specify first point)을 지정하라는 메시지가 나타난다. 이 때 첫 번째 점을 클릭하거나 좌표를 입력하여 지정하고 다음 점 지정 또는 닫기[닫기(c)/명령 취소(u)] 메시지가 나타나면 다음 점을 지정하거나 닫을 수 있고, 마지막에 입력한 점을 취소할 수도 있다. 또한 직교 모드(F8)를 사용하여 그리고자 하는 방향으로 커서를 두고 거리값을 입력하여 방향을 지시할 수 있다.

☞ Line option

명령 취소(u) : 앞에 실행되었던 선을 하나씩 제거/취소하는 명령어

닫기(c) : 시작점과 마지막 점에 선을 잇는 명령어

- 절대좌표를 이용한 도면 그리기

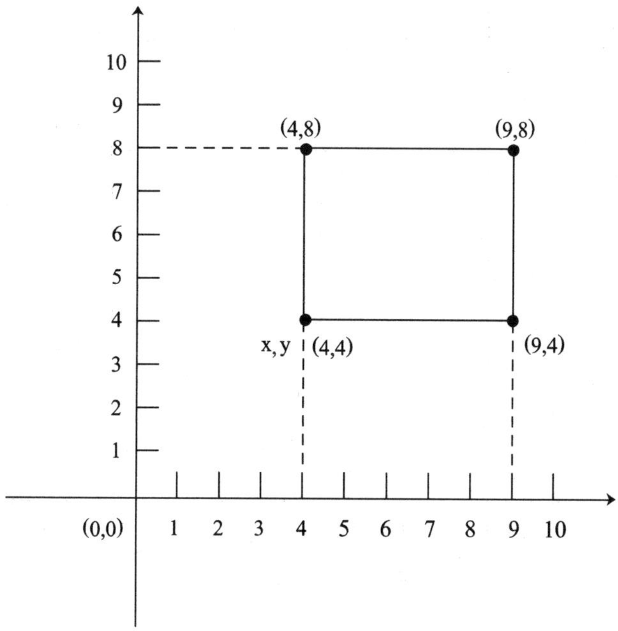

명령(command) : Line(L) 또는

첫 번째 점 지정 : 4,4

다음 점 지정 또는[명령 취소(u)] : 9,4

다음 점 지정 또는[닫기(c)/명령 취소(u)] : 9,8

다음 점 지정 또는[닫기(c)/명령 취소(u)] : 4,8

다음 점 지정 또는[닫기(c)/명령 취소(u)] : 4,4

(첫선과 마지막 선을 이을 경우에는 명령어 c를 이용하여도 된다.)

- 상대좌표를 이용한 도면 그리기

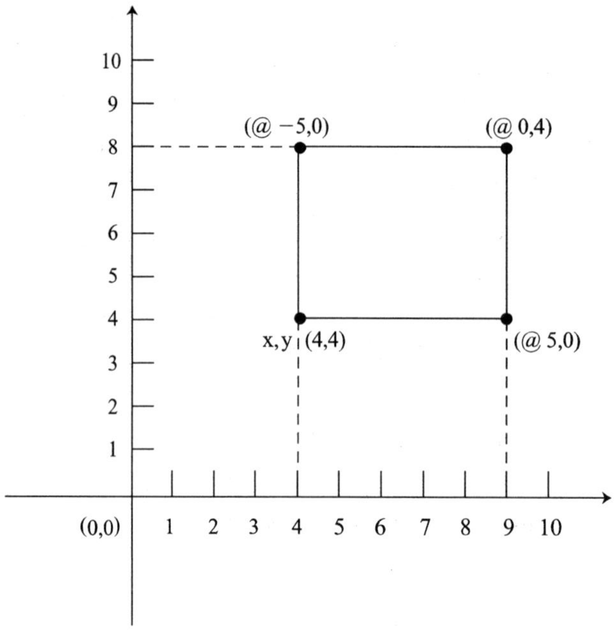

명령(command) : Line(L) 또는 
첫 번째 점 지정 : 4,4
다음 점 지정 또는[명령 취소(u)] : @5,0
다음 점 지정 또는[닫기(c)/명령 취소(u)] : @0,4
다음 점 지정 또는[닫기(c)/명령 취소(u)] : @–5,0
다음 점 지정 또는[닫기(c)/명령 취소(u)] : @0,–4
(첫선과 마지막 선을 이을 경우에는 명령어 C를 이용하여도 된다.)

- 상대 극좌표를 이용한 도면 그리기

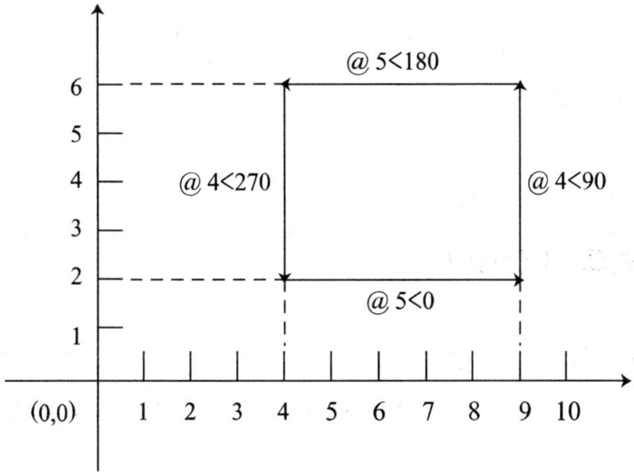

명령(command) : Line(L) 또는
첫 번째 점 지정 : 3,2
다음 점 지정 또는[명령 취소(u)] : @5〈0
다음 점 지정 또는[닫기(c)/명령 취소(u)] : @4,〈90
다음 점 지정 또는[닫기(c)/명령 취소(u)] : @5,〈180
다음 점 지정 또는[닫기(c)/명령 취소(u)] : @4,〈270
(첫선과 마지막 선을 이을 경우에는 명령어 C를 이용하여도 된다.)

2 명령 취소[Undo(단축 명령어 : U)]

바로 전 단계의 명령을 취소하는 명령어로서 명령어를 입력하면 마지막에 그려졌던 객체들이 역순으로 취소된다.

3 취소명령복구(Redo)

명령 취소(Undo) 명령어로 취소된 내용을 복구할 수 있는 명령어이다. Redo 명령어는 Undo 명령어와 달리 취소된 내용 중 마지막에 취소된 하나의 내용만 복구시킬 수 있다.

4 폴리선[Pline(단축 명령어 : Pl)]

폴리선(Poly line)으로 그린 직선이나 곡선은 하나의 객체로 작성하여 진다. Pline은 Line 명령어로 그린 선보다 굵게 그릴 수 있으며 폴리 선으로 그린 객체는 Fillet, Chamfer, Offset으로 수정할 경우 편하게 작업할 수 있다.

- 리본 메뉴(Ribbon Menu) :
- 메뉴 막대(Menu Bar) : 그리기 → 폴리선
- 명령(Command) : Pline[P1]

- 작성된 폴리선(Pline)은 폴리선 편집[Pedit]명령으로 편집할 수 있다.
- Explode 명령으로 독립적인 객체로의 변환이 가능하다.
- 굵은 폴리선을 Explode 할 경우 선의 굵기는 0으로 환원된다.

※ Line(직선관련옵션)

- 호(Arc)

현재 Line 명령에서 Arc 명령으로 변경하여 그리는 것으로 일반 Arc 명령어와 같은 옵션을 실행한다.

- 닫기(Close)

Pline위 첫 번째 점과 마지막 점을 연결하여 닫힌 다각형의 Pline을 완성한다.

- 반폭(Halfwidth)

Pline의 선폭의 값을 지정하는 옵션으로 반폭의 값을 설정하면 전체 폭의 값으로 그려진다.

- 폭(Width)

Pline의 선의 폭(두께)을 지정하는 옵션으로 시작점의 두께와 끝점의 두께를 다르게 설정할 수 있다.

- 길이(Length)

지정하는 길이만큼 현재 진행방향과 같은 방향으로 선을 그리는 옵션이다.

- 명령 취소(Undo)

이전에 실해하였던 명령을 취소할 수 있다.

- 작성된 폴리선(Pline)은 폴리선 편집[Pedit]명령으로 편집할 수 있다.
- Explode 명령으로 독립적인 객체로의 변환이 가능하다.
- 굵은 폴리선을 Explode 할 경우 선의 굵기는 0으로 환원된다.

5 폴리선 편집[Pedit(단축 명령어 : Pe)]

Pline, 사각형, 다각형 및 Line에 대한 편집 명령어이다.

- 리본 메뉴(Ribbon Menu) : 
- 메뉴 막대(Menu Bar) : 수정 → 객체 → 폴리선
- 명령(Command) : Pedit[Pe]

- 다중(Multiple)

여러 개의 Pline을 한 번에 선택하여 편집하는 옵션이다.

- 열기(Open) : 닫혀있는 폴리선 열기

- 닫기(Close) : 열려있는 폴리선 닫기

- 결합(Join)

Pline과 Pline, Pline과 Line, Arc 등 끝점끼리 서로 연결되어 있는 두 개 이상의 객체를 하나의 폴리선으로 연결한다.

- 폭(Width)

Pline의 폭 치수를 지정한다.

- 정점 편집(Edit Vertex)

정점을 이용하여 Pline을 수정한다. 정점 편집을 선택한 후 Pline의 정점에 "X" 표식이 나타나며 키보드의 엔터 버튼을 클릭하면 정점을 따라 "X"가 이동한다. 편집할 위치에 "X"를 이동시키고 옵션을 선택하면 해당옵션에서 다음과 같은 하부옵션이 나타난다.

☞ 다음(Next)

"X" 표식을 다음 정점으로 이동시킨다.

☞ 이전(Previous)

"X" 표식을 이전 정점으로 이동시킨다.

☞ 끊기(Break)

폴리선의 두 점(현재정점에서 이동한 정점) 사이를 끊는다.

☞ 삽입(Insert)

새로운 정점을 추가시켜 폴리선을 생성한다.

☞ 이동(Move)

"X" 표식을 이동시킨다.

☞ 재생성(Regen)

폴리 선을 재생성 한다.

☞ 직선화(Straighten)

지정한 두 정점의 사이를 직선으로 변경시킨다.

☞ 접선(Tangent)

현재 정점에서 접선방향을 지정하여 Fit curve 옵션 사용 시 생성되는 곡선의 모양을 조절한다.

☞ 폭(Width)

선택한 정점과 다음 정점사이의 선폭을 지정한다(시작점과 끝 점의 폭을 다르게 지정할 수 있다).

☞ 종료(Exit)

정점 편집을 종료하고 상위 메뉴로 복귀한다.

- **맞춤(Fit)**

폴리선의 모든 정점을 통과하며 각 정점에서 서로 접하는 부드러운 곡선을 작성한다. 정점 편집(Edit Vertex)의 접선(Tangent)을 이용하여 접선방향을 설정할 수 있다.

- **스플라인(Spline)**

폴리선의 각 면에 접하는 곡선을 작성하며 Fit curve보다 작은 곡선을 만든다.

- **비곡선화(Decurve)**

스플라인 또는 맞춤에 의한 곡선을 직선으로 변경한다.

- **선 종류 생성(Ltype gen)**

폴리선이 연속되는 패턴의 선 종류로 생성되어 있을 경우, 일정 간격의 선 종류를 적용하는 방식이다.

6 원 그리기[Circle(단축 명령어 : C)]

원(Circle)을 그리는 명령어는 캐드에서 선과 함께 가장 많이 사용되는 명령어이다. 원은 중심점과 반지름을 이용하여 그리는 방법, 중심점과 지름을 이용하여 그리는 방법, 2점(2 Point)을 이용하여 그리는 방법, 3점(3 Point)을 이용하여 그리는 방법, 객체와 객체 사이를 접하여 그리는 방법 등이 있다.

- 리본 메뉴(Ribbon Menu) :
- 메뉴 막대(Menu Bar) : 그리기 → 원
- 명령(Command) : Circle[C]

※ 원의 치수를 산정할 경우 Φ, D(지름), R(반지름)로 나타낸다.

- **중심점(Center)과 반지름(Radius)을 이용하여 원 그리기(아이콘 :)**

원의 중심점과 반지름(R)을 차례로 입력한다.

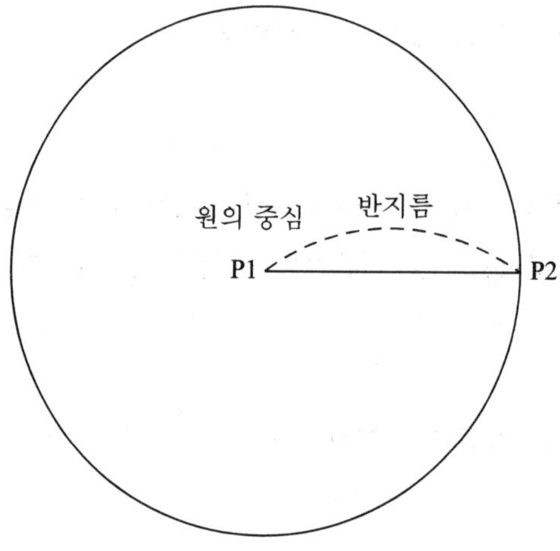

• **원의 중심점(Center)과 지름(Diameter)을 이용하여 원 그리기(아이콘 :)**

원의 중심점과 지름을 차례로 입력한다.

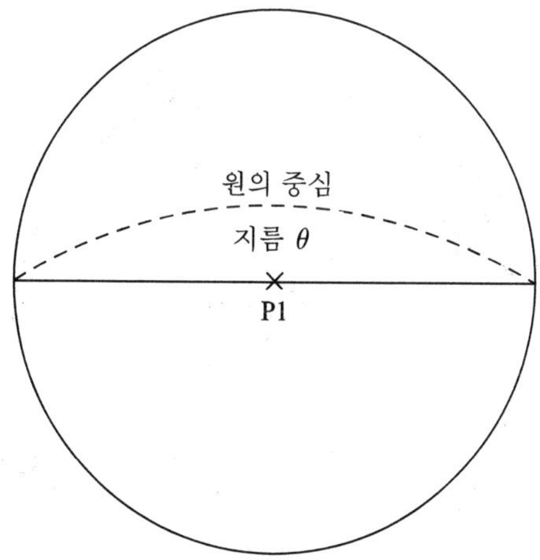

• **두 점(2-Points)을 이용하여 원 그리기(아이콘 :)**

두 점 사이의 거리를 지름으로 하여 원을 그리는 방법으로서 2P를 이용하여 원지름의 첫 번째 끝점과 두 번째 끝점을 입력한다.

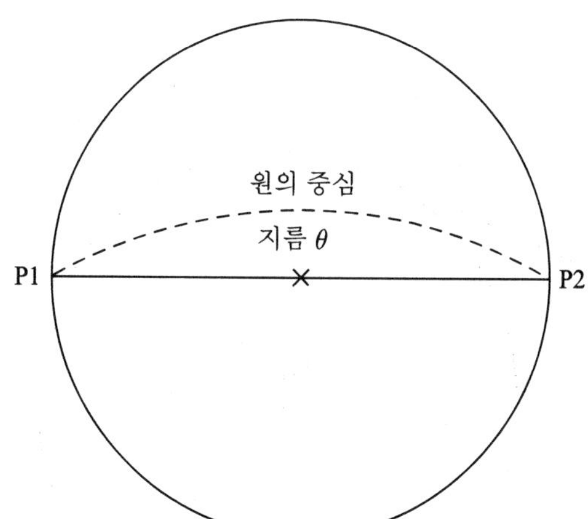

- **세 점(3-Points)을 이용하여 원 그리기(아이콘 :)**

원을 지나가는 3점을 좌표를 이용하여 원을 그리는 방법으로서 3P를 이용하여 세 개의 점을 차례로 입력한다.

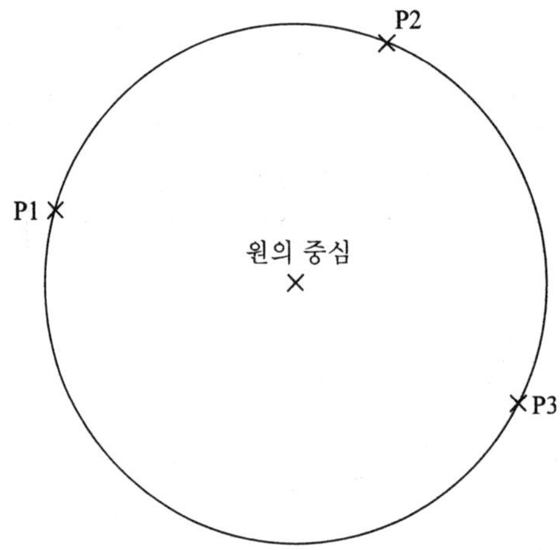

- **두 객체와의 접점과 반지름을 이용하여 원 그리기(아이콘 :)**

두 객체에 접하는 원을 그리는 방법으로서 Circle명령어에서 'T'옵션을 선택하고 원과 객체가 접하는 부분에 마우스를 움직이면 접점(Tangent)표시가 명시된다. 두 개의 접하는 부분을 차례로 마우스로 클릭하고 반지름을 입력한다.

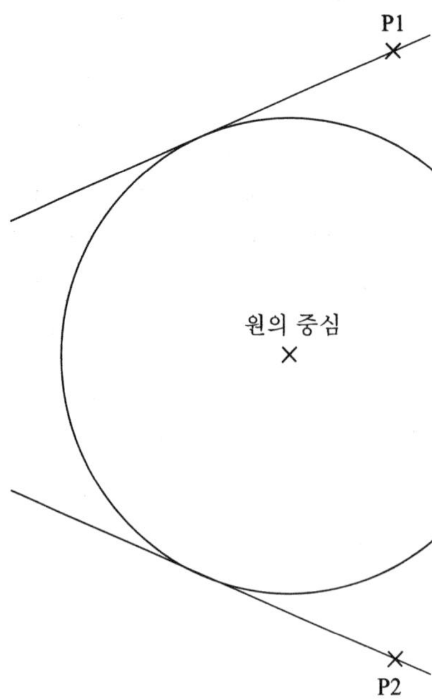

● **세 개의 접점을 이용하여 원 그리기(아이콘 :)**

세 개의 객체에 접하는 원을 그리는 방법으로 Circle 명령어에서 'T'옵션을 선택 후 3P를 이용하여 원과 객체가 접하는 부분에 차례로 마우스를 클릭하여 실행한다(이 명령에서는 반지름의 길이는 입력하지 않는다).

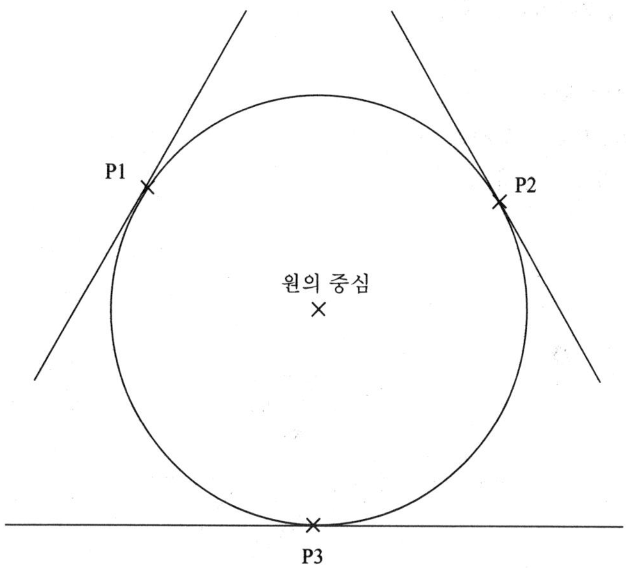

7 호 그리기[Arc(단축 명령어 : A)]

호는 직선, 원과 함께 가장 많이 사용되는 명령어이며 기본적으로 시작점, 중간점, 끝점 등을 이용하여 그리는 방법 등 총 11가지의 호를 그리는 방법이 있다(호를 그릴 경우 그려지는 방향이 시계반대 방향이어야 한다).

- **리본 메뉴(Ribbon Menu) :**
- **메뉴 막대(Menu Bar) : 그리기 → 호**
- **명령(Command) : Arc[A]**

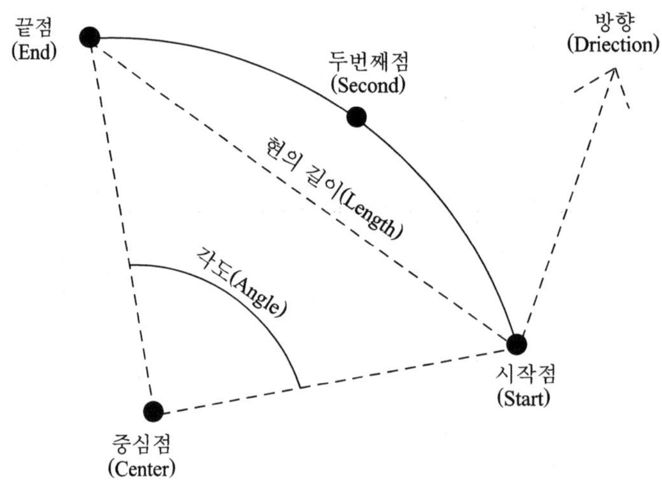

- **3점(3 Point)을 이용하여 그리기(아이콘 :)**

Arc 명령어 중 가장 많이 사용되며 시작점, 중간점, 끝점을 순서대로 입력하여 실행한다.

- **시작점, 중심점, 끝점을 이용하여 그리기(아이콘 :)**

호의 시작점, 중간점, 끝점의 순서대로 호를 그리는 방법으로서 시작점의 위치에 따라 방향이 결정되므로 시계 반대방향을 유의하여 입력하여야 한다.

- **시작점, 중심점, 각도를 이용하여 그리기(아이콘 :)**

호의 시작점과 중심점, 각도를 순서대로 입력하여 호를 그리는 방법이며 호의 중심점과 시작점 또는 끝점까지의 거리가 호의 반지름이 된다.

• **시작점, 중심점, 길이를 이용하여 그리기(아이콘 :)**

호의 시작점, 중심점, 길이를 순서대로 입력하여 호를 그리는 방법이며 현의 길이가 호의 지름보다 길게 입력되면 호가 그려지지 않는다.

• **시작점, 끝점, 각도를 이용하여 그리기(아이콘 :)**

호의 시작점, 끝점, 각도를 순서대로 입력하여 호를 그리는 방법이며 호의 각도는 시작점에서 끝점까지의 각도를 계산하여 입력한다.

• **시작점, 끝점, 방향을 이용하여 그리기(아이콘 :)**

호의 시작점, 끝점, 방향을 순서대로 입력하여 호를 그리는 방법이다. 시작점과 끝점을 입력하면 가상의 접선이 그려지며 이 때 원하는 방향으로 방향을 입력한다.

• **시작점, 끝점, 반지름을 이용하여 그리기(아이콘 :)**

호의 시작점, 끝점, 반지름을 순서대로 입력하여 호를 그리는 방법이며 반지름의 길이는 호의 중심부터 끝점까지의 거리이다.

• **중심점, 시작점, 끝점을 이용하여 그리기(아이콘 :)**

호의 중심점, 시작점, 끝점을 순서대로 입력하여 그리는 방법이며 호의 중심점과 시작점을 입력하면 시작점을 기준으로 시계 반대 방향으로 끝점까지 호가 그려진다.

• **중심점, 시작점, 각도를 이용하여 그리기(아이콘 :)**

호의 중심점, 시작점, 각도를 순서대로 입력하여 그리는 방법이며 호의 중심점과 시작점을 입력하면 가상의 호가 그려지며 이 때 원하는 각을 입력한다.

• **중심점, 시작점, 길이를 이용하여 그리기(아이콘 :)**

호의 중심점, 시작점, 길이를 순서대로 입력하여 그리는 방법이며 호의 중심점과 시작점을 입력하면 가상의 호가 그려지며 이 때 원하는 지점에 끝점을 입력한다.

• **연속하여 그리기(아이콘 :)**

이전에 그려진 객체에 이어서 호를 그리는 방법이며 이미 그려진 객체의 끝점이 호의 시작점이며 끝점을 입력하면 호가 그려진다.

8 타원 그리기[Ellipse(단축 명령어 : El)]

- 리본 메뉴(Ribbon Menu) : 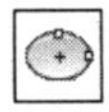
- 메뉴 막대(Menu Bar) : 그리기 → 타원
- 명령(Command) : Ellipse[El]

타원과 타원모양의 호를 그리는 명령어이다. 장축과 단축의 끝점과 중심점 중 세 점을 입력하여 타원을 그리는 방법과 하나의 축과 회전각을 이용하여 그리는 방법이 있으며 타원형 호(Arc)를 그릴수도 있다.

- **중심점과 축의 끝점을 이용하여 그리기(아이콘 : 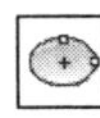)**

타원의 중심점을 지정하고 호의 끝점을 입력한 후 호의 다른 축 길이를 입력한다.

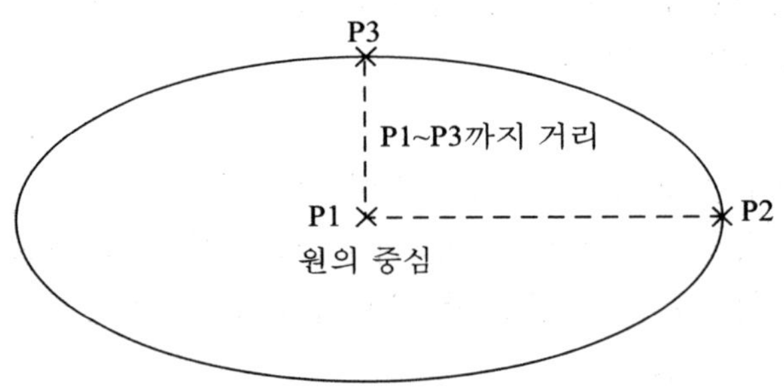

- **축과 끝점을 이용하여 그리기(아이콘 : )**

축의 양쪽 끝점을 지정하고 다른 축의 끝점은 중심으로부터의 거리를 입력한다.

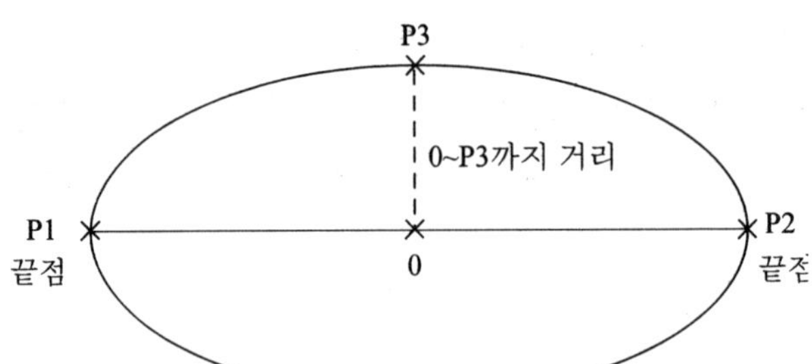

• **타원형 호 그리기(아이콘 : 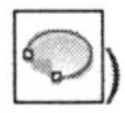)**

Arc옵션, 즉 호를 선택한 후 축의 양쪽 끝점을 입력하고 다른 축의 끝점을 입력한 후 호가 시작하는 각도와 끝나는 각을 입력한다.

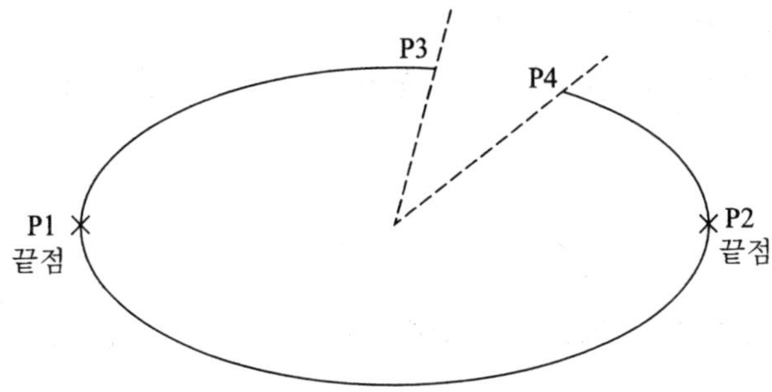

9 직사각형 그리기[Rectangle(단축 명령어 : Rec)]

대각선으로 두 점을 입력하여 직사각형을 그리는 명령어로서 폴리선의 특징을 가지고 있기 때문에 하나의 객체로 만들어진다.

- 리본 메뉴(Ribbon Menu) : 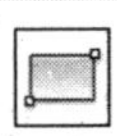
- 메뉴 막대(Menu Bar) : 그리기 → 선
- 명령(Command) : Rectangle[Rec]

• **두 점(2Point)을 지정하여 그리기**

대각선의 두 모서리를 마우스 또는 키보드로 지정하여 그리는 명령어이다.

• **면적(Area)을 이용하여 그리기**

사각형의 전체 면적을 계산하여 치수를 입력한 다음 가로 또는 세로의 길이를 계산하여 입력한다(사각형 면적과 가로길이의 치수를 입력하면 자동으로 세로 길이의 치수가 입력된다).

• **치수(Dimensions)를 이용하여 그리기**

사각형 가로의 길이와 세로의 길이를 입력한 후 마우스 커서를 그리는 방향으로 이동하여 클릭한 후 그리는 방법이다

- **각도(Rotation)를 이용하여 그리기**

각도를 이용하여 경사지게 사각형을 그리는 것으로 첫 번째 좌표값을 입력하고 각도를 설정한 후 두 번째 좌표값을 입력한다.

- **모따기(Chamfer)를 이용하여 그리기**

두 점의 좌표값을 입력한 후 그리는 사각형의 모서리가 깎인 모양의 사각형을 그리는 명령어이다.

- **모깎기(Fillet)를 이용하여 그리기**

사각형의 모서리 부분에 반지름 값을 입력하여 사각형 모서리를 원호처럼 둥글게 그리는 명령어이다.

- **폭(Width)을 이용하여 그리기**

사각형 선의 두께를 미리 설정하여 선 두께를 굵게 그리는 명령어이다.

- **고도(Elevation) 및 두께(Thickness)를 이용하여 그리기**

고도를 이용하여 그리는 방법은 좌표가 바닥에서 사각형까지의 높이, 즉 좌표가 0인 지점에서 높이를 지정하고 그리는 방법이며 두께를 이용하여 그리는 방법은 사각형 밑변과 윗변의 높이를 지정하여 그리는 방식으로 두 명령어 모두 3차원일 경우 사용한다.

10 다각형 그리기[Polygon(단축 명령어 : Pol)]

다각형은 3개에서 1024개의 같은 길이의 변을 그리는 명령어이다. 닫힌 폴리선(Polyline)의 특징을 가지고 있으며, 하나의 객체로 인식된다. 내접원 혹은 외접원에 접하여 그리며 다각형의 크기는 원의 반경에 의하여 결정된다.

- 리본 메뉴(Ribbon Menu) : 
- 메뉴 막대(Menu Bar) : 그리기 → 다각형
- 명령(Command) : Polygon[Pol]

• **원에 내접(Inscribed in Circle)하여 그리기**

가상의 원의 중심점을 기준으로 하여 원의 내부에 접하는 다각형을 그리는 방법으로 다각형 면수를 입력하고 원의 반지름을 입력하면 원에 내접하는 다각형이 완성된다.

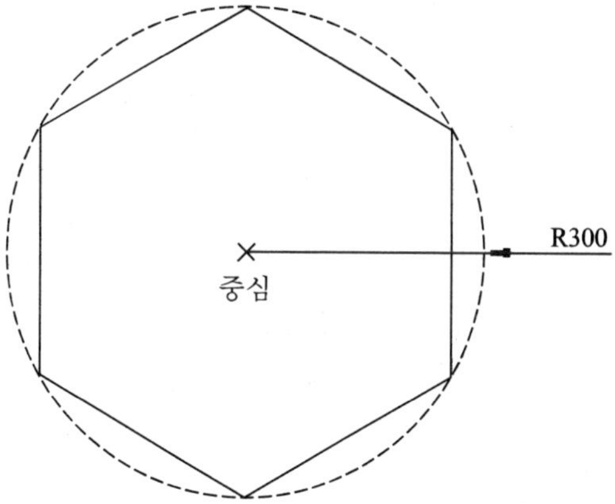

• **원에 외접(Circumscribed about Circle)하여 그리기**

가상의 원의 중심점을 기준으로 하여 원의 외부에 접하는 다각형을 그리는 방법으로 다각형 면수를 입력하고 원의 반지름을 입력하면 원에 외접하는 다각형이 완성된다.

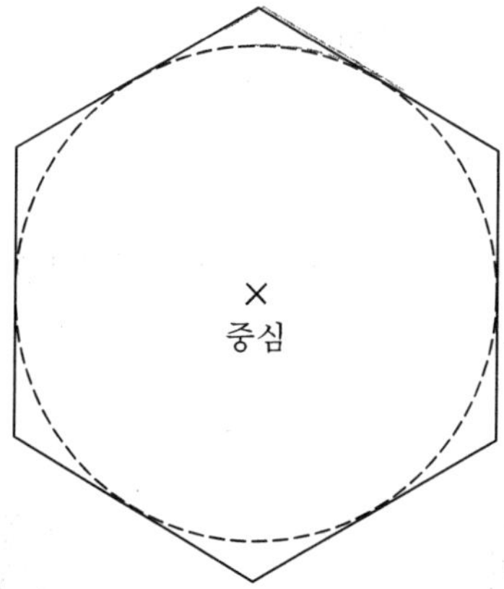

- **모서리(Edge)를 이용하여 그리기**

다각형의 한 변의 길이를 정확하게 입력하여 그리는 것으로 변의 양쪽 끝점의 좌표를 입력하면 다각형이 완성된다.

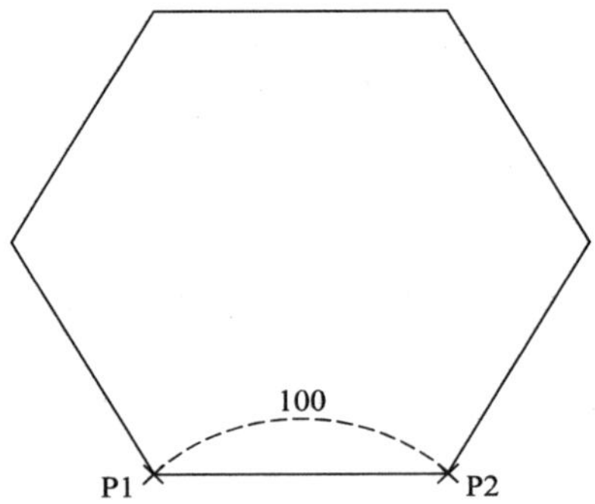

11 도넛(Donut)

도넛 명령어는 외경을 입력하여 속이 찬 원, 빈 원 또는 폭을 가지는 원을 만드는 명령어이다.

- **리본 메뉴(Ribbon Menu) :** 
- **메뉴 막대(Menu Bar) : 그리기 → 도넛**
- **명령(Command) : Donut**

명령어를 입력하거나 리본 메뉴를 클릭하여 명령을 실행하면 도넛의 내부 지름과 외부 지름을 입력할 수 있으며 지름의 크기에 따라 다음과 같은 세 가지 형태의 도넛을 만들 수 있다.

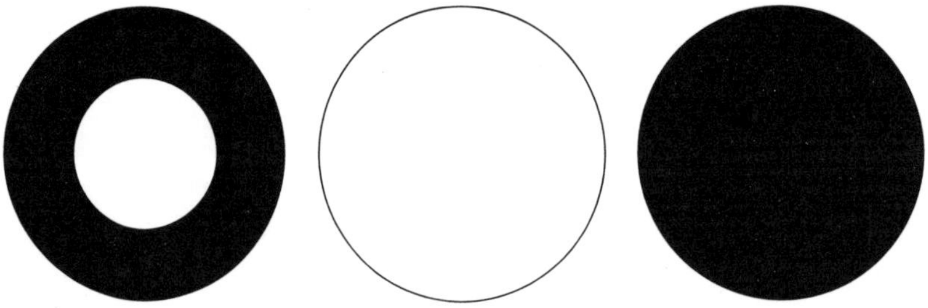

12 스플라인[Spline(단축 명령어 : Spl)]

주어진 점(조정점)들의 집합을 통과하는 부드러운 곡선으로 불규칙적인 모양의 곡선을 그리는데 사용된다.

- 리본 메뉴(Ribbon Menu) :
- 메뉴 막대(Menu Bar) : 그리기 → 스플라인
- 명령(Command) : Spline[Spl]

명령어를 입력하거나 리본 메뉴를 클릭하여 명령을 실행한 후 시작점 및 다음 점을 지정하여 객체를 완성시킨다.

- 객체(Spline)

폴리라인 편집(Pedit)으로 스플라인화 된 폴리선을 스플라인 객체 속성으로 변경한다.

- 공차 맞춤(Fit Tolerance)

공차 값이 0에 가까울수록 스플라인 곡선은 점에 근접해지고 공차 값이 클수록 곡선의 길이는 한정되어 진다.

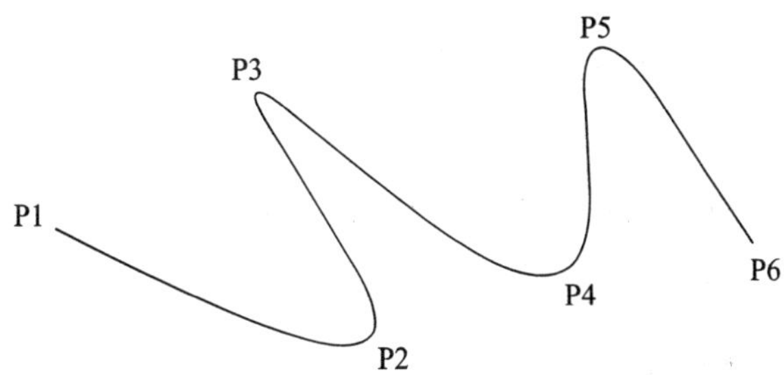

13 스플라인 편집(Splinedit)

스플라인 또는 스플라인 맞춤－폴리선을 편집하는 기능이다.

- 리본 메뉴(Ribbon Menu) :
- 메뉴 막대(Menu Bar) : 수정 → 스플라인 편집
- 명령(Command) : Splinedit

명령어를 입력하거나 리본 메뉴를 클릭하면 다음과 같은 옵션이 나타난다.

- **맞춤 데이터(Fit Data)**

맞춤 점을 편집하는 옵션으로 명령을 실행하면 추가, 닫기, 삭제 등의 옵션이 나타난다.

☞ 추가(Add)

스플라인에 새로운 조정점을 추가하는 기능이다.

☞ 닫기(Close)

시작점과 끝점을 연결하여 닫힌 스플라인을 만든다.

☞ 삭제(Delete)

스플라인의 조정점을 삭제한다.

☞ 이동(Move)

조정점을 이동시킨다.

☞ 소거(Purge)

맞춤데이터로 설정되어 있는 조정점을 일반 스플라인의 조정점으로 변경시킨다.

☞ 접선(Tangents)

시작점과 끝점의 접선 방향을 조절한다.

☞ 공차(Tolerance)

맞춤 점과 스플라인이 일치할 수 있도록 조절한다.

☞ 종료(Exit)

이전 옵션으로 이동한다.

- **닫기(Close)**

시작점과 끝점을 연결하여 닫힌 스플라인을 만든다.

- **정점 이동(Move Vertex)**

스플라인의 조정점을 다른 곳으로 이동시킨다.

- **정련(Refine)**

스플라인의 곡선을 부드럽게 하기 위해 가중치를 적용 또는 조정점을 추가한다.

- **반전(Reverse)**

  스플라인의 시작점과 끝점의 순서를 바꾼다.

- **명령 취소(Undo)**

  이전의 명령을 취소한다.

14 Point

- **점 스타일(명령어 : Ddptype)**

  화면에 나타나는 점(Point)의 스타일을 지정한다.

> • **메뉴 막대(Menu Bar) : 형식 → 점 스타일**
> • **명령(Command) : Ddptype**

명령어를 입력하면 다음과 같은 점 스타일(Point Style) 대화상자가 나타난다.

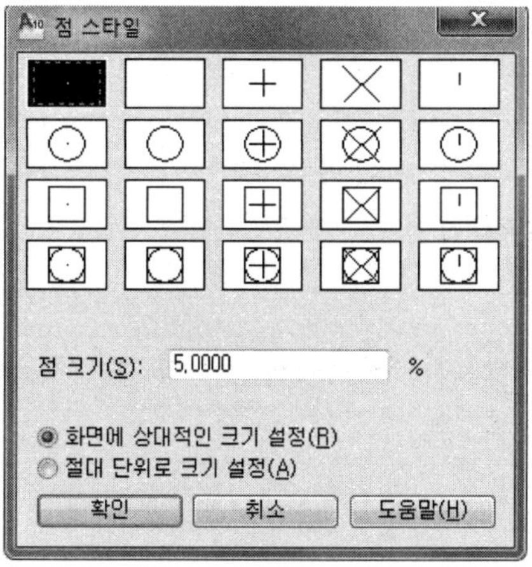

☞ 점 크기(Point Size)

점의 크기 설정

☞ 화면에 상대적인 크기 설정(Set Size Relative Screen)

화면에 상대적인 크기로 설정(크기를 설정하여도 화면에 영향이 없다)

☞ 절대 단위로 크기 설정(Set Size in Absolute Units)

절대 단위 크기로 설정

화면이 확대되거나 축소되면 점(Point)도 확대되거나 축소된다.

- **점 찍기(단축 명령어 : Po)**

화면에 점(Point)을 찍는 명령어로서 Point 명령어를 이용하여 화면상의 점 모양을 보기 쉽게 사용하기 위한 명령어이며 객체 수정에 많이 사용된다.

- **리본 메뉴(Ribbon Menu) :** 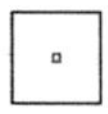
- **메뉴 막대(Menu Bar) : 그리기 → 점**
- **명령(Command) : Point[Po]**

15 객체 등분할하기[Divide(단축 명령어 : Div)]

Line, Arc, Circle 등의 명령어로 완성된 객체에 일정한 둘레 또는 길이의 간격으로 점 또는 블록을 작성한다.

- **리본 메뉴(Ribbon Menu) :** 
- **메뉴 막대(Menu Bar) : 그리기 → 점 → 등분할**
- **명령(Command) : Divide[Div]**

① 등분할 객체 선택(등분하고자 하는 객체 선택하기)

② 세그먼트 개수 입력(등분 수)

③ 블록(점 대신 블록 삽입)

☞ 삽입할 블록의 이름

삽입하고자 하는 블록의 이름 넣기

☞ 객체에 블록 정렬

블록을 객체에 정렬 시킨 후 삽입 여부 지정

☞ Osnap(객체 스냅) 모드 중 Node(노드)가 선택되어 있어야 한다.
☞ Divide : 객체를 입력한 개수로 분할
☞ Measure : 입력한 길이로 객체를 분할

16 길이 분할[Measure(단축명령어 : Me)]

Divide 명령어처럼 일정 간격으로 객체를 분할하는 명령어로서, 객체의 길이 또는 둘레를 따라 측정된 길이의 간격으로 점 또는 블록을 작성한다.

- 리본 메뉴(Ribbon Menu) : 
- 메뉴 막대(Menu Bar) : 그리기 → 점 → 길이분할
- 명령(Command) : Measure[Me]

① 길이 분할 객체 선택(등분할 객체 선택)
② 세그먼트 길이 지정(등분 길이 값)

명령어를 입력하거나 아이콘을 클릭하여 명령을 실행하면 “Single”로 설정되어 있어 점이 하나만 찍힌다. 여러 개의 점을 찍을 경우에는 Multiple Point를 실행하여 작업한다.

17 무한선 그리기[Xline(단축 명령어 : Xl)]

Xline은 지정하는 한 지점에서 양쪽방향으로 무한정 연장되는 Construction Line(구성선)을 만들어 준다.

- 리본 메뉴(Ribbon Menu) : 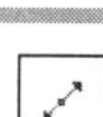
- 메뉴 막대(Menu Bar) : 그리기 → 구성선
- 명령(Command) : Xline[Xl]

- **명령어를 입력하거나 아이콘을 클릭하여 명령을 실행한 후 선의 위치와 통과 점을 입력하면 선의 위치에서 무한선이 그려진다.**
  (※ 도면 작업시 보조선으로 많이 사용한다)

☞ 수평(Hor)
X 방향으로 Xline 작성

☞ 수직(Ver)
Y 방향으로 Xline 작성

☞ 각도(Ang)
각도를 입력하여 Xline 작성(+각도를 입력할 경우 시계 반대 방향으로 객체가 그려진다.)

☞ 이등분(Bisect)
세 개의 점이 이루는 각의 이등분 지점에 Xline 작성

☞ 간격 띄우기(Offset)
지정한 거리만큼 Xline을 띄워서 작성

18 반무한선 그리기(Ray)

Xline과 달리 Ray는 한 쪽 방향의 무한 Line을 그리는 경우 사용되며 선의 시작점과 통과 점을 입력하면 반 무한선이 완성된다.

- **메뉴 막대(Menu Bar) : 그리기 → 반무한선 그리기**
- **명령(Command) : Ray[Ray]**

- **명령어를 입력하거나 아이콘을 클릭하여 명령을 실행한 후 선의 위치와 통과 점을 입력하면 선의 위치에서 반무한 선이 그려진다.**

CHAPTER 9

객체 선택 기능

1. 직접 선택
2. 윈도우(Window)
3. 걸침(Crossing)
4. 전체(All)
5. 울타리(Fence)
6. 윈도우 다각형(Window Polygon)
7. 걸침 다각형(Crossing Polygon)
8. 객체 그룹화(Group)

1 직접 선택

가장 일반적인 방법으로 마우스를 이용하여 객체를 직접 선택한다.

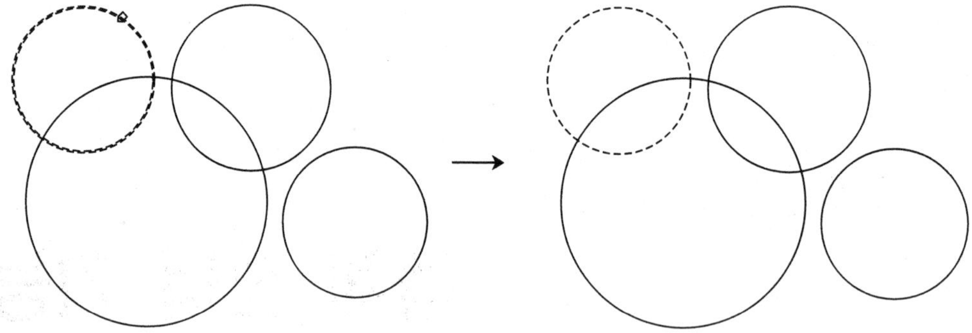

그림과 같이 좌측의 객체를 마우스를 이용하여 선택하면 우측과 같이 점선으로 표시된다.

2 윈도우(Window)

여러 개의 객체를 선택할 경우, 사용하는 방법으로 화면의 왼쪽에서 오른쪽 방향으로 드래그하여 객체를 선택한다. 이 때 드래그한 범위 내에 완전히 포함된 객체는 선택되고 걸쳐진 객체는 선택되지 않는다.

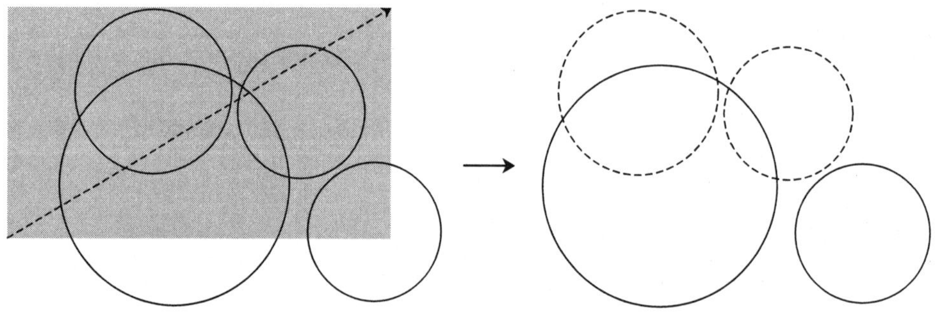

위의 좌측 그림과 같이 마우스를 드래그 하였을 때 드래그한 범위 내에 완전히 포함된 객체는 우측 그림과 같이 선택되고 걸쳐진 객체는 선택되지 않는다.

3 걸침(Crossing)

윈도우 명령어와 같이 여러 개의 객체를 선택할 경우 사용하는 방법으로 화면의 오른쪽에서 왼쪽 방향으로 드래그하여 객체를 선택한다. 윈도우 명령어와 다른 점은 드래그한 범위 내에 완전히 포함된 객체와 걸쳐진 객체 모두 선택된다.

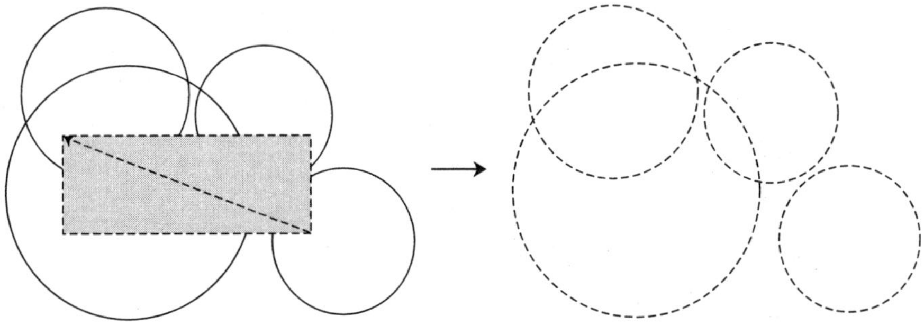

위의 좌측 그림과 같이 마우스를 드래그 하였을 때 드래그한 범위 내에 객체가 완전히 포함되지 않더라도 걸쳐진 객체까지 모두 선택된다.

4 전체(All)

도면의 모든 객체를 선택하는 기능으로 명령어 창에서 객체선택(Select objects)이 나오면 명령어 All을 입력하면 화면 밖에 보이지 않는 객체까지 모두 선택이 된다.

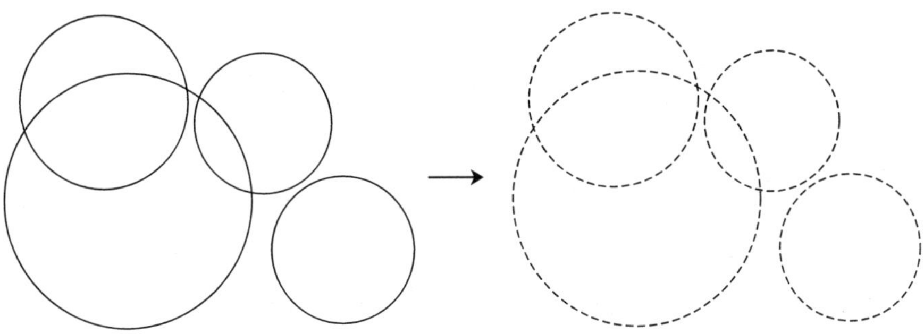

위의 좌측 그림과 같은 화면에서 All을 입력하면 우측과 같이 객체가 모두 선택된다.

5 울타리(Fence)

여러 개의 객체 중 Fence(울타리)에 걸쳐진 객체만 선택되고 울타리에 걸쳐지지 않은 객체는 선택되지 않는 기능으로 명령어 창에서 객체선택(Select objects)이 나오면 명령어 Fence를 입력하여 실행한다.

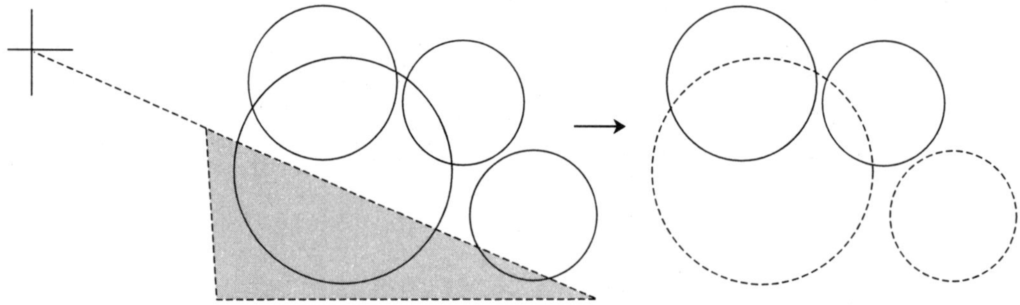

위의 좌측 그림과 같이 Fence 영역을 만들어서 선택할 우측 그림과 같이 펜스에 걸친 객체만 선택이 된다.

6 윈도우 다각형(Window Polygon)

여러 개의 객체 중 다각형에 완전히 포함된 객체만 선택하는 기능으로 명령어 창에서 객체선택(Select objects)이 나오면 명령어 WP를 입력하여 실행한다.

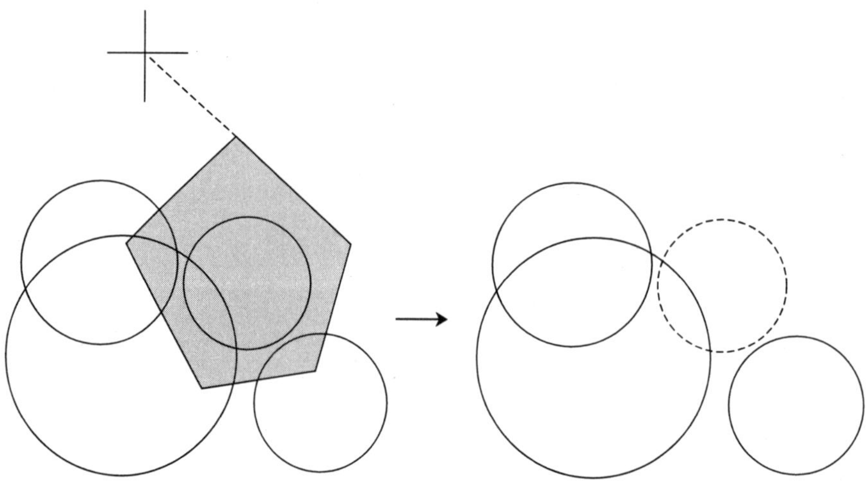

위의 좌측 그림과 같이 다각형 영역을 만들면 다각형 영역 안에 완전히 포함된 객체만 선택된다.

7 걸침 다각형(Crossing Polygon)

여러 개의 객체 중 다각형에 걸치는 객체를 모두 선택하는 기능으로 명령어 창에서 객체 선택(Select objects)이 나오면 명령어 WP를 입력하여 실행한다.

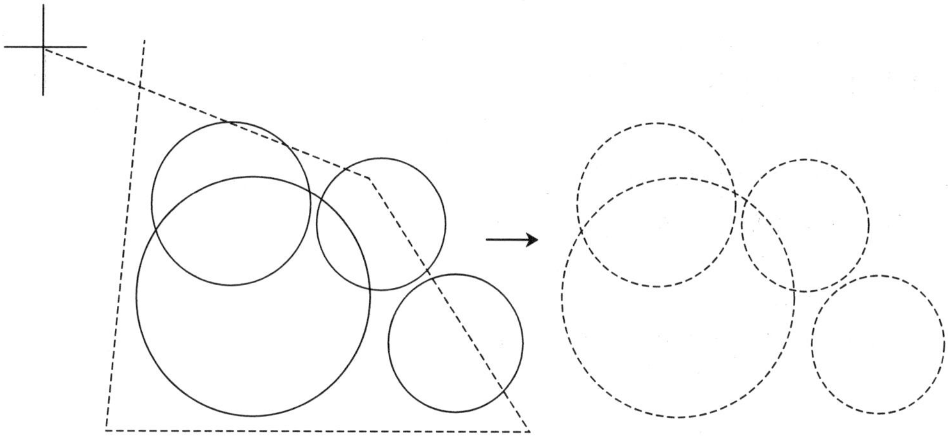

위의 좌측 그림과 같이 다각형 영역을 만들면 다각형 영역에 걸쳐진 객체는 모두 선택된다.

8 객체 그룹화(Group)

여러 개의 객체를 선택할 경우 묶음으로 선택이 되어야 할 그룹들을 설정할 수 있다. 객체를 그룹으로 만들면 객체 중에 일부분만 선택하여도 객체의 그룹이 모두 선택된다.

- **명령(Command)** : Group

명령어를 입력하면 다음과 같은 객체 그룹화(Object Grouping) 대화상자가 나타난다.

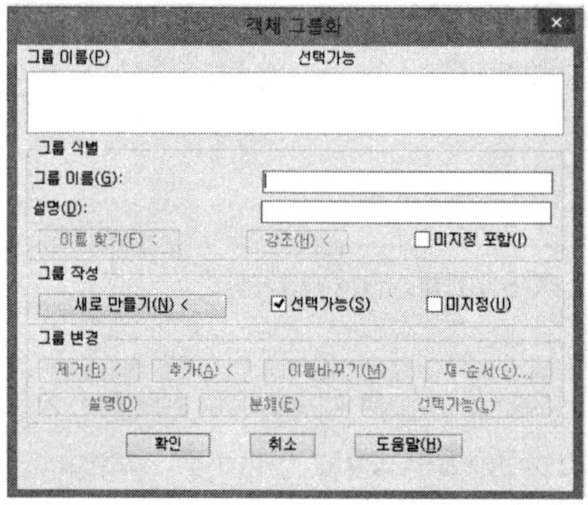

- **그룹 이름(Group Name)**

  그룹의 이름을 나타낸다.

- **그룹 식별(Group Identification)**

  그룹의 이름과 설명을 보여준다.

  ☞ 이름 찾기(Find Name)

  도면에서 그룹을 선택하면 이름을 나타낸다.

  ☞ 강조(Highlight)

  선택한 그룹을 강조하여 보여준다.

- **그룹 작성(Create Group)**

  그룹 식별에 이름과 설명을 작성하여 새로운 그룹을 작성하거나 그룹이 선택이 가능한지 지정한다.

- **그룹 변경(Change Group)**

  ☞ 제거(Remove)

  그룹 객체 중 필요 없는 객체를 삭제시킨다.

  ☞ 추가(Add)

  다른 객체를 추가시킨다.

  ☞ 이름 바꾸기(Rename)

  그룹의 이름을 변경한다.

☞ 재-순서(Re-Order …)

그룹 내의 객체 순서를 변경한다.

☞ 설명(Description)

새로운 그룹을 설명하거나 기본 그룹에 대한 설명을 변경한다.

☞ 분해(Explode)

그룹의 특성을 삭제한다. 즉, 분해한다.

☞ 선택가능(Selectable)

선택 불가능으로 지정되어 있는 그룹을 선택할 수 있도록 만든다.

CHAPTER 10

편집 기능

1. 지우기(Erase)
2. 자르기(Trim)
3. 복사하기(Copy)
4. 이동하기(Move)
5. 회전(Rotate)
6. 객체 간격 띄우기(Offset)
7. 스케일(Scale)
8. 객체 분해하기(Explode)
9. 신축(Stretch)
10. 대칭(Mirror)
11. 배열(Array)
12. 연장하기(Extend)
13. 모깎기(Fillet)
14. 모따기(Champer)
15. 끊기(Break)
16. 점에서 끊기(Break at Point)
17. 결합(Join)
18. 객체 길이 조정(Lengthen)

1 지우기[Erase(단축명령어 : E)]

도면상에 잘못 그려지거나 불필요한 객체를 마우스를 이용하여 객체를 선택하거나, 마우스로 화면상의 모든 범위를 드래그 하여 지우는 기능이다.

- **리본 메뉴 :** 
- **메뉴 막대(Menu Bar) : 수정 → 지우기**
- **명령(Command) : Erase[E]**

삭제할 객체를 클릭하여 삭제할 수 있고 범위를 드래그 하여 삭제하는 방법이 있다. 명령어를 입력하거나 아이콘을 클릭하여 명령을 실행한 후 마우스를 화면의 오른쪽에서 왼쪽으로 드래그 하여 객체를 선택하면 드래그한 범위에 객체가 걸치기만 하여도 모든 객체가 삭제되고 마우스를 화면의 왼쪽에서 오른쪽으로 드래그할 경우 드래그한 범위 내에 있는 객체만 삭제된다.

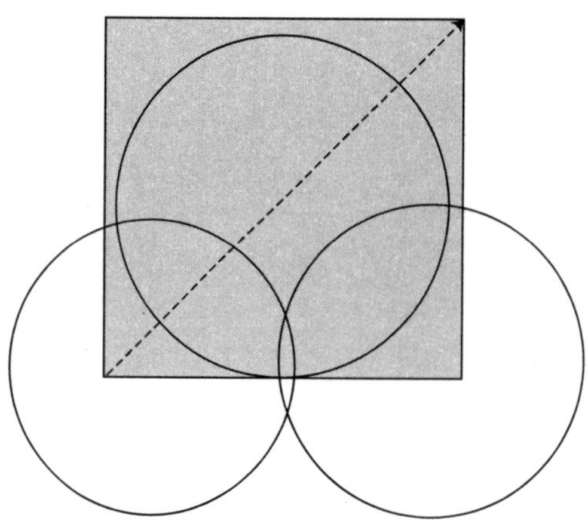

※ 화면의 왼쪽에서 오른쪽으로 드래그 하였을 경우(맨 위의 원만 삭제된다.)

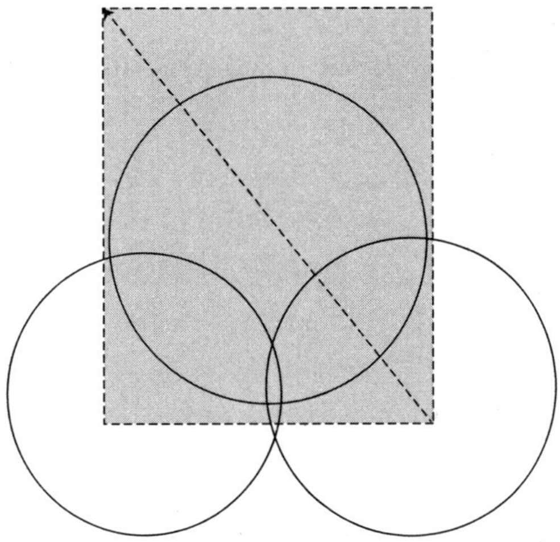

※ 화면의 오른쪽에서 왼쪽으로 드래그 하였을 경우(모든 원이 삭제된다.)

2 자르기[Trim(단축 명령어 : Tr)]

객체의 교차되는 부분이나 접하는 부분을 경계선으로 지정하고 경계선과 만나거나 교차되는 한 부분을 삭제하는 명령어로서 Line, Circle, Arc, Ellipse, XLine, Hatch 등의 명령어에 사용할 수 있다.

- **리본 메뉴(Ribbon Menu) :** 
- **메뉴 막대(Menu Bar) : 수정 → 자르기**
- **명령(Command) : Trim[Tr]**

- **절단 모서리 선택(Select cutting edges …)**

  자르기를 위한 경계선 선택

- **울타리(Fence)**

  울타리에 의해 선택된 객체들을 삭제하는 기능으로서 삭제할 객체가 많을 경우 편하게 사용할 수 있다.

• 걸치기(Crossing)

Fence와 유사한 기능으로 객체에 완전히 포함된 것은 지워지지 않고 Crossing 선에 걸쳐진 객체만 삭제된다.

• 프로젝트(Project)

3차원 공간에서 자르기

☞ 없음(None)

3차원 공간에서 경계선과 교차되는 객체만 삭제

☞ UCS

3차원 공간에서 경계선과 교차되지 않는 객체도 삭제

☞ 뷰(View)

3차원 공간에서 현재 화면상에 따라 자르기

• 모서리(Edge)

경계선과 교차되지 않는 객체의 삭제 여부 지정

☞ 연장(Extend)

경계선과 교차되지 않더라도 연장선상에서 삭제가능

☞ 연장 안함(No Extend)

경계선과 교차되어 있는 경우에만 삭제 가능

• 지우기(Erase)

Trim 명령어 내에서 경계선과 상관없이 선택한 객체를 삭제

3 복사하기[Copy(단축 명령어 : Co)]

객체를 똑같은 모양으로 복사할 경우 사용하는 명령어로서 마우스 지점을 이용하거나 좌표 또는 거리 값으로 복사하는 등의 방법이 있다.

- 리본 메뉴(Ribbon Menu) : 
- 메뉴 막대(Menu Bar) : 수정 → 복사
- 명령(Command) : Copy[Co]

• 두개의 점을 이용하여 복사

복사하기 위해 선택된 객체의 기준점과 두 번째 점을 입력하면 기준점에서 두 번째 점까지 거리의 위치에 선택한 객체가 복사된다.

☞ 복사되는 두 번째 점을 입력할 경우 절대좌표, 상대좌표, Osnap 등이 모두 사용가능하다.

• 변위(Displacement)에 의한 복사

복사할 객체를 선택한 후 기준점을 입력하지 않고 엔터 혹은 D를 입력하면 화면의 원점이 기준점으로 로딩되며, 이 때 이동할 좌표값을 입력한다.

• 모드(Mode)에 의한 복사

모드는 한 번의 명령으로 복사할 객체의 수를 여러 번 복사할 것인지 한 번만 복사할 것인지 선택하는 기능이다.

4 이동하기[Move(단축 명령어 : M)]

이동 명령어는 선택한 객체를 현재의 위치에서 다른 위치로 이동시키는 명령어로서 마우스 지점을 이용하거나 좌표 또는 거리값으로 이동시키는 등의 방법이 있다.

- 리본 메뉴(Ribbon Menu) : 
- 메뉴 막대(Menu Bar) : 수정 → 이동
- 명령(Command) : Move[M]

• 두개의 점을 이용하여 이동

이동할 객체를 선택한 후 객체의 기준점과 두 번째 점을 입력하면 기준점에서 두 번째 점까지의 거리만큼 객체가 이동된다.

• 변위(Displacement)에 의한 이동

이동할 객체를 선택한 후 기준점을 입력하지 않고 엔터 혹은 D를 입력하면 화면의 원점이 기준점으로 로딩되며, 이 때 이동할 좌표값을 입력한다.

5 회전[Rotate(단축 명령어 : Ro)]

선택된 객체의 일부 또는 전체를 지정한 기준점을 중심으로 회전시키는 것으로서 "+"각도를 입력하면 시계 반대방향으로 변경되고 "−"각도를 입력하면 시계방향으로 변경된다.

- 리본 메뉴(Ribbon Menu) : 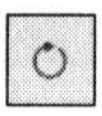
- 메뉴 막대(Menu Bar) : 수정 → 회전
- 명령(Command) : Rotate[Ro]

☞ 각도를 이용하여 회전하기

객체의 기준점을 지정하고 회전할 각도를 입력하면 입력한 각도만큼 객체의 방향이 변경되는 기능이다.

☞ 참조를 이용하여 각도 변경하기

현재의 각도를 이용하여 각도를 변경하는 방법과 참조를 이용하여 각도를 변경하는 방법이 있다.

► 현재 각도를 입력하여 회전

선택된 객체의 정확한 각도를 알고 있을 경우 세밀한 각도 조정이 가능한 기능이며, 객체를 선택 한 후 기준점을 입력하고 회전할 각도를 입력한다.

► 마우스를 이용하여 회전

마우스로 두 점을 클릭한 후 두 점의 기울기를 각도 값으로 입력할 수 있다.

☞ 각도를 변경하여 복사

원본과 다른 각도의 복사본을 만들 수 있는 기능으로 객체를 선택한 후 각도를 입력하면 입력한 각도만큼 변경된 복사본이 만들어진다.

6 객체 간격 띄우기[Offset(단축 명령어 : O)]

선택된 원본 객체를 평행선 및 평행 곡선, 중심원 등의 선택한 객체와 평행한 방향으로 새로운 개체를 복사하는 기능으로써 기준점을 중심으로 거리 값을 설정하고 마우스를 이용하여 이동시키고 싶은 방향으로 위치를 지정한다.

- **리본 메뉴(Ribbon Menu) :** 
- **메뉴 막대(Menu Bar) : 수정 → 간격 띄우기**
- **명령(Command) : Pan[P]**

- 거리지정(Distance)

선택한 거리를 지정된 거리로 복사하는 기능이다. 거리를 지정한 후 객체를 선택하여 복사할 방향을 지정하면 객체와 같은 크기의 객체가 복사된다(곡선의 경우 객체 밖으로 복사할 경우 설정거리만큼 반지름이 커지고 안으로 복사하면 작아진다).

- 통과점(Through)

마우스를 이용해 두 점을 입력하면 두 점의 간격만큼 복사되는 기능으로서 복사되는 간격을 정확히 모르거나 임의로 설정할 경우 편리하게 사용할 수 있다.

- **지우기(Erase)**

  객체를 복사한 후 원본객체를 지우는 기능

- **도면 층(Layer)**

  복사되는 객체가 원본 객체의 색상, 선 모양, 도면층 등과 동일하게 복사되는 기능

  ☞ 현재(Current)

  도면 층에 상관없이 현재 도면 층의 객체로 간격 띄우기

  ☞ 원본(Source)

  원본 객체와 같은 동일 도면 층의 객체로 간격 띄우기

7 스케일[Scale(단축 명령어 : Sc)

객체의 크기를 확대하거나 축소할 경우 사용하는 명령어이다.

- 리본 메뉴(Ribbon Menu) :
- 메뉴 막대(Menu Bar) : 수정 → 축척
- 명령(Command) : Scale[Sc]

- **배수를 입력하여 변경하기**

  크기를 변경할 객체의 기준점을 선택한 후 배수를 입력하고 변경한다(1보다 큰 값을 입력하면 기존 객체보다 커지고 1보다 작은 값을 입력하면 작아진다).

- **참조(Reference)를 이용하여 변경하기**

  선택한 객체를 참조 길이(Reference length)로부터 새로운 길이(New length)로 확대·축소하는 기능이다(참조는 축적비율의 계산이 어려울 경우 사용하기 편리하다).

  ☞ 참조 길이 : 참고할 길이

  ☞ 새 길이(변경될 새로운 길이)

8 객체 분해하기[Explode(단축 명령어 : X)]

폴리선(곡선 제외), 치수선, 해치, 블록 등의 형태나 통합되어 있는 객체를 하나의 객체로 분해하는 명령어이다.

- 리본 메뉴(Ribbon Menu) : 
- 메뉴 막대(Menu Bar) : 수정 → 분해
- 명령(Command) : Explode[X]

9 신축[Stretch(단축 명령어 : S)]

객체의 일부분을 선택하여 길이를 늘이거나 줄이는 명령어로서 Stretch 명령에서 "걸침 윈도우 또는 걸침 다각형만큼 신축할 객체 선택 … (crossing-window or crossing-polygon …)"에서 Crossing으로 객체를 선택하면 객체를 늘이거나 줄일 수 있고 Window로 객체를 선택하면 객체를 이동시킬 수 있다.

- 리본 메뉴(Ribbon Menu) : 
- 메뉴 막대(Menu Bar) : 수정 → 신축
- 명령(Command) : Stretch[S]

☞ 객체를 늘이거나 줄일 경우 반드시 Crossing으로 선택되어야 한다. 만약 Window로 선택할 경우 이동만 가능하다.

10 대칭[Mirror(단축 명령어 : Mi)]

객체를 대칭축을 기준으로 반대 모양으로 복사하거나 이동시키는 명령어이다.

- 리본 메뉴(Ribbon Menu) : 
- 메뉴 막대(Menu Bar) : 수정 → 대칭
- 명령(Command) : Mirror[Mi]

- 대칭축을 이용한 복사

객체를 선택한 후 두 점을 이용하여 축을 만들어 복사하는 명령어로서 대칭선의 첫 번째 점은 대칭을 하기 위한 점이고 대칭선의 두 번째 점은 대칭축의 기울기를 설정하기 위한 축의 기울기에 따라 복사되는 방향이 달라진다.

- 원본 객체의 삭제 여부(Erase Source Objects?[Yes/No])

처음 선택한 객체의 삭제 여부를 묻는 옵션으로 "Yes"를 선택할 경우 원본 객체는 삭제되고 복사된 객체만 남겨지며, "No"를 선택할 경우 원본 객체와 복사되어있는 객체 모두 유지된다.

- 문자 대칭 복사하기(Mirrtext)

문자를 대칭 복사할 경우 대칭 이동하기 전의 문자를 그대로 복사할 것인지 대칭하여 복사할 것인지 선택한다.

Mirrtext=0 : 문자 그대로 복사
Mirrtext=1 : 문자를 대칭하여 복사

11 배열[Array(단축 명령어 : Ar)]

객체를 원형(Polar)또는 직사각형(Rectangle)의 형태로 복사할 수 있는 명령어이다.

- 리본 메뉴(Ribbon Menu) : 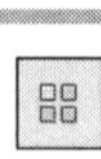
- 메뉴 막대(Menu Bar) : 수정 → 배열
- 명령(Command) : Array[Ar]

• **직사각형 배열(Rectangle Array)**

직사각형 배열은 객체를 가로와 세로로 규칙적으로 배열하는 옵션을 말하며, 객체 선택(Select objects)을 클릭하여 객체를 선택한다. 이후 행과 열의 수를 입력하고 행과 열의 간격을 띄워서 객체가 배치된 모서리에 마우스를 클릭한다.

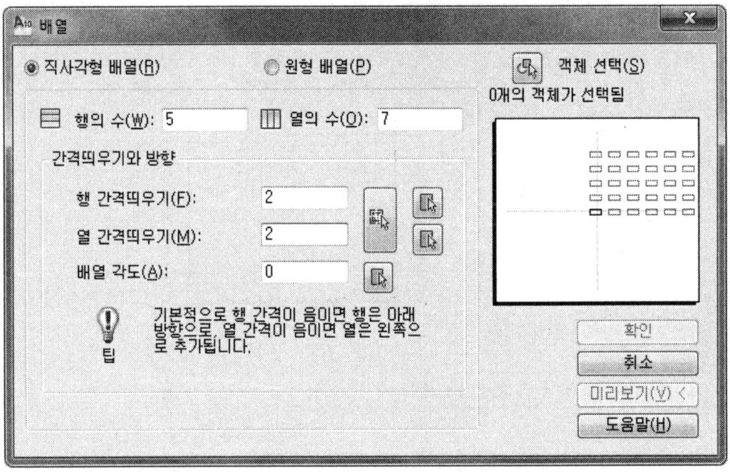

☞ 행의 수(Rows)

Y축 방향, 즉 세로 방향으로 배열할 객체의 수를 입력한다.

☞ 열의 수(Columns)

X축 방향, 즉 가로 방향으로 배열할 객체의 수를 입력한다.

☞ 행 간격띄우기(Row offset)

Y축 방향으로 배열하는 객체들의 간격을 설정한다.

☞ 열 간격띄우기(Column offset)

X축 방향으로 배열하는 객체들의 간격을 설정한다.

☞ 배열 각도(Angle of array)

각도를 입력하여 사선의 모양으로 객체를 배열한다.

- **원형 배열(Polar Array)**

원형 배열은 객체를 원 또는 호 모양으로 배열할 수 있는 옵션을 말하며, 객체를 선택한 후 객체들이 곡선모양으로 배열되기 위한 옵션을 지정한다. 이후 항목수의 총계, 채울 각도, 항목사이의 각도 중 한 가지 방법을 택하여 회전시킨다.

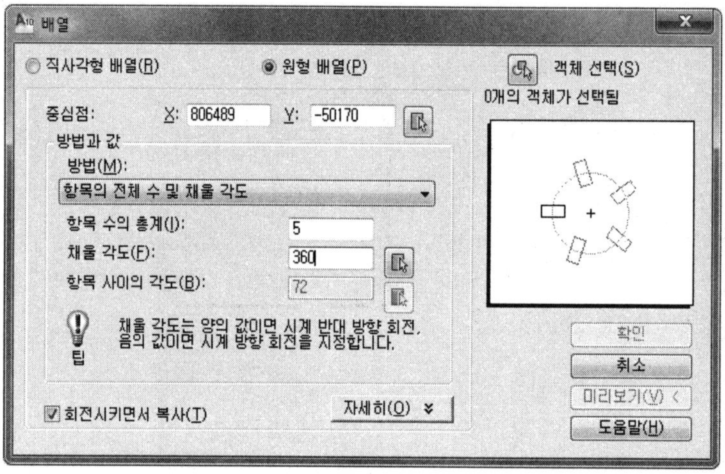

☞ 중심점(Center point)

X와 Y의 좌표값을 이용하거나 마우스를 이용하여 배열되는 객체의 중심점을 입력한다.

☞ 방법(Method)

곡선을 배열하는 세 가지의 방법 중 한 가지 방법을 선택할 수 있다.

► 항목의 전체 수 및 채울 각도(Total number of items & Angle to fill)
배열되는 객체의 수와 전체적인 각도를 입력한다.

► 항목의 전체 수 및 항목 사이의 각도
(Total number of items & Angle between items)
배열되는 객체의 수와 객체 사이의 각도를 입력한다.

► 채울 각도 및 항목 사이의 각도(Angle to fill & Angle between items)
배열되는 전체 각도와 객체 사이의 각도를 입력한다.

☞ 항목 수의 총계(Total number of items)

배열되는 객체의 수를 입력한다.

☞ 채울 각도(Angle to fill)

배열되는 객체의 전체 각도를 입력한다.

☞ 항목 사이의 각도(Angle between items)
배열되는 객체 사이의 각도를 입력한다.

12 연장하기[Extend(단축 명령어 : Ex)]

지정한 경계선까지 선택한 객체를 연장하는 명령어로서 Trim의 반대 개념이지만 옵션은 Trim과 동일하며 Line, Arc, Ellipse, Pline 등에 사용할 수 있다(Arc의 경우 호의 곡선대로 연장 가능).

- 리본 메뉴(Ribbon Menu) :
- 메뉴 막대(Menu Bar) : 수정 → 연장
- 명령(Command) : Extend(Ex)

- **경계선 설정 후 연장하기**

서로 연장하여 만나는 객체는 모두 경계선으로 설정이 가능하며 경계선으로 설정하려는 객체의 전체와 부분을 선택할 수 있다.

- **울타리(Fence)**

울타리에 의해 선택된 객체들을 연장하는 기능으로서 울타리 선에 교차된 선만 연장 가능

- **걸치기(Crossing)**

Fence와 유사한 기능으로 객체에 완전히 포함된 선은 연장되지 않고 걸치기 선에 걸쳐진 객체만 삭제된다.

- **프로젝트(Project)**

3차원 공간에서 경계선과 연장할 객체가 서로 다른 높이에 있을 경우 연장

☞ 없음(None)
3차원 공간에서 평면에 있을 경우 연장

☞ UCS
3차원 공간에서 경계선과 교차되지 않는 객체도 연장

☞ 뷰(View)

3차원 공간에서 현재 화면상에 교차된다면 연장

- **모서리(Edge)**

가상의 경계선을 이용하여 경계선과 연장할 객체의 교차점까지 연장

☞ 연장(Extend)

가상의 경계선을 이용하여 경계선과 연장할 객체의 교차점까지 연장 가능

☞ 연장 안함(No Extend)

경계선으로 지정한 객체와 만나지 않는 객체는 연장 불가

13 모깎기[Fillet(단축 명령어 : F)]

선택된 두 개의 객체 사이에 지정한 반지름 값을 입력하여 호(Arc)를 연결하거나 서로 교차 할 수 있도록 만들어 주는 기능이다.

- **리본 메뉴(Ribbon Menu) :**
- **메뉴 막대(Menu Bar) : 수정 → 모깎기**
- **명령(Command) : Fillet[F]**

- **반지름(Radius)을 지정하여 그리기**

두 객체가 만나는 부분 또는 두 객체가 맞닿는 모서리를 모깎기 할 경우 사용되며 모깎기를 하기 위한 반지름 값(R)을 입력한 후 모깎기 할 선을 선택한다.

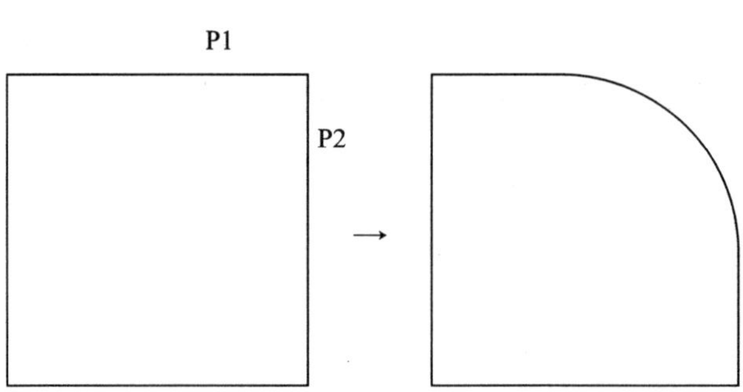

- **객체 모서리 지우기 또는 남기기(Mode or Trim)**

선택된 두 객체를 모깎기 할 때 원본을 유지하거나 밖의 객체를 삭제할지의 여부를 결정하는 것으로서 Fillet명령어에서 기본 설정값은 원본 밖의 객체를 삭제하도록 되어 있다.

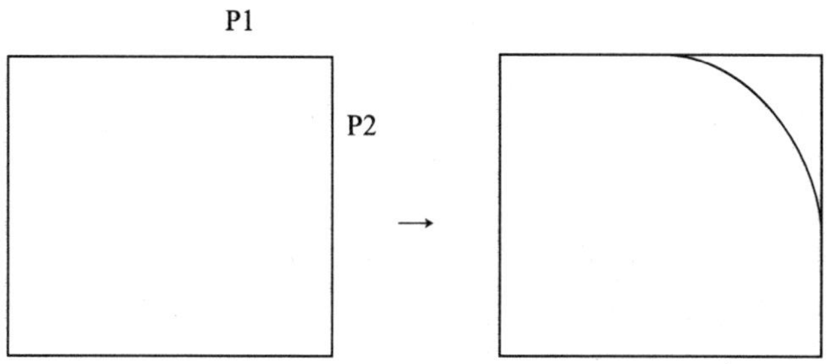

- **다중(Multiple)**

Fillet명령어를 종료하지 않고 연속하여 사용할 수 있는 명령어로서 같은 크기의 호를 연속하여 만들 수 있고 Radius옵션을 이용하여 반지름을 변경하여 호의 크기를 변경하여 연속하여 만들 수 있다.

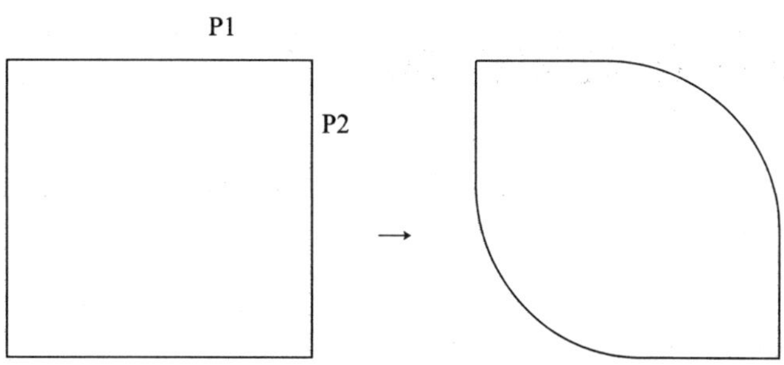

14 모따기[Champer(단축 명령어 : Cha)]

두 개의 교차되는 객체를 선택하여 지정한 거리 값의 직선으로 연결하거나 서로 교차하게 만들어주는 명령어이다.

- 리본 메뉴(Ribbon Menu) : 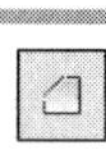
- 메뉴 막대(Menu Bar) : 수정 → 모따기
- 명령(Command) : Champer[Cha]

• **거리 설정하여 모따기**

처음 선택되는 객체의 거리값과 두 번째 선택되는 객체의 거리값을 입력하여 객체를 선택한다.

• **거리와 각도를 이용하여 모따기**

첫 번째 선택하는 선의 거리값과 지정 각도를 설정하여 사용하는 방법이다.

• **객체의 모서리를 지우기 또는 남기기(Mode or Trim)**

선택된 두 객체를 모따기 할 때 원본을 유지하거나 밖의 객체를 삭제할지의 여부를 결정하는 것으로써 Champer명령어에서 기본 설정 값은 원본 밖의 객체를 삭제하도록 되어 있다.

• **메서드(Method)**

Champer 명령의 기본 사용방법을 설정하는 옵션으로 거리를 기본방법으로 할 것인지, 거리와 각도를 기본 방법으로 할 것인지를 설정한다.

15 끊기[Break(단축명령어 : Br)

객체의 일부분을 삭제하거나 분리하는 명령어로서 Trim과 같이 경계선을 이용하지 않고 좌표를 이용한다.

- **리본 메뉴(Ribbon Menu) :** ⬚
- **메뉴 막대(Menu Bar) : 수정 → 끊기**
- **명령(Command) : Break[Br]**

• **두 점 입력하여 끊기**

객체를 선택하고 다음 점을 입력하는 방법으로써 처음 선택한 객체의 지점과 다음에 입력한 점의 거리가 자르는 거리 값이 된다.

• **처음 점을 두 번 입력하여 끊기**

한 지점을 이용하여 두 개의 객체를 분리하는 방법이다. 즉, 첫 번째 점과 두 번째 점을 동일하게 입력한다.

16 점에서 끊기(Break at Point)

한 지점을 이용하여 잘려져 나가는 부분 없이 두 개의 객체로 분리하는 기능이다.

- 리본 메뉴(Ribbon Menu) : 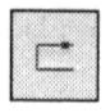
- 메뉴 막대(Menu Bar) : 수정 → 끊기
- 명령(Command) : Break[Br]

점에서 끊기를 하고자 하는 객체를 선택한 후 끊어지는 지점을 선택한다.

17 결합[Join(단축명령어 : J)]

끊어져 있거나 떨어져 있는 객체를 하나의 객체로 만드는 명령어이며, 결합되는 객체는 동일한 평면에 있어야 한다.

- 리본 메뉴(Ribbon Menu) : 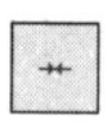
- 메뉴 막대(Menu Bar) : 수정 → 결합
- 명령(Command) : Join[J]

- 직선 결합하기

  동일 선상에서 같은 방향인 여러 직선들을 하나의 객체로 변경한다.

- 곡선 결합하기

  같은 중심점인 곡선들을 연결하여 하나의 호 또는 원(타원)으로 결합한다.

- Join 할 수 있는 객체로는 Line, Arc, Pline, Arc, Ellipse 등이 있다.
- 같은 방향의 직선이나 같은 중심점 혹은 반지름을 가진 곡선끼리만 연결이 가능하다.

18 객체 길이 조정[Lengthen(단축 명령어 : Len)]

객체의 길이와 호의 사이 각을 변경하는 명령어이다. Line, Arc, Polyline 등의 열려있는 객체는 변경이 가능하며 Circle, Ellipse, Rectangle. Polygon 등의 닫혀있는 객체에서는 사용할 수 없다.

- 리본 메뉴(Ribbon Menu) : 
- 메뉴 막대(Menu Bar) : 수정 → 길이조정
- 명령(Command) : Lengthen[Len]

- **중분(Delta)을 이용하여 길이 변경하기**

  길이를 입력하고 객체를 선택하여 객체의 길이를 변경한다.

  ☞ 증가 : +, 감소 : −

- **퍼센트(Percent)를 이용하여 길이 변경하기**

  선택된 객체의 길이를 100%로 가정하고, 변경시킬 객체의 길이를 %로 입력한다.

  ☞ 증가 : +, 감소 : −

- **합계(Total)를 이용하여 길이 변경하기**

  변경시킬 객체의 전체길이를 입력하여 변경한다.

- **동적(Dynamic)을 이용하여 길이 변경하기**

  객체를 선택 후 마우스를 이용하여 새로운 점을 클릭하여 객체의 길이를 변경한다.

- **중분(Delta)을 이용하여 각도 변경하기**

  각도를 이용하여 곡선의 길이를 변경한다.

  ☞ 증가 : +, 감소 : −

- **합계(Total)를 이용하여 각도 변경하기**

  전체 곡선의 각도를 입력하여 곡선의 길이를 변경한다.
  ('−' 각도 값은 입력할 수 없다.)

CHAPTER 11

도면층(Layer)과 객체특성

1. 도면층(Layer)
2. 선 종류 불러오기(Linetype)
3. 선 가중치 설정(Lineweight)
4. 객체특성변경(Properties)
5. 특성 일치(Matchprop)

1 도면층[Layer(단축명령어 : La)]

여러 종류의 도면 정보를 각각의 Layer(도면층)로 지정함으로서, 복잡한 도면을 작업하는데 효율성을 높이는 명령어이다. 또한, AutoCAD에 작성되는 모든 객체는 반드시 Layer에 속하게 되고 색상(Color), 선 종류(Line type), 선 가중치(Line weight) 등의 특성을 가진다.

- 리본 메뉴(Ribbon Menu) :
- 메뉴 막대(Menu Bar) : 형식 → 도면층
- 명령(Command) : Layer[La]

Layer명령을 실행하면 도면층 특성을 관리할 수 있는 대화상자(Layer Properties Manager)가 실행되며 현재 도면층과 도면층 삭제, 새로운 도면층의 필터 작성 등의 옵션을 실행할 수 있다.

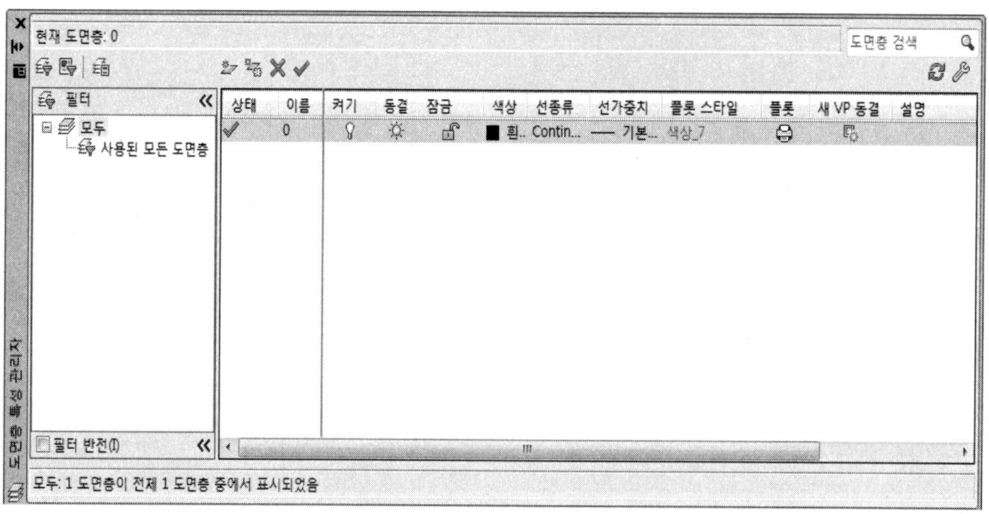

- 이름(Name)

아이콘을 클릭하여 실행하며 선택한 Layer(도면층)의 이름을 지정하며, 기본적으로 '0'의 Layer가 있다.

- 켜기(On)

아이콘을 클릭하여 실행하며 선택한 Layer를 켜기 위해 사용된다(Off는 도면층을 끌 경우 사용한다).

- **동결(Freeze)**

  아이콘을 클릭하여 실행하며 선택한 Layer를 동결시키거나 해제할 경우 사용된다.

- **잠금(Lock)**

  아이콘을 클릭하여 실행하며 선택한 Layer를 잠그거나 해제할 경우 사용된다.
  (도면이 복잡할 경우 필요 없는 Layer를 잠그고 작업하면 편리하게 작업할 수 있다)

- **색상(Color)**

  아이콘을 클릭하여 실행하며 선택한 Layer의 색상을 변경한다.

- **플롯 스타일(Plot style)**

  아이콘을 클릭하여 실행하며 선택한 Layer의 유형을 설정한 후 설정한 유형으로 출력한다.

- **출력(Plot)**

  아이콘을 클릭하여 실행하며 선택한 Layer의 출력여부를 선택한다.

- **새 VP 동결(Freeze/Thaw)**

  아이콘을 클릭하여 실행하며 선택한 Layer를 동결 혹은 해제할 경우 사용한다.

2 선 종류 불러오기(Linetype)

- 메뉴 막대(Menu Bar) : 형식 → 선 종류
- 명령(Command) : Linetype[Lt]

아이콘을 클릭하여 실행하며 선택한 Layer의 도면이나 객체에 원하는 선의 종류를 지정한다. 이때 도면의 객체는 실선으로 표현되지만 중심선과 숨겨진 부분의 선은 은선 등을 사용하게 되며, 이때의 중심선은 1점 쇄선, 은선은 점선 등으로 표시되며 이러한 점의 형태를 설정할 수 있다.

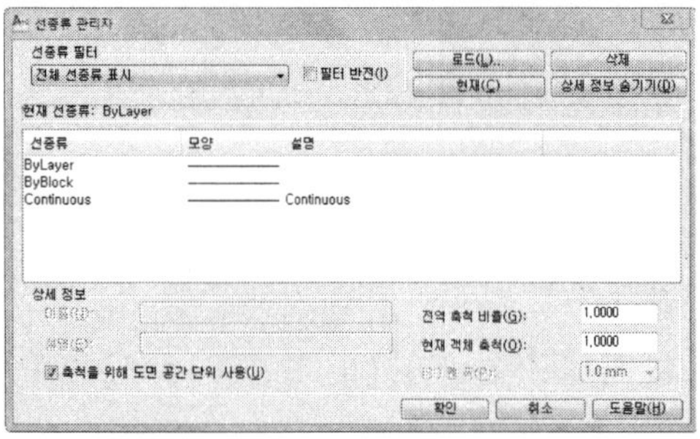

☞ 선 종류 필터

선 종류의 표시조건을 지정한다.

☞ 불러오기(Road)

선의 종류와 형태를 창에 나타낸다.

☞ 삭제(Delete)

선을 삭제한다.

☞ 현재(Current)

지정된 선을 현재의 객체에 그리는 선으로 지정한다.

☞ 전역 축적 비율

도면 상의 모든 선 종류에 대한 축적을 설정한다.

☞ 현재 객체 축적

설정 이 후 그려지는 객체에 한하여 축적값을 적용한다.

☞ 축적을 위해 도면 공간 단위 사용

도면에서 뷰포트 별로 선 종류 축척을 지정한다.

3 선 가중치 설정(Lineweight)

아이콘을 클릭하여 실행하며 선택한 Layer에 선 가중치(선의 두께)를 결정한다.

- **메뉴 막대(Menu Bar) : 형식 → 선가중치**
- **명령(Command) : Lineweight[Lw]**

명령어를 입력하면 다음과 같은 대화상자가 나타난다.

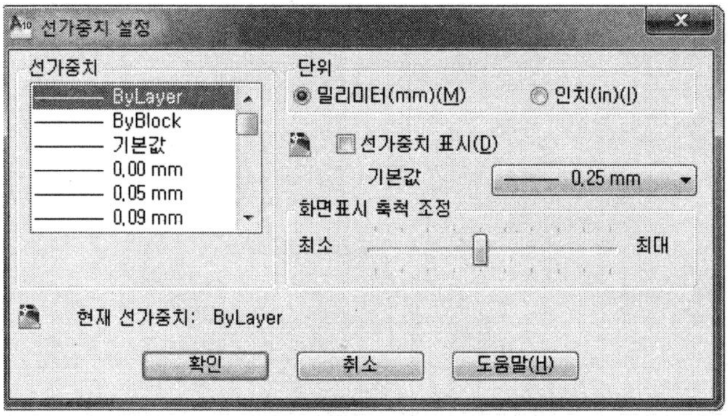

☞ 선가중치(Lineweights)

선 가중치의 종류가 나열되어 있으며, 이중 원하는 선가중치를 선택할 수 있다.

☞ 단위(Units for listing)

선가중치의 단위를 밀리미터(mm) 혹은 인치(In)로 설정할 수 있다.

☞ 선가중치 표시(Display Lineweight)

선가중치 표시 설정 및 기본값을 지정한다.

(기본 값은 0.01inch 혹은 0.25mm)

☞ 화면표시 축척 조정(Adjust Display Scale)

화면에 표시되는 선가중치의 크기를 설정한다.

4 객체특성변경[Properties(단축 명령어 : Ch)]

객체 특성 도구막대를 이용하여 선택한 객체의 색상(Color), 도면층(Layer), 선 종류(Linetype), 선종류 축적(Linetype scale), 선가중치(Lineweight) 등을 변경 및 수정할 수 있는 명령어이다.

- 리본 메뉴(Ribbon Menu) :
- 메뉴 막대(Menu Bar) : 뷰 → 특성
- 명령(Command) : Properties[Ch]

명령어를 입력하거나 아이콘을 클릭하면 다음과 같은 대화상자가 나타난다.

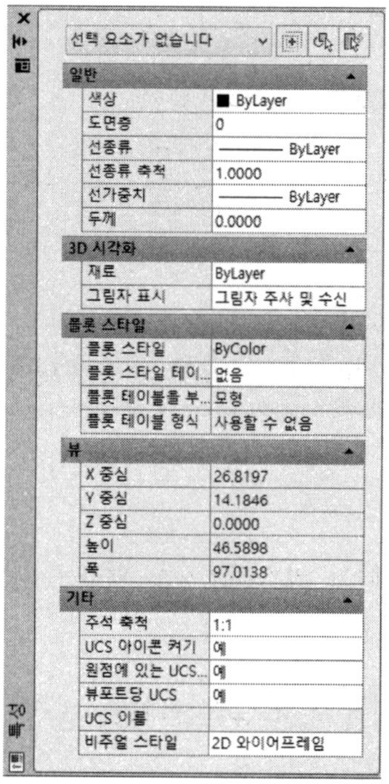

※ 하나의 객체를 선택하였을 경우 선택된 객체에 대한 좌표와 특성을 표시하며, 한 개 이상의 객체를 선택하였을 경우 선택한 각 객체의 특성 및 공통적인 특성을 표시한다.

5 특성 일치[Matchprop(단축 명령어 : Ma)]

객체의 일부 또는 모든 특성을 하나 이상의 객체에 복사하는 명령어이다. 색상(Color), 선 종류(Linetype), 선 종류 축적(Linetype scale), 선가중치(Lineweight) 등을 복사할 수 있다.

- **리본 메뉴(Ribbon Menu) :**
- **메뉴 막대(Menu Bar) : 수정 → 특성일치**
- **명령(Command) : Matchprop[Ma]**

옵션에서 설정값을 선택하면 다음과 같은 대화상자가 나타나며, 대화상자에서 색상(Color), 선 종류(Linetype), 선종류 축적(Linetype scale), 선가중치(Lineweight) 등을 복사할 수 있다.

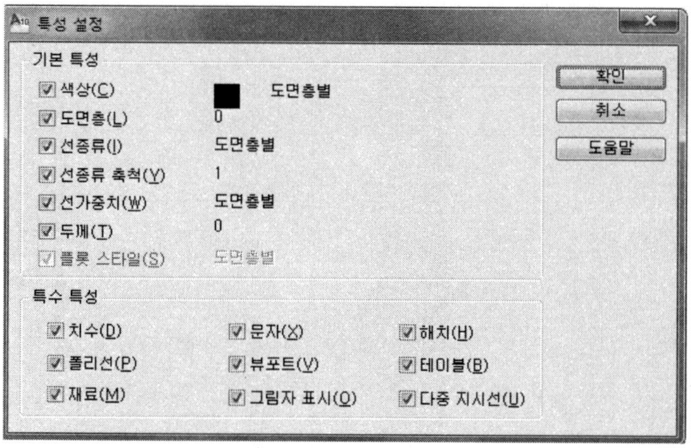

① 원본 객체를 선택

② 대상 객체(변경될 객체)를 선택

③ 설정 값 입력(일치하고자 하는 특성 선택)

CHAPTER 12

블록(Block)

1. 블록(Block)
2. 블록쓰기(Wblock)
3. 삽입(Insert)
4. 블록 편집(Bedit)

1 블록[Block(단축명령어 : B)]

Block은 이미 그려져 있는 여러 가지 특성의 객체를 하나로 통합하고 저장하여 필요할 때 불러와서 쓸 수 있도록 하는 명령어이다.

- 리본 메뉴(Ribbon Menu) :
- 메뉴 막대(Menu Bar) : 그리기 → 블록 → 만들기
- 명령(Command) : Block[B]

위와 같이 리본 메뉴를 클릭하거나 명령어를 실행하면 다음과 같은 블록 정의 대화상자가 나타난다.

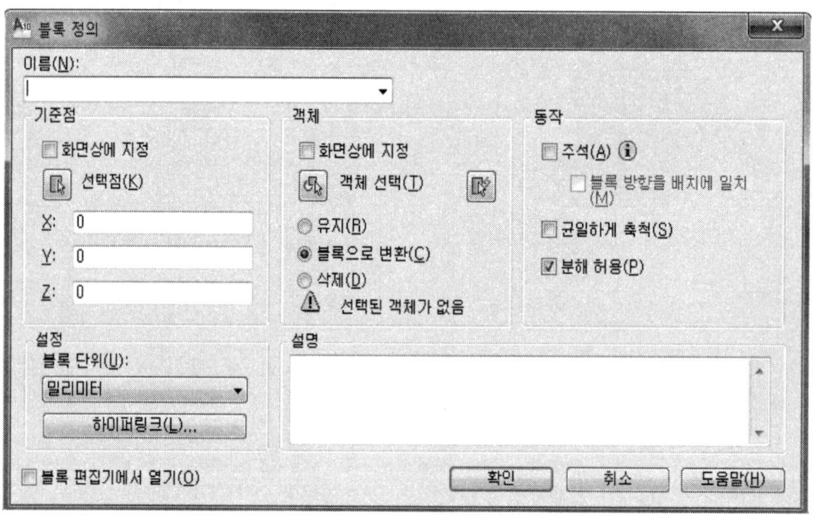

- **이름(Name)**

  블록의 이름을 입력한다.

- **기준점(Base point)**

  블록의 삽입(Insert)기준점을 지정한다.

  ☞ 화면상에 지정(Specify On-screen)

  화면상에 지정을 체크하면 다른 부분의 입력이 끝나고 대화상자를 닫은 후 화면상의 한 점을 기준점으로 입력한다.

☞ 선택점(Pick point)

아이콘을 클릭한 후 마우스를 이용하여 직접 기준점을 입력한다.

☞ X, Y, Z

좌표를 직접 입력하여 기준점을 지정한다.

- 객체(Objects)

블록으로 설정할 객체를 선택한다.

☞ 화면에 지정(Specify On-screen)

화면에 지정을 체크하면 다른 부분의 입력이 끝나고 대화상자를 닫은 후 화면상의 한 점을 기준점으로 객체를 선택한다.

☞ 객체 선택(Select objects)

아이콘을 클릭하여 객체를 선택한다.

☞ 유지(Retain)

선택한 객체가 원본 상태로 유지된다.

☞ 블록으로 변환(Convert to block)

선택되어진 객체가 블록으로 변환된다.

☞ 삭제(Delete)

선택한 객체를 블록으로 저장 후 화면에서 삭제한다.

- 동작(Behavior)

☞ 주석(Annotative)

블록을 주석 객체로 저장한다.

☞ 블록 방향을 배치에 일치(Match block orientation to block)

블록 공간과 배치공간을 일치시킨다.

☞ 균일하게 축척(Scale uniformly)

블록을 도면에 불러올 경우 작업공간과의 축척을 일치시킨다.

☞ 분해허용(Allow exploding)

블록을 분해한 후 불러올 수 있도록 한다.

- **설정(Settings)**

  ☞ 블록 단위(Block units)
  블록의 단위를 설정한다.

  ☞ 하이퍼링크(Hyperlink)
  도면에 링크할 문서를 작성한다.

- **설명(Description)**
  블록에 대한 설명을 입력한다.

2 블록쓰기[Wblock(단축 명령어 : W)]

현재 도면뿐만 아니라 다른 도면 파일에서도 사용이 가능할 수 있도록 AutoCAD 도면 파일(*.DWG)로 만드는 명령어이다.

• **명령(Command) : Wblock[W]**

위와 같이 명령어를 실행하면 다음과 같은 블록 쓰기 대화상자가 나타난다.

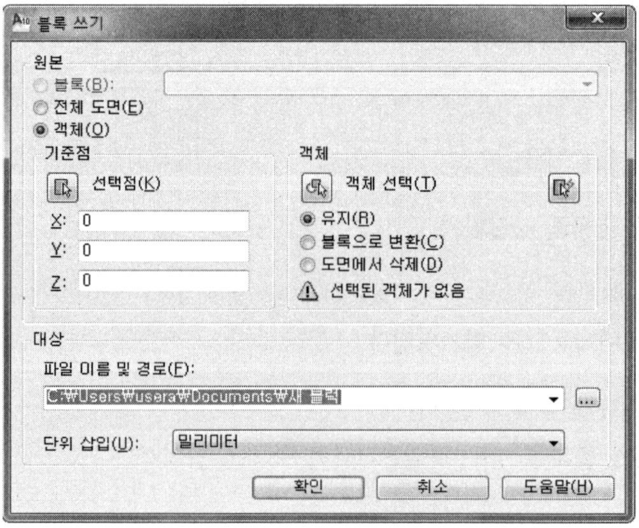

- **원본(Source)**

현재 작업하고 있는 객체 중 어떠한 객체를 Wblock로 저장할 것인지 선택하는 옵션이다.

☞ 블록(Block)

현재 블록으로 지정되어 있는 객체를 외부파일(Wblock)로 저장한다.

☞ 전체 도면(Entire drawing)

전체 도면(현재 작업하고 있는 도면)을 외부파일(Wblock)로 저장한다.

☞ 객체(Objects)

현재 도면 중 선택한 객체를 외부파일(Wblock)로 저장한다.

- **기준점(Base point)**

도면에 사용할 블록의 기준점을 지정한다.

☞ 선택점(Pick point)

아이콘을 클릭한 후 마우스를 이용하여 지정하고자 하는 기준점을 클릭하면 기준점이 입력된다.

☞ X, Y, Z

좌표를 직접 입력하여 기준점을 지정한다.

- **객체(Objects)**

Wblock으로 지정할 객체를 선택한다.

☞ 객체 선택(Select objects)

아이콘을 클릭하여 객체를 선택한다.

☞ 유지(Retain)

선택한 객체를 원본 상태로 유지한다.

☞ 블록으로 변환(Convert to block)

선택한 객체를 블록으로 변환시킨다.

☞ 도면에서 삭제(Delete from drawing)

선택한 객체를 블록으로 저장한 후 도면에서 삭제한다.

• **대상(Destination)**

Wblock으로 지정된 객체의 이름과 저장된 경로 등을 입력하며 저장할 경로를 설정할 수 있다.

3 삽입[Insert(단축 명령어 : I)]

Block이나 Wblock에 저장되어 있는 파일을 현재 도면에 삽입하는 명령어이다.

- **리본 메뉴(Ribbon Menu) :**
- **메뉴 막대(Menu Bar) : 그리기 → 블록 → 삽입점**
- **명령(Command) : Insert[I]**

위와 같이 리본 메뉴를 클릭하거나 명령어를 실행하면 다음과 같은 화면이 나타난다.

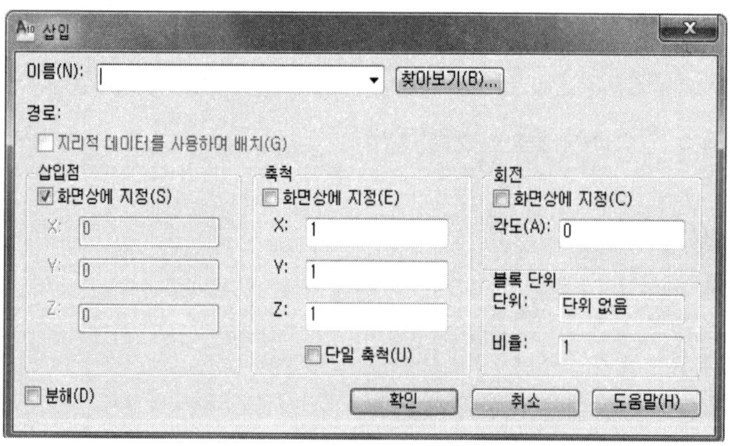

☞ 이름(Name)

현재의 도면 파일명을 입력하며, 찾아보기(Browse …)를 이용하여 Wblock로 지정되어 있는 파일을 찾을 수 있다.

☞ 경로(Path)

선택한 Block의 위치를 찾아서 나타낸다.

☞ 삽입점(Insertion point)

Block의 삽입점을 입력한다.

► 화면상에 지정(Specify On-Screen) : 마우스로 직접 크기를 변경할 수 있다.

► X, Y, Z : 좌표를 이용하여 삽입점을 입력한다.

☞ 축척(Scale)

► 화면상에 지정(Specify On-Screen) : 마우스로 직접 크기를 변경할 수 있다.

► X, Y, Z : 좌표를 이용하여 삽입점을 입력한다.

► 단일 축척(Uniform Scale) : 단일 축척을 체크할 경우 X의 값을 지정하면 X, Y, Z의 값이 X의 값과 동일하게 지정된다.

☞ 회전(Rotation)

삽입 점을 기준으로 블록의 회전 각도를 지정한다.

► 화면상에 지정(Specify On-Screen) : 마우스로 직접 각도를 변경할 수 있다

► 각도(Angle) : 회전시킬 각도를 입력한다.

☞ 분해(Explode)

분해(Explode)를 체크하면 삽입되는 블록이 분해되어 삽입된다.

4 블록 편집(Bedit)

블록 편집 명령어는 현재 도면의 블록 또는 저장되어 있는 블록을 편집하는 명령어이다.

- **리본 메뉴(Ribbon Menu) :** 
- **메뉴 막대(Menu Bar) : 블록 → 블록 편집기**
- **명령(Command) : Bedit**

명령어를 입력하거나 리본 메뉴를 클릭하면 다음과 같이 블록 정의 편집(Edit Block Definition) 대화상자가 나타난다.

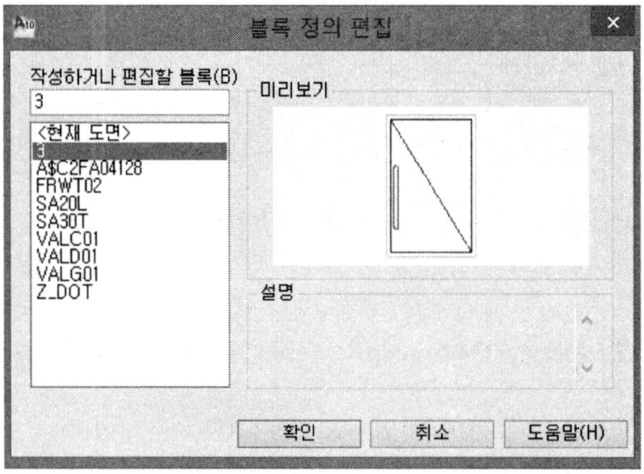

위의 대화상자에서 편집할 블록을 선택한 후 확인을 클릭하면 다음과 같이 블록 제작 팔레트가 나타나며, 블록 제작 팔레트에서 다음과 같이 4개의 탭(매개 변수, 동작, 매개변수 세트, 구속조건)에 있는 각각의 옵션을 설정할 수 있다.

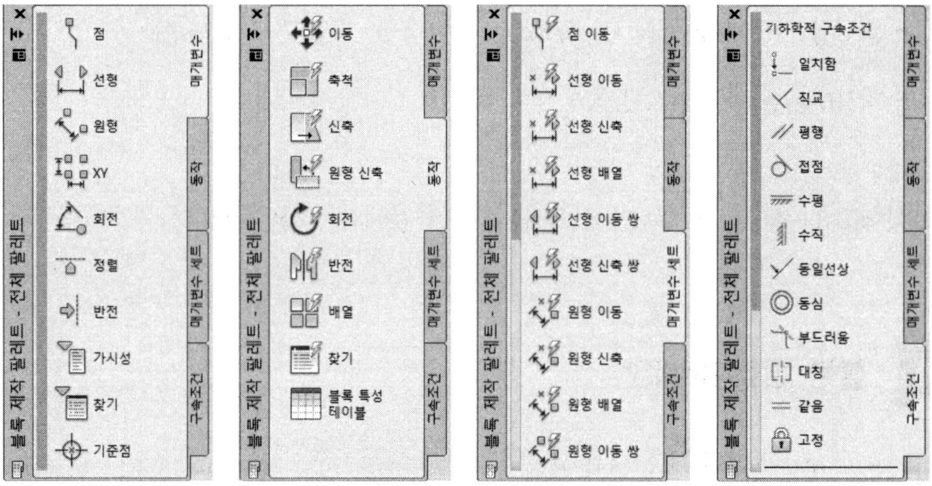

- **매개변수**

☞ 점

도면에서의 X, Y 위치를 설정한다.

☞ 선형

두 지점 사이의 거리값을 나타낸다.

☞ 원형

두 점 사이의 거리와 각도값을 나타낸다.

☞ X Y

기준점으로부터 **X Y**의 거리를 나타낸다.

☞ 회전

각도를 나타낸다.

☞ 정렬

X Y의 위치와 각도를 정의한다.

☞ 반전

객체를 반전(대칭)시킨다.

☞ 가시성

블록에 사용한 가시성 상태 리스트가 표시된다.

☞ 찾기

리스트나 테이블 값을 나타낸다.

☞ 기준점

동적 블록의 기준점을 정의한다.

• 동작

☞ 이동

점, 선형, 원형 등의 매개변수에 연관하여 지정된 각도와 거리로 이동한다.

☞ 축척

선형, 원형 등의 매개변수에 연관하여 동적 블록 전체를 축척시킨다.

☞ 신축

점, 선형, 원형 등의 매개변수에 연관하여 길이를 신축하거나 축소시킨다.

☞ 원형 신축

원형 매개변수에 연관하여 객체를 지정한 거리와 각도만큼 이동 및 회전, 신축시킨다.

☞ 회전

회전 매개변수와 연관하여 동적 블록을 회전시킨다.

☞ 반전

객체를 대칭축을 기준으로 반전시킨다.

☞ 배열

객체를 복사하고 배열시킨다.

☞ 찾기

블록 정의에 찾기 동작을 추가시킨다.

☞ 블록 특성 테이블

블록 정의용 특성 세트를 정의하는 테이블을 표시한다.

- **매개변수 세트**

☞ 점 이동

데카르트 그립 한 개를 이동 동작과 연관하여 점 매개변수를 작성한다.

☞ 선형 이동

선형 그립 한 개를 이동 동작과 연관하여 선형 매개변수를 작성한다.

☞ 선형 신축

선형 그립 한 개를 신축 동작과 연관하여 선형 매개변수를 작성한다.

☞ 선형 배열

선형 그립 한 개를 배열 동작과 연관하여 선형 매개변수를 작성한다.

☞ 선형 이동 쌍

선형 그립 두 개를 이동 동작과 연관하여 선형 매개변수를 작성한다.

☞ 선형 신축 쌍

선형 그립 두 개를 양 끝에서 이동 동작과 연관하여 선형 매개변수를 작성한다.

☞ 원형 이동

극좌표 그립 한 개가 이동 동작과 연관된 원형 매개변수를 작성한다.

☞ 원형 배열

극좌표 그립 한 개가 배열 동작과 연관된 원형 매개변수를 작성한다.

☞ 원형 이동 쌍

극좌표 그립 두 개가 이동 동작과 연관된 원형 매개변수를 작성한다.

- **구속조건**

☞ 일치함

두 점이 일치하도록 구속하거나, 객체 또는 객체의 연장선 위에 놓이도록 한 점을 구속한다.

☞ 직교

두 선 또는 폴리선 세그먼트가 서로 90도를 유지하도록 한다.

☞ 평행

두 선이 동일한 각도를 유지하도록 한다.

☞ 접점

두 곡선 또는 곡선의 연장선이 동일한 접점을 유지하도록 한다.

☞ 수평

선하나 또는 점 쌍이 현재 좌표계의 X 축에 대해 평행이 되도록 한다.

☞ 수직

여러 선 또는 점 쌍이 현재 좌표계의 Y 축에 대해 평행하도록 한다.

☞ 동일선상

두 선이 동일한 무한 선에 놓이도록 한다.

☞ 동심

선택한 원, 호 또는 타원이 동일한 중심점을 유지하도록 한다.

☞ 부드러움

스플라인이 다른 스플라인 선, 호 또는 폴리선과 G2 연속성을 유지하면서 연속되도록 한다.

☞ 대칭

객체의 점 또는 두 곡선이 선택한 선을 기준으로 대칭 상태를 유지하도록 구속한다.

☞ 같음

두 선 또는 폴리선 세그먼트가 같은 길이를 유지하도록 하거나 호 및 원이 같은 반지름 값을 유지하도록 한다.

☞ 고정

점 또는 곡선을 표준 좌표계를 기준으로 하여 고정된 위치 및 방향으로 고정한다.

CHAPTER 13

문자 입력과 편집

1. 문자 유형(Text style)
2. 단일 문자 쓰기(Dtext : text)
3. 여러 줄 문자 쓰기(Mtext)
4. 문자 편집(Ddedit)

1 문자 유형[Text style(단축 명령어 : St)]

문자 유형(Text style)은 도면에 있는 문자나 숫자의 글꼴, 크기, 각도, 방향 및 여러 특성 등에 대하여 현재의 도면에 맞게 설정하는 명령어이다.

- **리본 메뉴(Ribbon Menu) :** 
- **메뉴 막대(Menu Bar) : 형식 → 문자 스타일**
- **명령(Command) : Style[St]**

리본 메뉴를 클릭하거나 명령어를 입력하면 다음과 같은 대화상자가 나타난다.

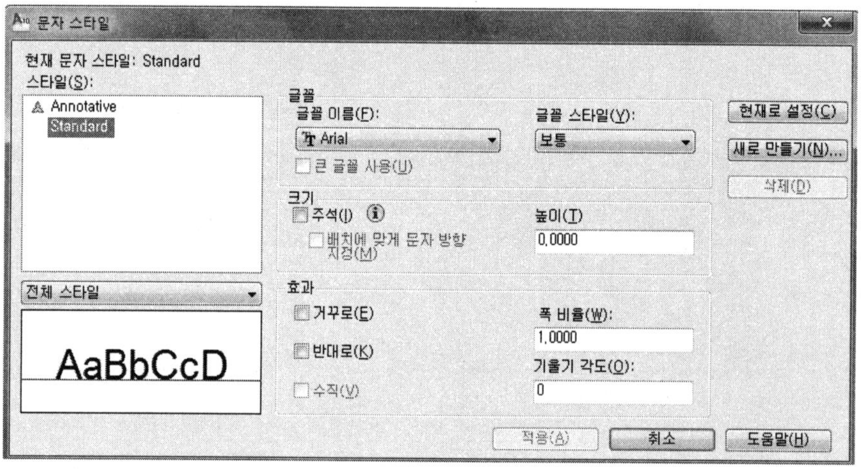

- **스타일(Style)**

현재 문자의 유형과 글자의 모형을 지정할 수 있으며 또한 미리 보기 화면에서 글꼴의 모양을 확인할 수 있다.

☞ Annotative(주석이 달린 문자 유형)

☞ Standard(기본 문자 유형)

☞ 전체 스타일(All style)

지정한 글자의 모든 유형을 나타낸다.

☞ 사용 중인 스타일(Style in use)

현재 도면에 사용 중인 글자의 유형을 나타낸다.

- **글꼴(Font)**

각각의 문자세트를 구성하는 모양을 표현한다.

☞ 글꼴 이름(Font name)

TTF(윈도우 글꼴)와 SHX(오토캐드 전용 글꼴)을 모두 사용할 수 있으며, 한글 글꼴과 영문 글꼴을 모두 사용할 수 있다.

☞ 글꼴 유형(Font style)

큰 글꼴을 사용하는 경우 Auto CAD 내에 저장되어 있는 한글 글꼴을 지정한다.

☞ 큰 글꼴 사용(Use big font)

Auto CAD 내에 저장되어 있는 SHX 파일의 글꼴을 지정할 경우 사용한다.

- **크기(SIZE)**

문자의 크기를 지정한다.

☞ 주석(Annotative)

주석의 축척에 따라 문자의 크기를 정확하게 표시한다.

☞ 높이(Hight)

문자의 높이를 지정한다.
(문자의 높이가 미리 정해져 있는 경우 지정할 수 없다)

☞ 배치에 맞게 문자의 방향지정(Match text orientation to layout)

화면상에서 문자의 방향을 배치공간의 방향과 일정하게 설정한다.

- **효과(Effect)**

문자를 거꾸로, 반대로, 수직, 폭 비율, 각도로 표현하기 위한 옵션이다.

☞ 거꾸로(Upside down)

문자를 거꾸로 쓰기 위한 옵션이다.

☞ 반대로(Backwards)

문자를 반대로 쓰기 위한 옵션이다.

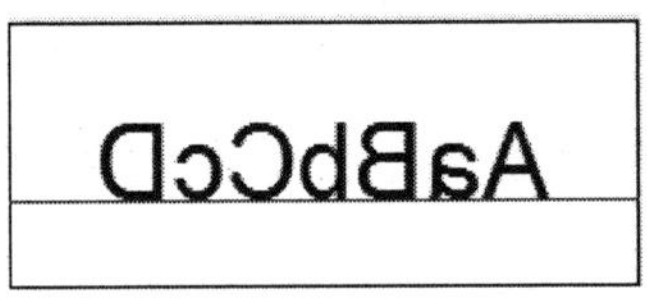

☞ 수직(Vertical)

문자를 수직(세로)으로 쓰기 위한 옵션이다. 단, 트루 타입 폰트(True type font)에서는 사용할 수 없다.

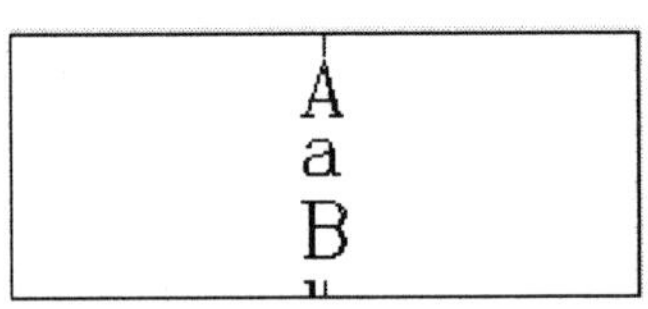

☞ 폭 비율(Width Factor)

문자의 가로, 세로 비율을 설정하는 옵션이다(1.5배일 경우).

☞ 기울기 각도(Oblique angle)

문자의 기울기 각도를 설정하는 옵션이다(30도일 경우).

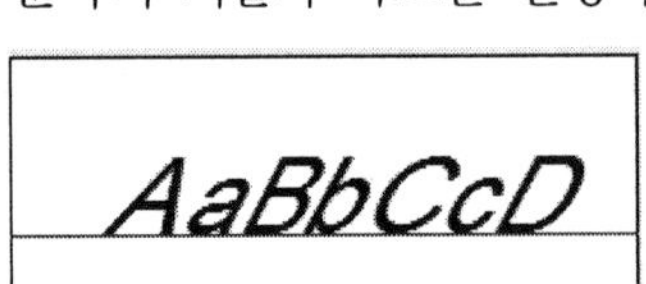

2 단일 문자 쓰기[Dtext : text(단축 명령어 : Dt)]

단일 행의 문자를 작성하는데 사용되며 문자 행은 재배치하거나 다시 수정할 수 있는 하나의 객체로 만들어지며 Style에서 문자의 글자 스타일, 높이, 각도 등을 수정할 수 있다.

- **리본 메뉴(Ribbon Menu) :** 
- **메뉴 막대(Menu Bar) : 그리기 → 문자 → 단일 행 문자**
- **명령(Command) :** Text or Dtext[Dt]

현재 사용 중인 문자의 유형(Current text style:"Standard")과 문자의 높이(Text height)를 알려주며 Style 옵션을 이용하여 새로운 문자의 유형을 입력할 수 있다. 입력 후 쓰려는 문자의 시작점(Start point), 자리 맞추기(Justify), 유형(Style) 등을 선택할 수 있다.

☞ 시작점(Start point)

문자가 입력할 시작점

☞ 자리 맞추기(Justify)

문자열의 위치 맞추기

☞ 정렬(Align)

첫 번째 점과 끝점을 입력하고 설정한 문자의 각도와 거리에 비례하여 문자가 자동으로 정렬된다.

☞ 맞춤(Fit)

가상의 사각형(시작점, 끝점, 높이) 안에 문자를 작성한다.

☞ 중심(Center)

문자 행의 하단 중심과 높이 값을 입력하여 작성한다.

☞ 중간(Middle)

문자 행의 정 가운데를 지정하고 높이를 입력하여 작성한다.

☞ 오른쪽(Right)

문자 행의 오른쪽 하단과 높이를 설정한 다음 문자를 작성한다.

☞ 좌측상단(Top Left : TL)
문자의 좌측상단을 시작으로 작성한다.

☞ 상단중앙(Top Center : TC)
문자의 상단중앙을 시작으로 작성한다.

☞ 우측상단(Top Right)
문자의 우측상단을 시작으로 작성한다.

☞ 좌측중앙(Middle Left : ML)
문자의 좌측중앙을 시작으로 작성한다.

☞ 중앙중단(Middle Center : MC)
문자의 정 중앙을 시작으로 배열

☞ 우측중앙(Middle Right : MR)
문자의 우측중앙을 시작으로 배열

☞ 좌측하단(Bottom Left : BL)
문자의 좌측하단을 시작으로 배열

☞ 하단중앙(Bottom Center : BC)
문자의 하단중앙을 시작으로 배열

☞ 하단우측(Bottom Right : BR)
문자의 하단우측을 시작으로 배열

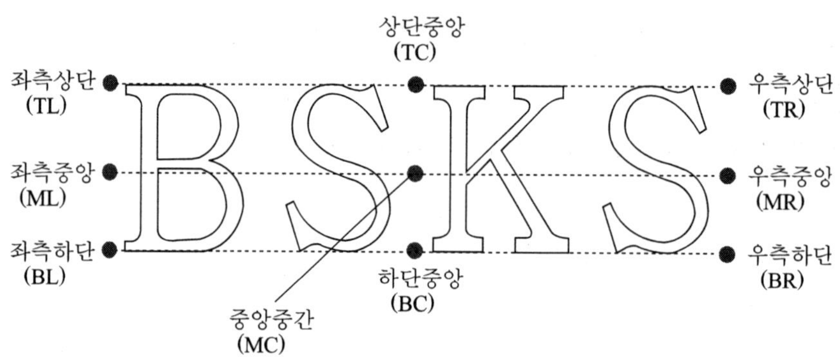

3 여러 줄 문자 쓰기[Mtext(단축 명령어 : Mt)]

다중 행(여러 줄)의 문자를 기입하는데 사용하는 명령어로서, 여러 문자행이 하나의 단일 객체로서의 특성을 가진다.

- 리본 메뉴(Ribbon Menu) : A
- 메뉴 막대(Menu Bar) : 그리기 → 문자 → 단일 행 문자
- 명령(Command) : Mtext[Mt]

- **스타일(Style)**

다중 행 문자의 객체에 문자 스타일을 설정하는 옵션이다.

☞ 문자 높이(Height)

선택한 문자 혹은 새로운 문자의 높이를 변경하거나 설정하는 옵션이다.

- **형식지정(Formatting)**

리본메뉴의 형식지정(Formatting) 옵션을 이용하여 문자 굵게(Bold)/기울여 쓰기(Italic), 밑줄 긋기(Under line)/윗줄 긋기(Over line), 글자 유형(Text style), 문자 색상(Text color) 등의 작업을 수행할 수 있다.

- **단락(Paragraph)**

단락은 문자의 자리 맞추기(Justification), 행 간격/정렬 모양 설정(Line spacing), 문장 앞에 번호나 글머리 기입(Numbering), 단락 지정(Paragraph) 등을 실행한다.

- **삽입(Insert)**

기호(Symbol)입력과 도면 작성 날짜, 도면의 번호, 제목 등의 데이터를 필드로 삽입하는 필드 삽입(Insert field), 열 메뉴 표시(Columns) 등의 작업을 수행할 수 있다.

- **옵션(Option)**

명령을 실행하거나 취소하고(Undo/Redo) 눈금자(Ruler)를 표시하거나 바로가기 메뉴를 실행할 수 있다.

- **문자 편집 종료**(Close Text Editor)

  다중 행 문자 편집기를 닫거나 변경한 내용을 저장할 수 있다.

4 문자 편집[Ddedit(단축 명령어 : Ed)]

Dtext 명령이나 Mtext 명령으로 생성된 문자를 수정하거나 편집하는 기능으로서 단일 행 문자일 경우 내용만 수정하고 다중 행 문자일 경우 문자 작성창에서 편집한다.

- **메뉴 막대**(Menu Bar) : **형식**(Format/Dtext)
- **명령**(Command) : Ddedit(Ed)

☞ Mtedit 명령어를 이용하여 Mtext로 작성한 문자를 수정할 수 있으며 Ddedit와 방법은 같다.

CHAPTER 14

해치

1. 해치(Hatch)
2. 그라데이션(Gradient)
3. 해치 에디트(Hatchedit)

1 해치[Hatch(단축명령어 : H)]

HATCH란, 도면에 이미 그려진 객체에 대하여, 필요한 부분을 경계로 설정하고 일정 영역을 특수한 패턴으로 채우는 명령어이다. 조립 부품의 재질이나 재료의 단면 등을 표현하기 위하여 사용된다.

- **리본 메뉴(Ribbon Menu) :**
- **메뉴 막대(Menu Bar) : 그리기 → Hatch**
- **명령(Command) : BHatch or Hatch(BH or H)**

Hatch 명령어를 실행하거나 리본 메뉴를 클릭하면 다음과 같이 해치 및 그라데이션(Hatch and Gradient) 옵션을 설정할 수 있는 대화상자가 나타난다.

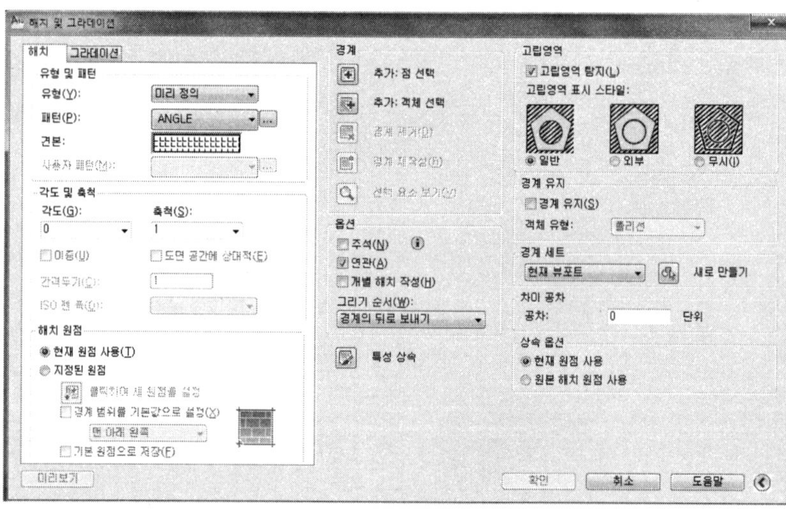

- **유형 및 패턴(Type and pattern)**

해치의 유형과 패턴을 지정하는 기능이다.

☞ 유형

해치의 유형을 설정하는 기능으로서, 미리 정의(Predefined)와 사용자 정의(User Defined), 사용자(Custom)유형이 있다.

► 미리 정의(Predefined)

Auto CAD의 acad.pad와 acadiso.pat에 저장되어 있는 파일을 이용하여 패턴의 각도와 축척을 조정한다.

► 사용자 정의(User Defined)

현재 사용하고 있는 선을 기준으로 신속히 선 형태의 패턴으로 작성할 때 사용되며, 정확한 해치 패턴을 설정할 때 사용된다.

► 사용자(Custom)

Auto CAD 검색 경로에 추가된 *pat파일의 패턴을 지정하여 사용자가 패턴의 각도와 축척을 지정할 수 있다.

☞ 패턴(Pattern)

패턴(Pattern)기능은 미리 저장되어 있는 패턴을 확인하고 원하는 패턴을 선택하는 기능이다.

☞ 견본(Swatch)

견본(Swatch)기능은 견본 모형을 클릭하여 원하는 패턴을 선택하는 기능이다.

- **각도 및 축척(Angle and scale)**

패턴의 회전 각도 및 크기를 확대, 축소하는 등의 기능이다.

☞ 각도(Angle)

해치 패턴의 각도를 지정하며 UCS의 X축을 기준으로 지정한다.

☞ 축척(Scale)

크기를 확대 또는 축소하는 기능이다.

☞ 도면 공간에 상대적(Relative to paper space)

도면의 공간 단위를 기준으로 해치 패턴을 축척하는 기능으로서, 배치(Layout)영역에서 사용할 경우 활성화 된다.

☞ 간격 두기(Spacing)

해치 패턴의 선 간격을 지정할 경우 사용되며, 해치의 유형이 사용자 정의로 되어 있을 경우 사용 가능하다.

☞ ISO 펜 폭(ISO pen width)

ISO 펜 폭을 지정하였을 경우 활성화되며, 출력할 때 펜의 두께를 제어할 수 있다.

- **해치 원점(Hatch origin)**

해치 패턴의 원점위치를 설정하는 기능으로서, 해치가 시작되는 위치를 지정할 수 있다.

☞ 현재 원점 사용(Use current origin)

현재의 원점을 기준으로 패턴을 채우는 기능이다

☞ 지정된 원점(Specified origin)

아이콘을 이용하여 시작위치를 직접 지정하는 기능이다.

① 클릭하여 새 원점 설정((Click to set new origin)

현재 클릭한 지점을 시작점으로 지정한다.

② 경계 범위를 기본값 설정(Default to boundary extents)

경계 범위의 위치를 설정한다.

③ 기본 원점으로 저장(Store as default origin)

지정한 원점의 좌표값을 저장한다.

- **경계(Boundary)**

해치의 원점 위치를 조정하는 기능이다.

☞ 추가: 점 선택(Add : Pick point)

해치할 영역을 클릭하여 영역을 지정한다.

☞ 추가: 객체 선택(Add : Select objects)

해치할 영역의 경계가 되는 객체를 선택한다.

☞ 경계 제거(Remove boundaries)

설정되어 있는 해치 경계선을 제거한다.

☞ 선택 요소 보기(View selections)

선택되어 있는 경계선을 나타낸다.

- **옵션(Option)**

☞ 주석(Annotative)

해치를 주석 객체로 만든다.

☞ 연관(Associative)

연관 해치 여부를 지정한다(체크 해제되면 비 연관 해치로 사용 가능하다).

☞ 개별해치작성(Create separate hatches)

동시 영역 선택으로 되어 있어도 이 부분을 체크하면 경계선마다 각각의 객체로 분리된다.

☞ 그리기 순서(Draw oder)

그리는 순서를 조정하는 기능으로서, 겹치는 패턴의 보이는 순서 혹은 패턴과 경계선이 보이는 순서를 조절한다.

- **특성 상속(Inherit Properties)**

이미 작성되어 있는 패턴의 특성을 복사하는 기능이다.

- **고립 영역(Islands)**

해치의 경계영역을 탐지하는 기능으로서, 일반(Normal), 외부(Outer), 무시(Ignore)의 스타일 중 지정할 수 있다.

☞ 일반(Normal)

바깥 영역부터 해치를 시작하여 한 구간을 건너뛰며 해치를 하는 기능이다(바깥영역부터 홀수영역에서는 해치하고 짝수영역에서는 해치를 하지 않는다).

☞ 외부(Outer)

가장 바깥쪽에 있는 부분만 해치를 하는 기능이다.

☞ 무시(Ignore)

내부 영역을 모두 해치하는 기능이다.

- **경계 유지(Boundary retention)**

  해치에서 일시적으로 만드는 경계이며, 경계할 객체의 유형은 폴리선과 영역이 있다.

- **경계 세트(Boundary set)**

  경계 세트는 복잡한 도면의 경계를 계산하는 시간을 단축시키는 기능이다.

  ☞ 현재 뷰포트(Current viewport)

  현재 뷰 포트에 있는 모든 객체에 대하여 영역을 탐지한다.

  ☞ 새로 만들기(New)

  신규 버튼을 클릭하고 객체를 선택하면 선택되어 있는 객체에 대한 탐지영역을 제한한다.

- **차이 공차(Gap tolerance)**

  해치 경계는 완전히 닫힌 객체만 인식하지만 차이공차를 이용하여 0 ~ 5,000 사이 중 설정 간격은 무시하고 닫힌 객체로 설정할 수 있다.
  (※ 0은 완전히 닫혀야 경계영역으로 인식한다)

- **상속 옵션(Inherit options)**

  현재 해치의 원점으로 할 것인지, 원본 해치의 원점으로 할 것인지를 설정한다.

- **Bhatch[경계 또는 연관 해치]**

  Bhatch명령어는 Boundary와 Hatch의 약어이다. Hatch는 구성요소를 구분하거나 재료를 표시할 경우 사용되며, Bhatch와 비교할 경우 패턴의 모양이나 크기를 정확하게 인식하지 않은 상태에서는 어려움이 발생한다.

> · **연관 해치 : 해치 패턴이 경계가 수정될 때마다 자동으로 내부의 패턴이 갱신된다.**
> · **비 연관 패치 : 경계를 수정하더라도 경계 패턴이 수정되지 않는 해치**
> ※ Text(문자)는 해치할 수 없다.

2 그라데이션(Gradient)

그라데이션(Gradient) 명령어는 객체의 색상에 단계 효과(음향 처리)를 하는 명령어로서, 프레젠테이션(Presentation)작성 또는 로고(Logo)를 만들 때 사용할 수 있다.

- **리본 메뉴(Ribbon Menu) :** 
- **메뉴 막대(Menu Bar) : 그리기 → Gradient**
- **명령(Command) : Gradient**

위와 같이 리본 메뉴를 클릭하거나 명령어를 실행하면 다음과 같은 화면이 나타난다.

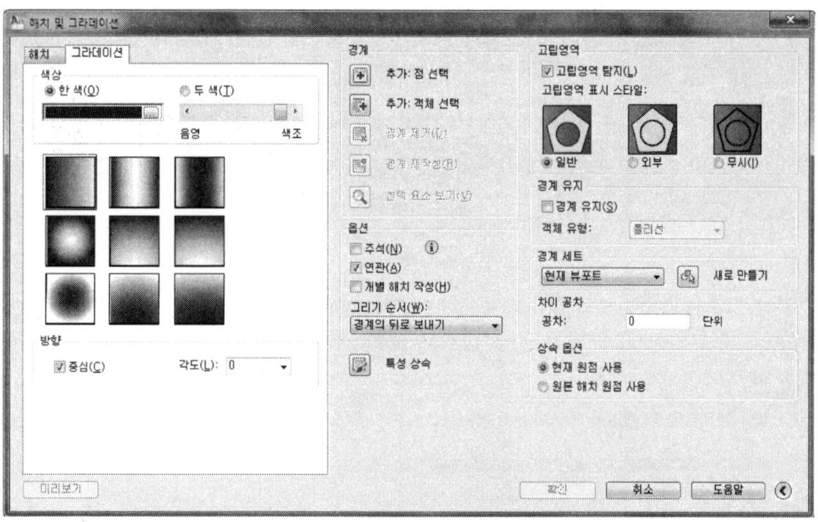

- **색상(Color)**

한 색(One color) 또는 두 색(Two color)을 선택하여 음영(Shade)과 색조(Tint)를 조절할 수 있으며, 아이콘을 클릭하면 색상 견본을 볼 수 있다.

- **방향(Orientation)**

중심(Centered)을 이용하여 중심에서 단계 현상 나가기를 이용할 수 있으며, 각도(Angle)를 이용하여 단계 현상을 회전시킬 수 있다.

> ※ **그라데이션(Gradient)명령은 해치(Hatch)명령의 기능과 거의 동일하므로 해치(Hatch)명령을 참조한다.**

3 해치 에디트[Hatchedit(단축명령어 : (he)]

도면에 작성되어 있는 해치 패턴이나 그라데이션을 수정 또는 편집하는 기능으로서 색상, 패턴 등을 수정할 수 있다.

- **리본 메뉴(Ribbon Menu) :**
- **메뉴 막대(Menu Bar) : 수정 → 해치 편집**
- **명령(Command) : Hatchedit[He]**

위와 같이 리본 메뉴를 클릭하거나 명령어를 실행하면 다음과 같은 화면이 나타난다.

위의 대화 상자에서 현재 설정(패턴 및 각도, 색상)을 수정하고 확인 버튼을 클릭하면 패턴이 변경된다.

CHAPTER 15

치수 기입

치수(Dimension)기입은 도면에 그려진 객체의 길이, 각도 등과 주석 등을 화면에 나타내는 기능이다. 치수 기입의 방법으로는 선형(Linear), 정렬(Aligned), 반지름(Radius), 지름(Diameter), 각도(Angular), 호 길이(Arc), 기준선(Baseline), 세로 좌표(Ordinate), 꺾인 선(Jog line) 등이 있다. 아래의 그림은 치수의 각 부분에 대한 명칭을 나타낸 것이다.

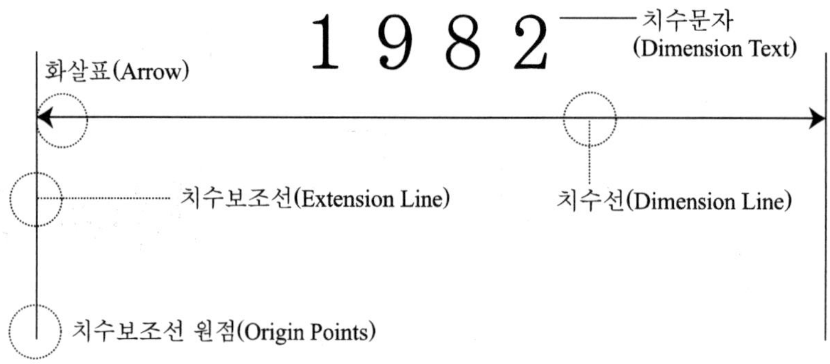

☞ 치수 문자(Dimension Text)

작성한 객체의 실제 치수를 나타내는 문자이며, 이 값은 실제 거리를 나타내는 것이 기본이다. 하지만 사용자가 임의로 거리를 입력할 수 있다.

☞ 치수선(Dimension Line)

치수의 범위(길이)를 나타내는 선으로 선의 양쪽 끝은 화살표나 점 또는 사선으로 표시할 수 있고 치수선의 위치는 변경이 가능하다. 각도(Angular)를 기입할 경우에는 호(Arc)의 모양으로 표시된다.

☞ 화살표(Arrow)

치수선 양끝의 종료 지점을 표시하는 기호이며, 사용자 지정에 따라 화살표, Tick, Dot 등 여러 모양을 지정할 수 있다.

☞ 치수 보조선(Extension Line)

치수를 기입하려는 객체로부터 치수선까지 연결하는 부분을 표시하기 위한 보조선으로써 치수 유형 명령을 이용하여 화면 상 나타나는 보조선의 개수를 지정할 수 있다.

☞ 치수 보조선 원점(Origin Points)

치수 보조선이 시작할 위치를 표시하는 것으로서 원점과 치수 보조선의 간격을 지정할 수 있다.

1 직선 치수(Linear Dimension)

직선의 길이를 측정하는 치수로 수평, 수직, 정렬, 세로 좌표, 기준선 및 연속 치수 등을 측정할 수 있다.

☞ 선형 치수(Dimlinear)

선형 치수 명령어는 객체의 수평(가로) 또는 수직(세로)치수를 기입할 때 사용한다. 객체나 측정 지점의 두 점을 클릭한 후 치수선의 위치를 지정하여 나타낼 수 있다.

- **리본 메뉴(Ribbon Menu) :**
- **메뉴 막대(Menu Bar) : 치수 → 선형**
- **명령(Command) : Dimlinear[Dli]**

► 여러 줄 문자(Mtext)기입

여러 줄의 치수를 기입할 수 있는 옵션으로서 객체의 두 점을 클릭한 후 옵션 중에서 Mtext를 선택하면 여러 줄의 문자를 기입할 수 있도록 박스가 나타난다. 문자를 입력 후 치수의 위치를 지정하면 문장이 기입된다.

► 문자(Text) 기입

한 줄의 치수를 기입할 수 있는 옵션으로서 객체의 두 점을 클릭한 후 옵션 중에서 Text를 선택하면 한 줄의 문자를 기입할 수 있도록 박스가 나타난다. 문자를 입력 후 치수의 위치를 지정하면 문장이 기입된다.

► 각도(Angle) 기입

객체의 두 점을 클릭한 후 옵션 중에서 각도(Angle)를 선택하고 각도를 기입하면 각도를 설정할 수 있다.

► 수평 치수(Horizontal) 기입

객체의 두 점을 클릭한 후 옵션 중에서 수평 치수(Horizontal)를 선택하고 치수를 기입하면 수평 치수를 설정할 수 있다. 일반적으로 선형 치수는 가로(수평)로 치수를 입력할 경우 수평 치수가 기입되고 세로(수직)으로 입력할 경우 수직 피수가 기입된다.

► 수직 치수(Vertical) 기입

객체의 두 점을 클릭한 후 옵션 중에서 수직 치수(Vertical)를 선택하고 치수를 기입하면 수직 치수를 설정할 수 있다.

► 회전 치수(Rotated) 기입

객체의 두 점을 클릭한 후 옵션 중에서 회전 치수(Rotated))를 선택하고 치수를 기입하면 회전 치수를 설정할 수 있다.

☞ 정렬 치수(Dimaligned)

정렬 치수 명령어는 사선(대각선)의 길이를 측정하고 기입하는데 사용하는 명령어로서 선형 치수(Dimlinear) 명령어와 유사하다.

- 리본 메뉴(Ribbon Menu) : 
- 메뉴 막대(Menu Bar) : 치수 → 정렬
- 명령(Command) : Dimaligned[Dal]

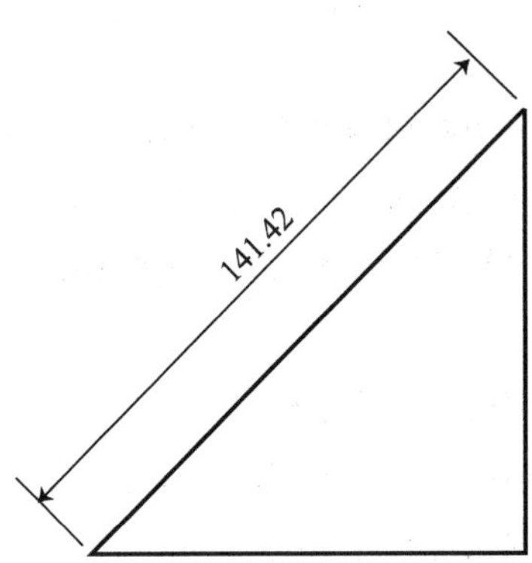

객체의 두 점을 클릭한 후 치수선의 위치를 지정한 후 입력한 두 점의 기울기와 평행하게 치수를 기입한다.

☞ 세로 좌표 치수(Dimordinate)기입

특정 위치의 원점으로부터 세로 좌표 점을 찾는 명령어로서 지시선, X, Y 값으로 구성된다. 데이텀이라는 원점으로부터 구멍과 같은 피처까지의 수평 또는 수직거리를 측정한다.

- **리본 메뉴(Ribbon Menu) :** 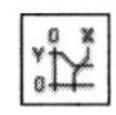
- **메뉴 막대(Menu Bar) : 치수 → 세로 좌표**
- **명령(Command) : Dimordinate[Dol]**

명령어 또는 리본 메뉴를 이용하여 명령을 실행하고 원의 중심점을 선택한 후 마우스를 이용하여 치수를 기입한다.

☞ 연속 치수(Dimcontinue)

연속 치수란 이전에 기입한 객체의 치수 보조선 원점 중 두 번째 원점을 기준으로 객체의 연속된 치수를 작성하는 명령어이다.

- **리본 메뉴(Ribbon Menu) :** 
- **메뉴 막대(Menu Bar) : 치수 → 연속 치수**
- **명령(Command) : Dimcontinue[Dco]**

명령어 또는 리본 메뉴를 이용하여 명령을 실행한다.

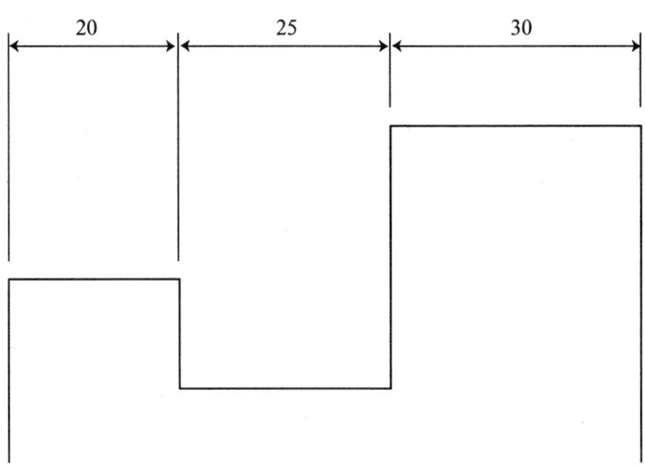

연속 치수는 선형, 각도, 정렬 치수 등의 기준이 되는 치수가 있어야 한다. 가장 최근에 기입한 치수를 기준으로 기입하기도 하고 다른 치수를 이용하여 기준 치수를 변경할 수 있다.

☞ 기준선 치수(Baseline)

기준선 치수 명령어는 첫 번째 치수 보조선에서 시작되는 다중 치수선이다. 기준선 치수는 선형, 각도, 정렬 치수 등의 기준이 되는 치수가 있어야 하며, 먼저 기입된 치수로부터 마지막에 지정한 치수까지의 거리를 측정하여 기입된다.

- **리본 메뉴(Ribbon Menu) :** 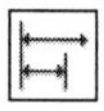
- **메뉴 막대(Menu Bar) : 치수 → 기준선**
- **명령(Command) : Dimbaseline[Dba]**

명령어 또는 리본 메뉴를 이용하여 명령을 실행한다.

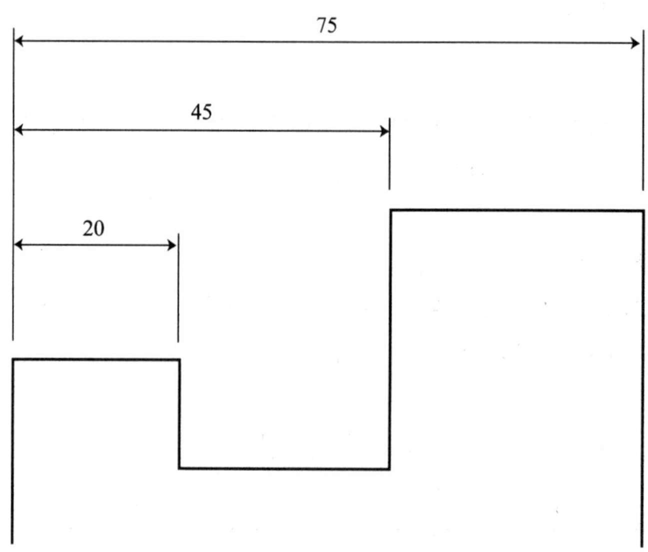

선형 치수(Dimlinear)를 기입 후 기준 선 명령을 실행하면 선형 치수에서 기입한 첫 번 째 치수 보조선을 기준으로 치수선이 연결된다. 이 후 다음 점들을 차례로 지정하면 치수가 기입된다.

2 반지름 치수(Dimension)

반지름 치수 기입은 중심선 또는 중심 표식을 갖는 원과 호의 반지름 치수를 기입하는 명령어이다.

- 리본 메뉴(Ribbon Menu) : 
- 메뉴 막대(Menu Bar) : 치수 → 반지름
- 명령(Command) : Dimradius[Dra]

명령어 또는 리본 메뉴를 클릭하여 명령을 실행한다.

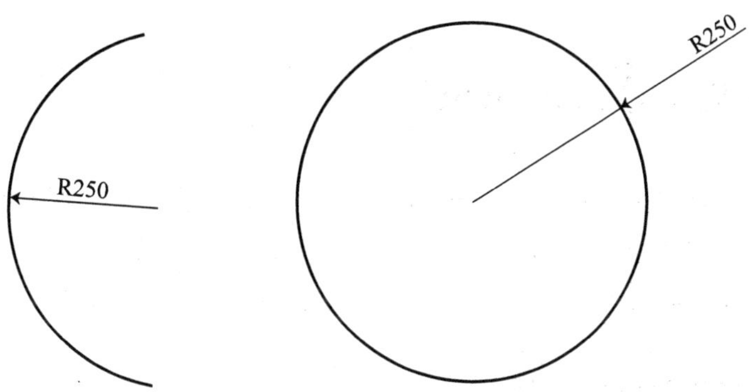

명령을 실행하고 원이나 호를 선택하여 치수선의 위치를 지정(원이나 호의 안쪽 또는 바깥쪽)한다.

3 지름 치수(Dimdiameter) 기입

지름 치수 기입은 중심선 또는 중심 표식을 갖는 원과 호의 반지름 치수를 기입하는 명령어이다.

- 리본 메뉴(Ribbon Menu) : 
- 메뉴 막대(Menu Bar) : 치수 → 지름
- 명령(Command) : Dimdiameter[Ddi]

명령어 또는 리본 메뉴를 클릭하여 명령을 실행하며 반지름 치수를 기입하는 방법과 동일하다.

4 중심 표식(Dimcenter)기입

원이나 호의 중심점 십자 모양의 표식(양수 '+'로 입력)이나 중심 선(음수 '−'로 입력)을 작성하는 명령어이다.

- 리본 메뉴(Ribbon Menu) :
- 메뉴 막대(Menu Bar) : 치수 → 중심 표식
- 명령(Command) : Dimcenter[Dce]

시스템 변수(Dimcen) 혹은 치수 유형(Dimstyle)에서 곡선의 중심모양을 설정할 수 있다.

5 치수 꺾기 선(Dimjogline)

선형 치수(Linear) 혹은 정렬치수(Aligned)의 치수선을 꺾인 모양으로 추가할 수 있으며 치수를 측정하려는 객체의 길이가 길어 중간을 생략하고 그린 경우에도 치수선을 꺾인 선으로 기입할 수 있다. 이 경우 치수는 도면에서 측정한 치수가 아닌 실제 치수를 기입한다.

- 리본 메뉴(Ribbon Menu) :
- 메뉴 막대(Menu Bar) : 치수 → 치수 꺾기 선
- 명령(Command) : Dimjogline

명령어 또는 리본 메뉴를 클릭하여 명령을 실행하고 꺾인 선이 위치할 지점을 지정한다.

6 꺾어진 지시선 치수(Dimjogged)기입

꺾인 지시선 명령어는 원(Circle)이나 호(Arc)의 반지름 치수를 기입하는 명령어이다. 일반 반지름 치수(Dimradius)와 달리 치수를 기입할 경우, 곡선의 중심선을 임의로 표시할 수 있다. 곡선의 반지름이 클 경우 치수를 기입하였을 때 중심선 표시가 화면 밖으로 벗어나는 경우가 생기는데 이 때 꺾어진 지시선을 이용하여 중심선을 임의로 표시한다.

- 리본 메뉴(Ribbon Menu) :
- 메뉴 막대(Menu Bar) : 치수 → 꺾어진
- 명령(Command) : Dimjogged

명령어 또는 아이콘을 이용하여 명령을 실행한다.

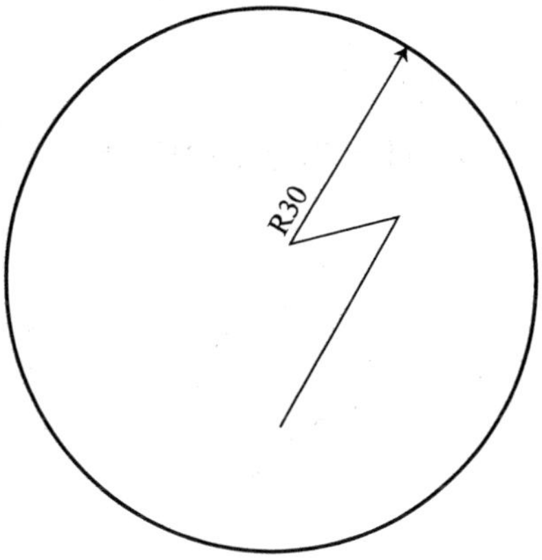

원 또는 호를 선택한 후 중심점을 임의로 지정한다. 이 후 치수선의 위치를 지정한 후 꺾인 선의 위치를 지정한다.

7 호의 길이 치수(Dimarc)기입

호의 길이 치수 명령어는 호 또는 폴리라인 원 호의 길이를 측정하여 기입하는 명령어로서 호의 시작점과 끝점 사이의 길이가 기입된다. 단, 직선과 곡선으로 연결된 폴리선인 경우 호의 길이만 기입된다.

- **리본 메뉴(Ribbon Menu) :**
- **메뉴 막대(Menu Bar) : 치수 → 호의 길이 치수**
- **명령(Command) : Dimarc[Dar]**

☞ 호의 양 끝점 사이의 길이 치수 기입

명령어 또는 아이콘을 이용하여 명령을 실행한 후 호를 클릭한다.

☞ 호의 부분길이 치수 기입

호의 부분길이를 기입하는 옵션으로 두 점을 지정하여 그 부분만큼의 치수를 기입한다.

☞ 호의 지시선 기입

옵션을 선택한 후 치수를 기입하면 호와 치수선 사이에 지시선이 나타난다.

> **※ 호의 길이 치수(Dimarc) 옵션**
> **여러 줄 문자(M)/문자(T)/각도(A)/부분(P)/지시선(L)**

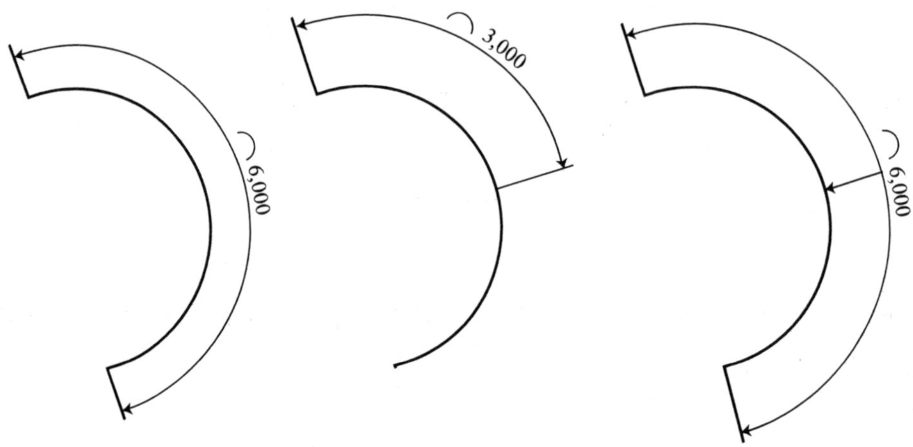

8 각도 치수(Angular)기입

각도 치수 기입 명령어는 두 선분을 선택하여 두 선분 사이의 각도를 기입하는 명령어로서 호의 각도를 기입하거나 원을 지나는 두 점 사이의 각도 등을 기입할 수 있다.

> - 리본 메뉴(Ribbon Menu) : 
> - 메뉴 막대(Menu Bar) : 치수 → 중심 표식
> - 명령(Command) : Dimangular[Dan]

☞ 선분 사이의 각도 기입하기

명령어나 아이콘을 이용하여 명령을 실행하고 두 선분을 선택한 후 치수의 위치를 지정할 수 있다.

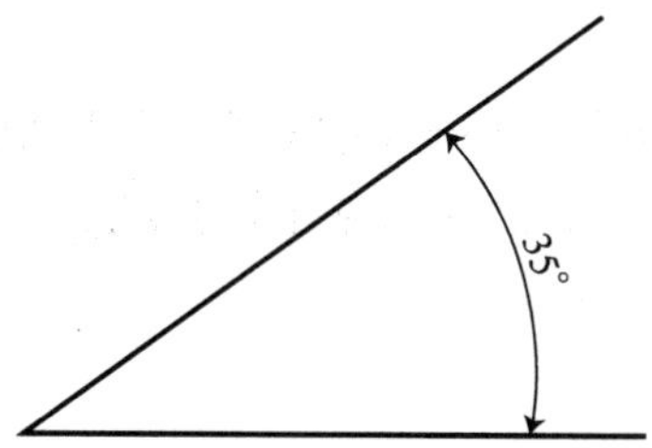

☞ 호 또는 원의 각도 기입하기

명령어나 아이콘을 이용하여 명령을 실행하고 호를 선택하여 각도를 기입하거나 원의 두 점을 지정하여 두 점 사이의 각도를 지정한다.

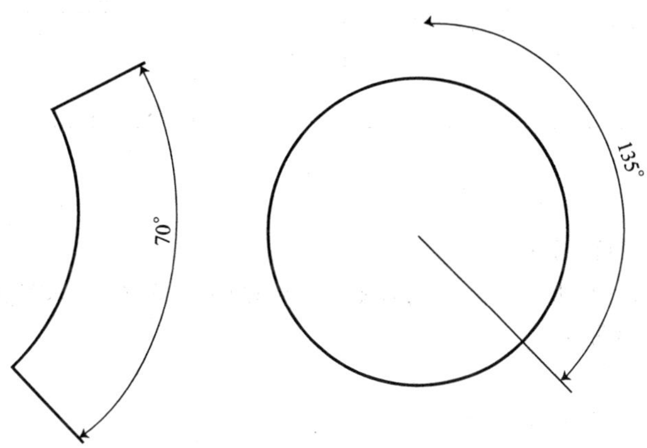

9 신속 치수(Qdim)기입

여러 개의 복잡한 형상의 객체를 한 번에 선택하여 치수를 기입할 수 있는 명령어이며, 기준선 치수, 연속 치수 등을 편하게 기입할 수 있다.

- **리본 메뉴(Ribbon Menu) :**
- **메뉴 막대(Menu Bar) : 치수 → 신속 치수**
- **명령(Command) : Qdim**

☞ 연속 치수 기입(Continuous)

신속 치수 명령어를 입력하거나 아이콘을 클릭하여 명령을 실행한 후 치수를 기입할 부분의 객체를 한 번에 선택하고 옵션에서 연속(C)을 입력한 후 치수선의 위치를 지정한다.

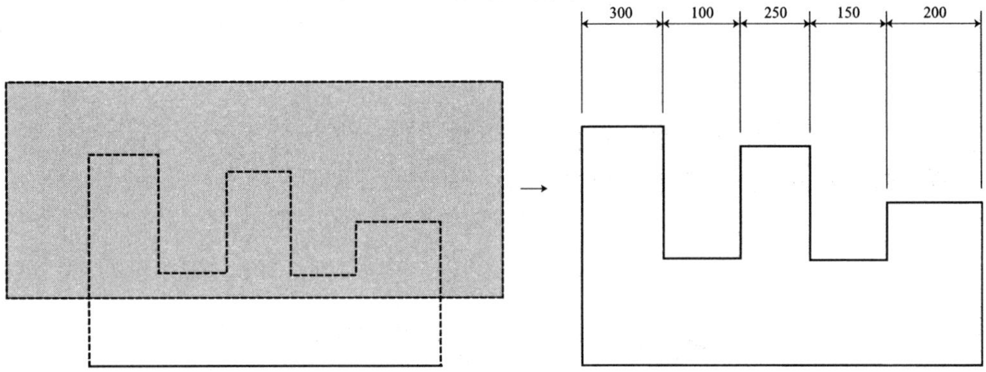

※연속 치수 기입 옵션
치수선의 위치 지정 또는[연속(C)/다중(S)기준선(B)/세로좌표(O)/반지름(R)/지름(D)/데이텀 점(P)/편집(E)/설정(T)

☞ 다중 치수 기입(Staggered)

신속 치수 명령어를 입력하거나 아이콘을 클릭하여 명령을 실행한 후 치수를 기입할 부분의 객체를 한 번에 선택하고 옵션에서 다중(S)을 입력한 후 치수선의 위치를 지정한다. 연속 치수 기입과 달리 치수가 일직선상이 아닌 곳에 입력된다.

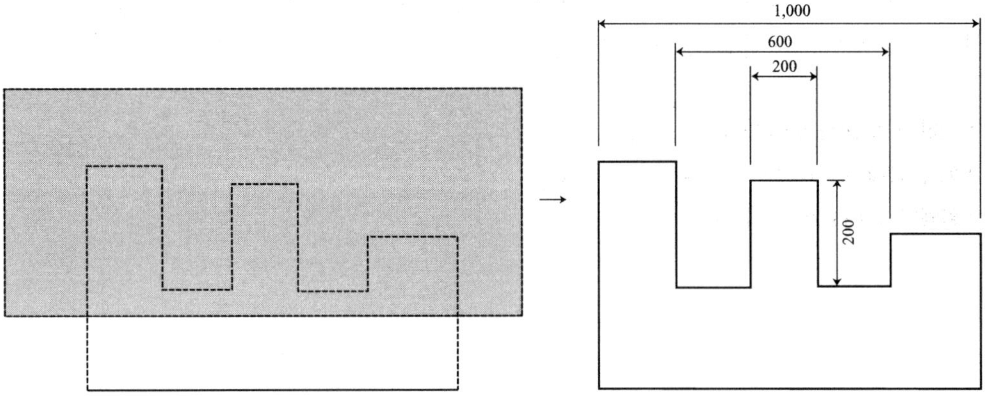

☞ 기준선 치수 기입(Baseline)

명령어를 입력하거나 아이콘을 클릭하여 명령을 실행한 후 치수를 기입할 부분의 객체를 한 번에 선택하고 옵션에서 기준선(B)을 입력한 후 치수선의 위치를 지정한다.

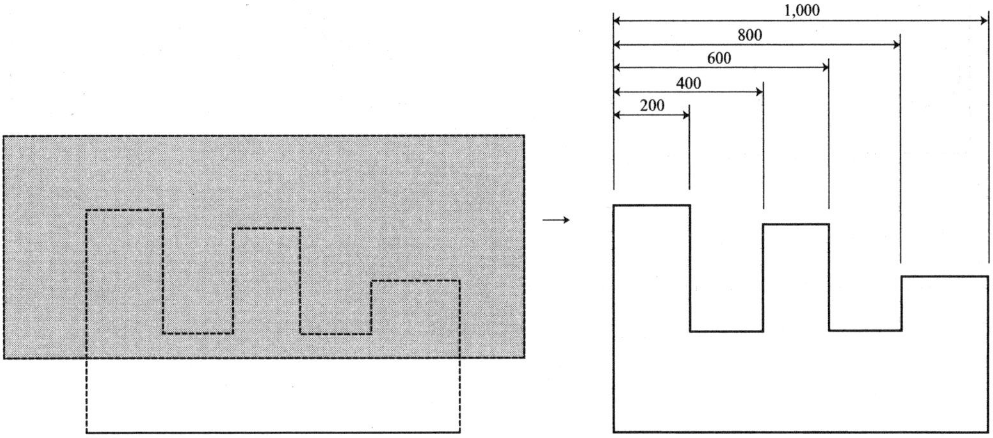

☞ 세로좌표 치수 기입(Ordinate)

명령어를 입력하거나 아이콘을 클릭하여 명령을 실행한 후 치수를 기입할 부분의 객체를 한 번에 선택하고 옵션에서 세로좌표(O)를 입력한 후 치수선의 위치를 지정한다.

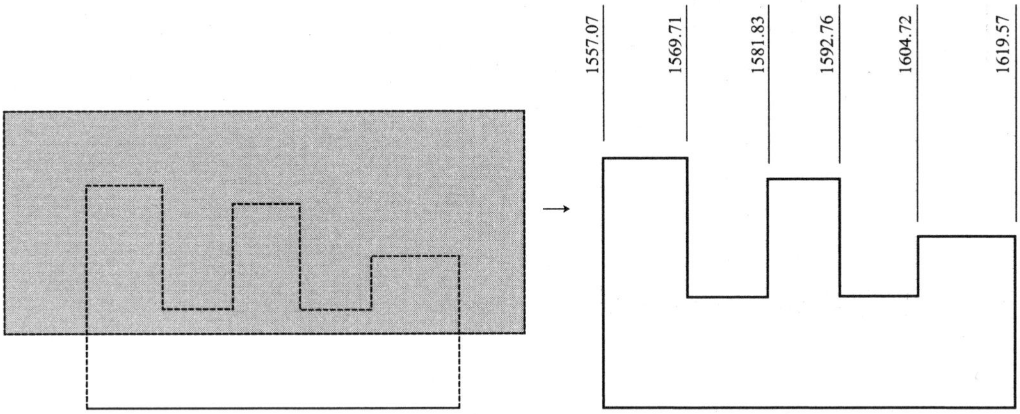

☞ 반지름 치수 기입(Radius)

명령어를 입력하거나 아이콘을 클릭하여 명령을 실행한 후 치수를 기입할 부분의 객체를 한 번에 선택하고 옵션에서 반지름(R)을 입력한 후 치수선의 위치를 지정한다.

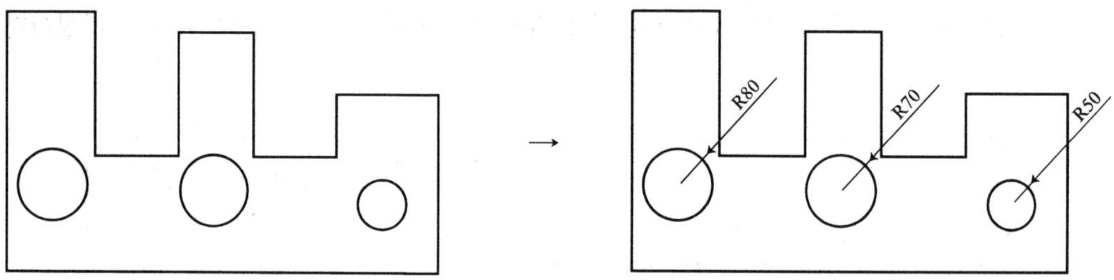

☞ 지름 치수 기입(Diameter)

명령어를 입력하거나 아이콘을 클릭하여 명령을 실행한 후 치수를 기입할 부분의 객체를 한 번에 선택하고 옵션에서 지름(D)을 입력한 후 치수선의 위치를 지정한다.

☞ 편집하여 치수 기입(Edit)

치수가 기입되는 점을 편집하는 명령어로서 기존 치수 점을 추가하거나 삭제할 수 있다.

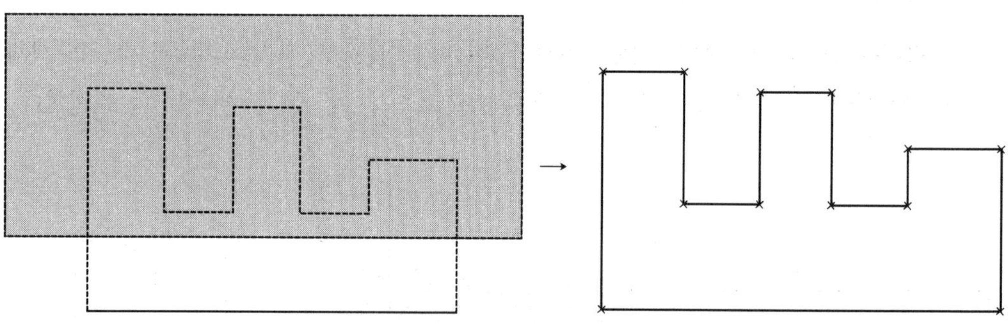

☞ 데이텀 점(DatumPoint)

선택된 객체에 계단형이나 세로치수 기준점을 지정하는 명령어이다.

☞ 선택(Settings)

치수 보조선의 원점이 객체에 지정될 부분을 설정한다.

10 공차(Tolerance)

공차는 기능제어 프레임에 포함된 기하학적 공차를 작성하는 명령어로서 피처의 형식, 방향, 프로파일 등의 편차를 표시하는 기능으로 주로 기계 분야의 도면에 많이 사용한다. 치수에 대한 공차의 정보는 피처 조정 프레임에서 표시된다.

- **리본 메뉴(Ribbon Menu) :**
- **메뉴 막대(Menu Bar) : 치수 → 공차**
- **명령(Command) :Tolerance**

명령어를 입력하거나 리본 메뉴를 클릭하여 명령을 실행하면 다음과 같은 화면이 나타난다.

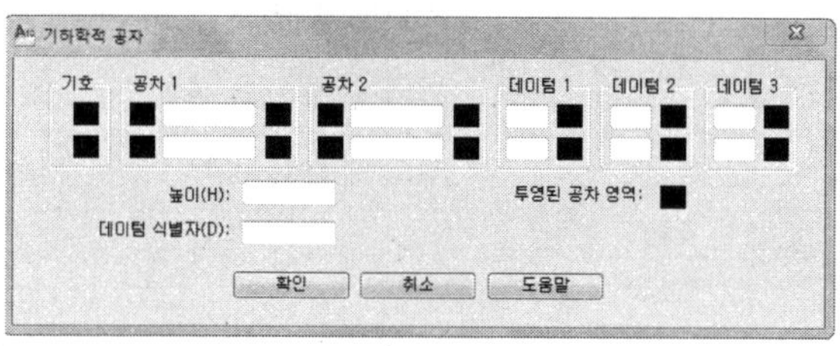

☞ 기호(Symbol)

기호의 검정 사각형을 클릭하면 다음과 같은 대화상자가 나타나며 이 중 하나를 선택할 수 있다.

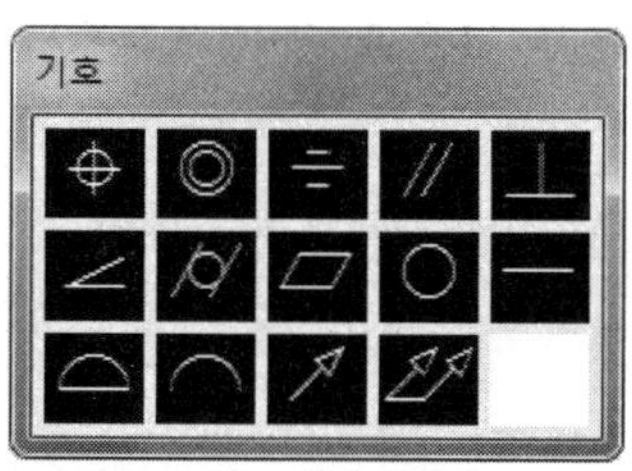

☞ 높이(Height)

투영 공차의 영역 값을 지정한다.

☞ 투영된 공차 영역(Projected Tolerance Zone)

투영 공차 영역값의 뒷부분에 기호를 표시한다.

☞ 데이텀 식별자(Datum Identifier)

기준 식별 기호를 지정한다.

기호	특성	명칭	타입
⌖	위치	위치도 공차	위치(Location)
◎	동일한 중심 또는 동일 축	동축도 공차	위치(Location)
⌯	대칭	대칭도 공차	위치(Location)
∥	평행	평행도 공차	방향(Orientation)
⊥	직교	직각도 공차	방향(Orientation)
∠	각도	경사도 공차	방향(Orientation)
⌭	원통형	원통도 공차	형태(Form)
⏥	평면형	평면도 공차	형태(Form)
○	원형 또는 구형(둥근형)	진원도 공차	형태(Form)
—	일직선	직진도 공차	윤곽(Profile)
⌓	곡면의 윤곽	면의 윤곽도 공차	윤곽(Profile)
⌒	선의 윤곽	선의 윤곽도 공차	윤곽(Profile)
↗	원형 런아웃	원주 흔들림 공차	흔들림(Runout)
⌰	전체 런아웃	온 흔들림 공차	흔들림(Runout)

기하학적 특성이 완벽한 모양에서 벗어나는 범위를 공차라고 한다. 공차값 앞에는 지름 기호를 삽입할 수 있으며 뒤에는 재료의 상태가 표시된다. 또한 각 부분의 기호를 선택한 후 값을 선택하면 다음 그림과 같이 표시된다.

11 치수 공간(Dimspace)

치수 공간 명령어는 선형 치수와 각도 치수의 간격을 동일하게 조정하는 명령으로서 서로 겹치거나 같은 간격으로 배치되지 않아야 한다. 또한 선택된 치수는 서로 평행하며, 치수 보조선이 있어야 하고 각도 치수는 중심을 공유하여야 한다.

- **리본 메뉴**(Ribbon Menu) :
- **메뉴 막대**(Menu Bar) : **치수 → 공간 조정**
- **명령**(Command) : Dimspace

명령어를 입력하거나 리본 메뉴를 클릭하여 명령을 실행한다.

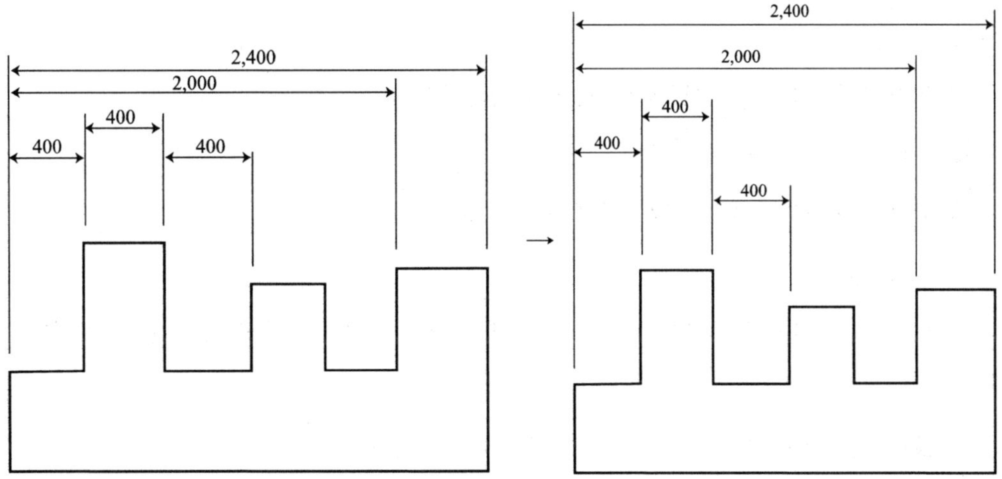

기준이 되는 치수를 클릭한 후 치수들의 간격을 입력하면 모든 치수의 간격이 동일하게 입력된다.

12 치수 끊기

객체와 교차하는 치수선 혹은 치수 보조선을 끊거나 복원하는 명령어로서 여러 개의 도면과 치수선, 치수 보조선이 겹쳐지는 것을 방지하기 위해 사용한다.

- 리본 메뉴(Ribbon Menu) :
- 메뉴 막대(Menu Bar) : 치수 → 공간 조정
- 명령(Command) : Dimbreak

끊기 명령은 다중(Multiple), 자동(Auto), 수동(Manual), 제거(Remove)가 있으며 다음과 같다.

☞ 다중(Multiple)

여러 개의 치수선을 선택하여 끊거나 삭제한다.

☞ 자동(Auto)

겹치는 치수선을 선택하면 자동으로 끊어준다.

☞ 수동(Manual)

치수 또는 치수 보조선을 선택하여 끊거나 하나의 치수만 끊을 수 있는 기능이다.

☞ 제거(Remove)

끊기를 한 치수선 또는 치수 보조선을 복원하는 기능이다.

13 검사 치수(Diminspect)

검사 치수란 부품의 치수 값 및 공차가 지정된 범위를 벗어나지 않도록 제조 부품의 검사 주기를 지정하는 명령어이다.

- 리본 메뉴(Ribbon Menu) :
- 메뉴 막대(Menu Bar) : 치수 → 검사
- 명령(Command) : Diminspect

명령어를 입력하거나 리본 메뉴를 클릭하면 다음과 같은 검사 치수 대화상자가 나타난다.

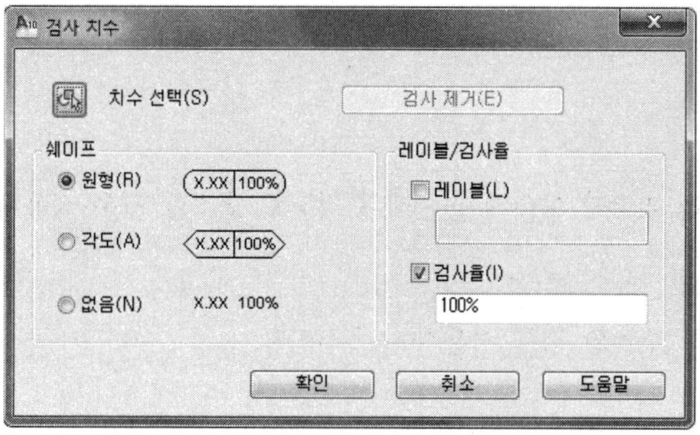

☞ 치수 선택(Select dimensions)

검사하고자하는 치수를 선택한다.

☞ 검사 제거(Remove Inspection)

선택한 치수 중 검사 치수를 제거한다.

☞ 쉐이프(Shape)

치수 값 프레임의 모양을 설정한다.

☞ 레이블(Label)

레이블 필드의 화면 표시를 설정한다.

☞ 검사율(Inspection rate)

비율 필드의 화면표시를 켜고 입력란에 부품 검사빈도를 설정한다.

14 치수 편집(Dimedit)

작성한 치수 문자들의 각도를 변경하거나 새롭게 작성 또는 치수 보조선의 기울기를 재설정하는 명령어이다.

• **명령**(Command) : Diminspect[Ded]

명령어를 입력하면 다음과 같은 옵션을 실행할 수 있다.

> 치수 편집의 유형 입력 [홈(H)/새로 만들기(N)/회전(R)/기울기(O)]〈홈(H)〉 :

☞ 홈(H)

문자의 각도를 변경한 상태에서 본래의 각도로 변경할 경우 사용하는 옵션이다.

☞ 새로 만들기(N)

새로운 문자로 변경할 경우 사용하는 옵션이다.

☞ 회전(R)

기입되어 있는 치수의 각도를 변경할 경우 사용되는 옵션이다.

☞ 기울기(O)

치수 보조선에 대한 경사각을 재설정하는 옵션이다.

15 치수 문자 편집(Dimtedit)

기입되어 있는 치수 문자의 위치, 각도 등을 변경하는 명령어로서 마우스로 직접 명령을 실행하거나 옵션을 이용하여 설정할 수 있고 아이콘을 이용하여 실행할 수 있다.

> • **명령(Command)** : Dimtedit

명령어를 입력하면 다음과 같은 옵션을 실행할 수 있다.

> 치수 문자에 대한 새 위치 또는 다음을 지정 [왼쪽(L)/오른쪽(R)/중심(C)/홈(H)/각도(A)] :

☞ 왼쪽(L)

선택한 치수의 문자를 왼쪽으로 정렬하는 옵션이다.

☞ 오른쪽(R)

선택한 치수의 문자를 오른쪽으로 정렬하는 옵션이다.

☞ 중심(C)

선택한 치수의 문자를 중앙으로 정렬하는 옵션이다.

☞ 홈(H)

변경한 치수문자의 각도를 처음 상태로 복원하는 옵션이다.

☞ 각도(A)

선택한 치수의 문자를 각도를 변경하는 옵션이다

16 치수 스타일 관리자(Dimstyle)

치수의 유형(기호, 화살표, 문자, 단위 등)을 변경하여 기입되어 있는 치수의 유형을 변경하거나 새롭게 적용시키는 명령어이다.

- 리본 메뉴(Ribbon Menu) : 치수 ▾
- 메뉴 막대(Menu Bar) : 치수 → 치수 스타일 관리자
- 명령(Command) : Dimstyle[D]

명령어를 입력하거나 리본 메뉴를 클릭하면 다음과 같이 치수 스타일 관리자 대화상자가 나타난다.

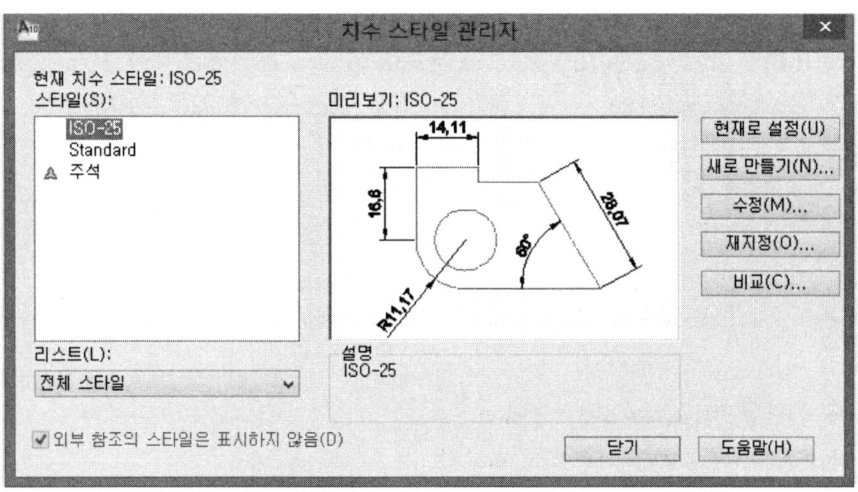

☞ 현재 치수 스타일(Current dimension style)

현재의 도면에 설정되어 있는 치수 유형을 표시한다.

☞ 스타일(Style)

현재 저장되어 있는 치수 유형을 표시한다.

☞ 리스트(List)

치수 유형에 표시되어 있는 리스트를 설정하는 옵션으로 전체 스타일(All style)은 도면의 모든 치수 유형을 나타내고 사용 중인 스타일(Styles in use)은 현재 도면에서 사용하고 있는 스타일만을 나타낸다.

☞ 미리 보기(Preview)

현재 설정되어 있는 치수의 유형을 미리 나타낸다.

☞ 현재로 설정(Set Current)

현재 사용할 치수의 유형을 선택한다.

☞ 새로 만들기(New)

새로운 치수 유형을 만드는 옵션으로 새로 만들기를 클릭하면 다음과 같은 대화상자가 나타난다.

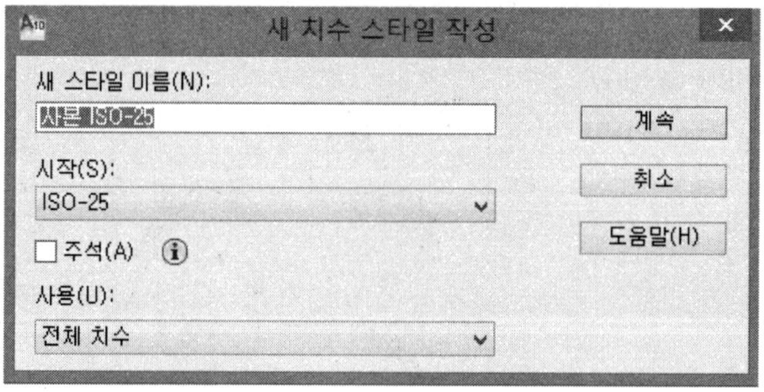

► 새 스타일 이름(New Style Name)

새로운 치수 유형의 이름을 입력한다.

► 시작(Start With)

새로운 치수 유형의 기반이 되는 기존의 치수 유형을 선택한다.

► 주석(Annotative)

주석 객체 유형으로 지정한다.

► 사용(Use for))

설정한 치수 유형을 특정 치수에만 적용할지의 여부를 지정한다.

☞ 수정(Modify)

선택한 치수 유형을 수정 편집하는 옵션이다.

☞ 재지정(Override)

치수 유형을 재지정 할 수 있으며, 클릭 시 현재 스타일 재지정 대화상자가 나타난다(새 치수 스타일 관리자에서 설명하도록 한다).

☞ 비교(Compare)

비교하고자 하는 치수 유형의 대화상자가 다음과 같이 나타난다.

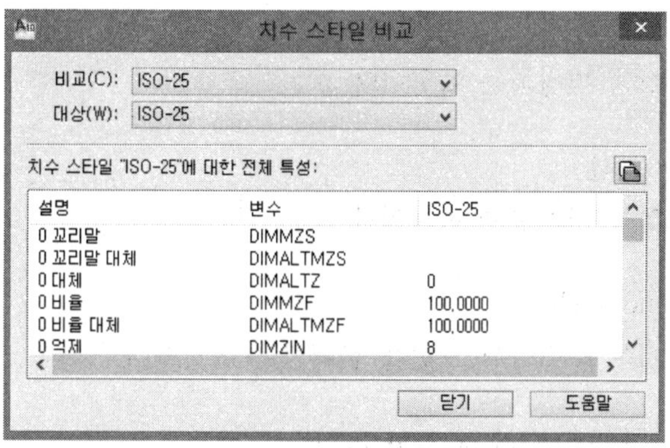

17 치수 스타일 수정

새로 만들기(New)를 클릭 후 대화상자에서 계속을 클릭하거나 수정(Modify), 재지정(Override)을 클릭하면 현재 스타일 재지정(New Dimension Style) 대화 상자가 나타난다. 대화상자에서 7개의 탭(선, 기호 및 화살표, 문자, 맞춤, 1차 단위, 대체 단위, 공차)에 있는 치수의 유형을 설정할 수 있다.

☞ 선(Line)

치수선 및 치수 보조선의 색상 및 동류, 가중치 등을 설정할 수 있는 옵션이다.

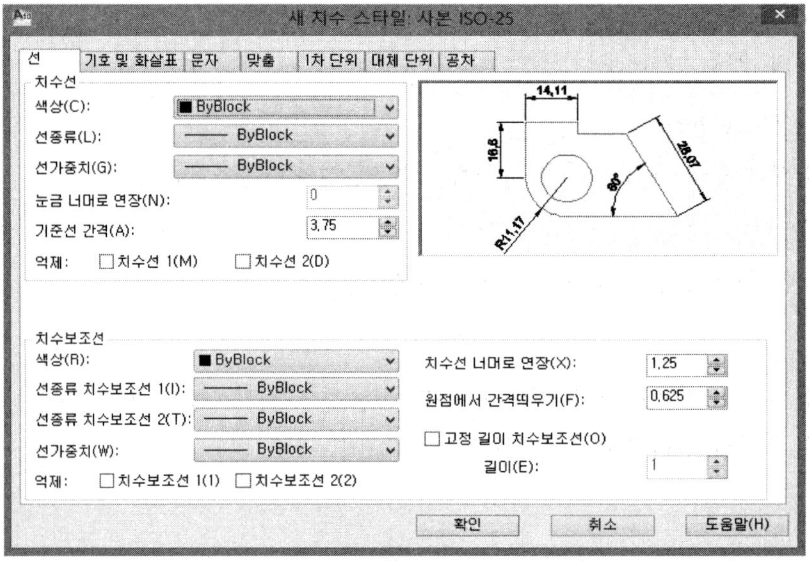

► 색상(Color)

치수성의 색상을 변경하는 옵션이다.

► 선 종류(Linetype)

치수선의 모양을 변경하는 옵션이다.

► 선 가중치(Lineweight)

치수선의 굵기를 조절하여 도면을 출력하는 옵션이다.

► 눈금 너머로 연장(Extend beyond ticks)

치수선이 치수 보조선을 넘어 연장되는 길이를 조정하며 화살표를 선택할 경우 활성화하는 옵션이다.

► 기준선 간격(Baseline spacing)

치수선과 치수선 사이의 간격을 설정하는 옵션이다.

► 억제(Suppress)

첫 번째 또는 두 번째 치수선의 표시를 설정하는 옵션이다.

► 치수 보조선(Extension lines)

치수 보조선의 색상, 폭, 가중치 등을 설정하는 옵션이다.

► 색상(Color)

치수 보조선의 색상을 지정하는 옵션이다.

► 선 종류 치수 보조선 1, 2(Linetype ext line 1, 2)

치수 보조선의 모양을 설정하는 옵션이다.

► 선 가중치(Lineweight)

치수 보조선의 굵기를 조절하여 도면을 출력하는 옵션이다

► 치수선 너머로 연장(Extend beyond dim lines)

치수 보조선이 치수선을 넘어 연장되는 길이를 조정하는 옵션이다.

► 원점에서 간격 띄우기(Offset from orgin)

치수 보조선의 원점과 치수 보조선 사이의 간격을 조절하는 옵션이다.

► 고정 길이 치수 보조선(Fixed length extension lines)

치수 보조선의 길이를 설정하는 옵션이다.

☞ 기호 및 화살표(Symbols And Arrows)

기호 및 화살표의 크기, 표식 기호 등의 유형을 설정하는 옵션이다.

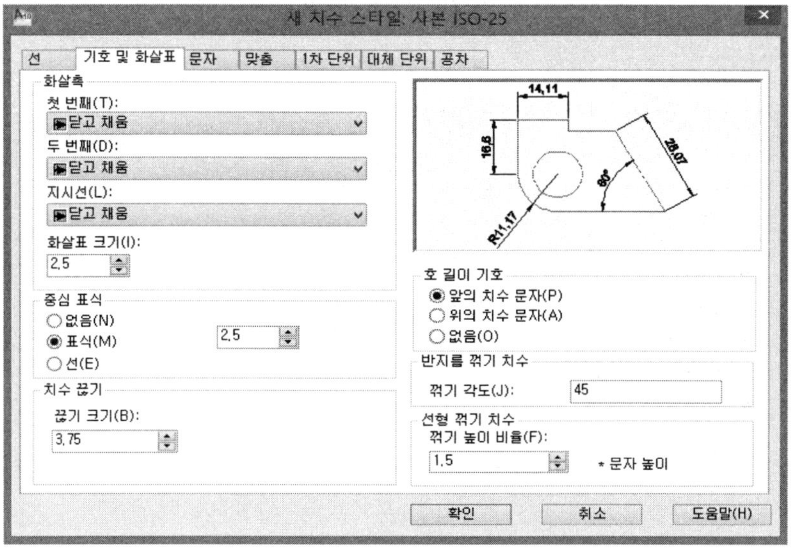

► 화살촉(Arrowheads)

첫 번째 화살촉(First)의 모양과 두 번째 화살촉(Second)의 모양 지시선(Leader)에 사용되는 화살촉의 모양 및 화살표의 크기(Arrow Size)를 설정할 수 있는 옵션이다.

► 중심 표식(Center Marks)

원이나 호의 중심 표식의 모양을 설정할 수 있으며 중심 표식의 크기를 설정할 수 있는 옵션이다.

► 치수 끊기(Dimension Break)

치수를 끊을 간격을 설정하는 옵션이다.

► 호 길이 기호(Arc length symbol)

호 길이 치수 기호의 위치를 설정하는 옵션이다.

► 반지름 꺾기 치수(Radius dimension)

반지름 꺾기 치수의 각도를 설정하는 옵션이다.

► 선형 꺾기 치수(Liner jog dimension)

선형 꺾기 치수의 높이 비율을 설정하는 옵션이다.

☞ 문자(Text)

치수문자의 모양(스타일, 색상, 높이 등)과 배치(수직, 수평 등), 정렬(수평, 치수선에 정렬 등)을 설정하는 옵션이다.

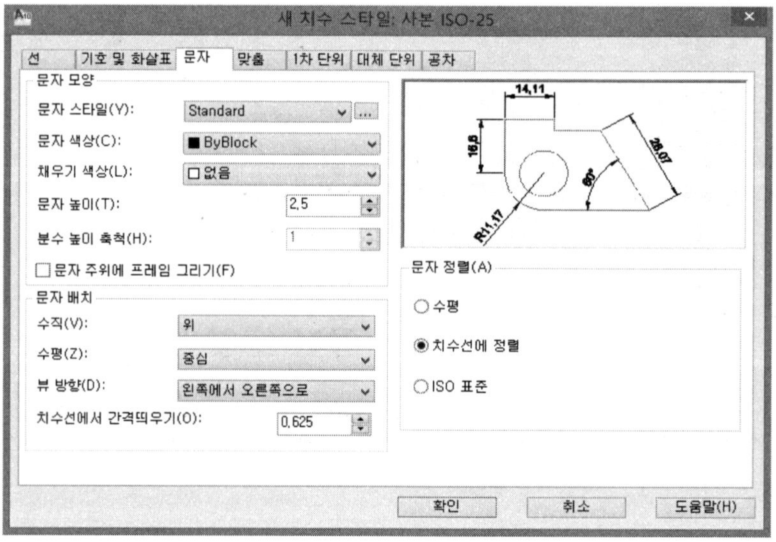

► 문자 모양(Text style)

저장되어 있는 문자 모양 중 치수 문자로 사용할 문자의 모양을 선택할 수 있는 옵션이다.

► 문자 색상(Text color)

문자의 색상을 변경할 수 있는 옵션이다.

► 채우기 색상(Fill color)

치수 문자의 바탕색을 지정할 수 있는 옵션이다.

► 문자 높이(Text height)

치수 문자의 높이를 지정할 수 있는 옵션이다.

► 분수 높이 축척(Fraction height scale)

대체단위나 공차를 사용하였을 경우 활성화 되어 분수 높이를 축척할 수 있는 옵션이다.

► 문자 주위에 프레임 그리기(Draw frame around text)

치수 문자 주위에 프레임(사각형)을 그려주는 옵션이다.

► 문자 배치(Text placement)

문자의 위치를 설정할 수 있는 옵션이다.

► 수직(Vertical)

치수선을 기준으로 문자의 위치를 수직(세로)방향으로 지정하는 옵션이다.

► 수평(Horizontal)

치수선을 기준으로 문자의 위치를 수평(가로)방향으로 지정하는 옵션이다.

► 뷰 방향(View Direction)

치수 문자를 보는 방향을 조정하는 옵션이다.

► 치수선에서 간격띄우기(Offset from dim line)

현재 문자의 간격(치수선과 치수선 사이의 간격)을 설정하는 옵션이다.

► 문자 정렬(Text alignment)

치수 문자의 방향을 설정하는 옵션이다.

► 수평(Horizontal)

치수 문자를 항상 수평으로 정렬하는 옵션이다.

► 치수선에 정렬(Aligned with dimension line)

치수선에 평행하게 정렬하는 옵션이다.

► ISO 표준(ISO Standard)

치수 보조선의 안쪽에 문자가 있을 경우 문자를 치수선에 맞추어 정렬하고 치수 보조선 밖에 문자가 있을 경우 수평으로 배치하는 옵션이다.

☞ 맞춤(Fit)

치수선, 치수보조선, 치수 문자 등 구성 요소들의 배치 공간을 설정하는 옵션이다.

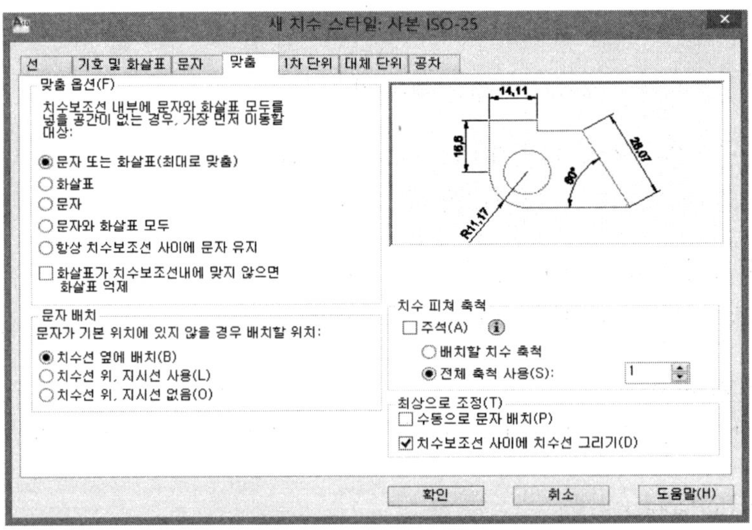

► 맞춤 옵션(Fit option)

치수 보조선 사이의 공간을 기준으로 치수 문자와 화살표를 치수 보조선의 안이나 바깥쪽으로 조정하며 치수보조선의 내부 공간이 부족할 경우 가장 먼저 이동할 대상을 지정하는 옵션이다.

► 문자 또는 화살표(최대로 맞춤)[Either text or arrows(best it)]

최적 맞춤을 기준으로 치수문자나 화살표를 이동하는 옵션이다.

► 화살표(Arrows)

화살표를 먼저 치수보조선 외부에 배치시키는 옵션이다.

► 문자(Text)

문자를 먼저 치수보조선 외부에 배치시키는 옵션이다.

► 문자와 화살표 모두(Both text and arrows)

치수보조선 사이의 공간이 부족할 경우 문자와 화살표 모두 외부로 배치시키는 옵션이다.

► 항상 치수보조선 사이에 문자 유지(Always keep text between ext lines)

치수보조선 사이에 항상 문자를 배치하도록 하는 옵션이다.

► 치수보조선 내부에 화살표 공간이 치수보조선 외부로

(Suppress arrows if they don't fit inside extension)

치수보조선 사이의 공간이 부족할 경우 화살표를 억제(숨김)하는 옵션이다.

► 문자 배치(Text placement)

문자를 설정한 위치에 배치할 수 없는 경우 치수 문자의 배치에 관한 옵션을 설정한다.

► 치수선 옆에 배치(Beside the dimension line)

문자를 치수선 옆에 배치하여 치수선이 이동할 때 문자도 같이 이동하는 옵션이다.

► 치수선 위, 지시선 사용(Over dimension line, with leader)

치수 문자가 이동할 경우 지시선이 그려지며 치수선은 이동하지 않는 옵션이다.

► 치수선 위, 지시선 없음(Over the dimension line, without leader)

치수선은 이동하지 않고 치수 문자만 이동하는 옵션이다.

► 치수 피쳐 축척(Scale for dimension features)

전체적인 축척을 변경하는 옵션이다.

► 주석(Annotative)

주석 객체 축척을 사용하는 옵션이다.

► 배치할 치수 축척(Scale dimensions to layout)

배치공간에서의 축척을 모형 공간에도 적용하는 옵션이다.

► 전체 축척 사용(Use overall scale of)

치수문자, 화살표, 치수선의 크기와 간격을 지정하는 모든 치수 스타일 설정에 대한 축척을 설정하는 옵션이다.

► 최상으로 조정(Fine tuning)

치수 문자의 기입상태를 적절히 배치하는 기능이다.

► 수동으로 문자 배치(Place text manually)

치수문자의 위치를 수동((마우스)로 지정하는 옵션이다.

► 치수보조선 사이에 치수선 그리기(Draw dim line between ext lines)

치수보조선 사이에 항상 치수선을 표시하는 옵션이다.

☞ 1차 단위(Primary Units)

치수 문자의 단위, 정밀도, 분수 형식, 각도 치수 등의 설정하는 옵션이다.

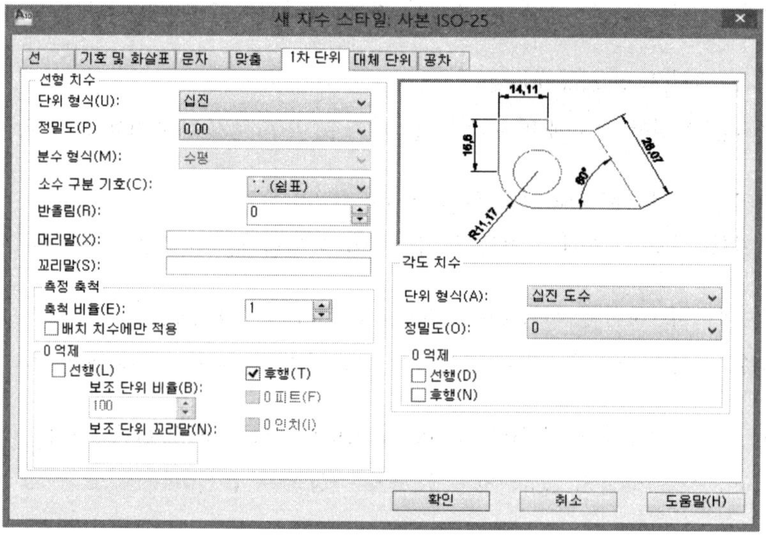

► 선형 치수(Linear dimensions)

직선으로 기입된 선형 치수의 옵션을 설정하는 옵션이다.

■ 단위 형식(Unit format)

치수 기입에 사용되는 모든 단위를 지정하는 옵션이다(각도 치수 제외).

■ 정밀도(Precision)

치수문자의 소수점 자리수를 설정하는 옵션이다.

■ 분수 형식(Fraction format)

분수 표시를 변경하며 분수일 경우 활성화 되는 옵션이다.

- 소수 구분 기호(Decimal separator)

  소수점의 모양을 마침표(.), 쉼표(,), 공백 중에서 선택할 수 있다.
- 반올림(Round off)

  치수 기입할 값의 반올림할 기준을 설정하는 옵션이다(각도 치수 제외).
- 머리말(Prefix)

  치수 문자의 앞부분에 들어갈 기호를 사용자가 지정할 수 있는 옵션이다.
- 꼬리말(Suffix)

  치수 문자의 뒷부분에 들어갈 기호를 사용자가 지정할 수 있는 옵션이다.

► 측정 축척(Measurement scale)

치수 기입 측정값의 축척을 설정하는 옵션이다.

- 축척 비율(Scale factor)

  동일한 도면에서 일부분을 확대하는 경우 상세도에서 전 치수를 표시하는 옵션이다.
- 배치 치수에만 적용(Apply to layout dimensions only)

  배치공간에서 작성한 치수만 적용되는 옵션이다.

► 0억제(Zero suppression)

측정값의 소수점을 기준으로 앞과 뒤의 0을 생략하는 옵션이다.

- 선행(Leading)

  소수점을 기준으로 앞의 0을 표시하지 않는다.
- 후행(Trailing)

  소수점을 기준으로 뒤의 0을 표시하지 않는다.
- 0 피트(0 Feet)

  치수 값이 1 Feet 미만일 경우 Feet 값을 생략할 수 있는 옵션이다.
- 0 (Inches)

  치수 값이 1 Inches 미만일 경우 Inches 값을 생략할 수 있는 옵션이다.

► 각도 치수 (Angular dimensions)

각도 치수 기입 형식을 설정하는 옵션이다.

- 단위 형식(Unit format)

  각도 치수 기입에 사용되는 단위를 설정하는 옵션이다.

- 정밀도(Precision)

  소수점 이하에 표시할 자릿수를 설정하는 옵션이다.

- 0 억제(Zero suppression)

  각도 측정값의 1을 억제(생략)하는 옵션이다.

- 선행(Leading)

  소수점을 기준으로 앞의 0을 표시하지 않는다.

- 후행(Trailing)

  소수점을 기준으로 뒤의 0을 표시하지 않는다.

☞ 대체 단위(Alternate Unite)

기존적인 측정 값(1차 단위) 옆에 표시하는 대체 단위(2차 단위), 즉 보조 단위의 형식을 설정하는 옵션이다.

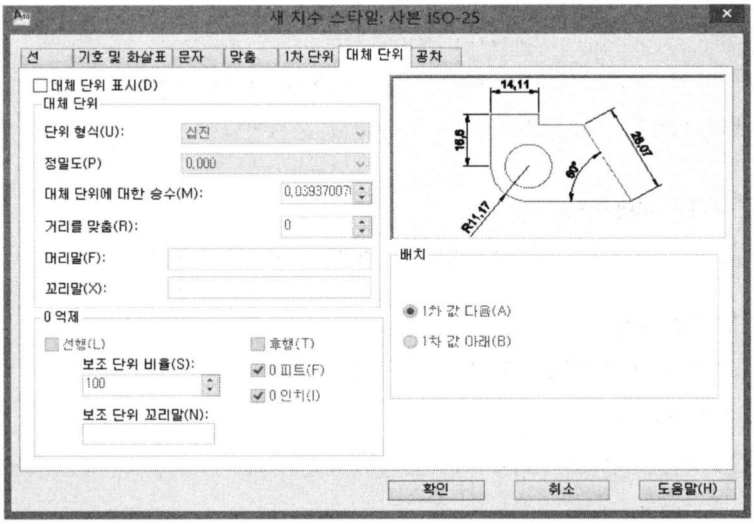

► 대체 단위 표시(Display alternate units)

대체 단위 표시를 클릭하면 치수 측정값 옆에 대체 단위가 나타나며 설정값을 변경할 수 있다.

► 대체 단위(Alternate units)

대체 단위의 치수를 설정한다(각도 치수 제외).

■ 단위 형식(Unit format)

과학(Scientific), 십진(Decimal), 공학(Engineering) 등의 대체 단위 중 하나의 형식을 설정할 수 있다.

■ 정밀도(Precision)

소수점 이하의 자릿수의 정밀도를 설정한다.

■ 대체 단위에 대한 승수(Multiplier for alt units)

1차 단위와 대체 단위 사이의 변환 요인으로 사용할 승수를 지정한다.

Ex) Inch → mm(인치를 밀리미터로 변환할 경우 1/25.4를 입력한다)

■ 거리를 맞춤(Round distances to)

각도를 제외한 모든 치수 유형의 대체 단위에 대한 반올림 규칙을 설정한다.

■ 머리말(Prefix)

대체 단위의 앞부분에 문자 혹은 기호를 삽입한다.

■ 꼬리말(Suffix)

대체 단위의 뒷부분에 문자 혹은 기호를 삽입한다.

► 0 억제(Zero suppression)

대체 단위의 소수점을 기준으로 앞과 뒤의 0을 생략하는 옵션이다.

■ 선행(Leading)

소수점 앞의 '0'을 대체 단위에서 나타내지 않는다.

■ 후행(Trailing)

소수점 뒤의 '0'을 대체 단위에서 나타내지 않는다.

► 배치(Placement)

대체 단위의 위치를 설정하는 기능이다.

■ 1차 값 다음(After primary value)

1차 단위 뒷부분에 대체 단위를 표시한다.

■ 2차 값 다음(Below primary value)

1차 단위 앞부분에 대체 단위를 표시한다.

☞ 공차(Tolerances)

측정된 단위값의 허용 공차를 설정한다.

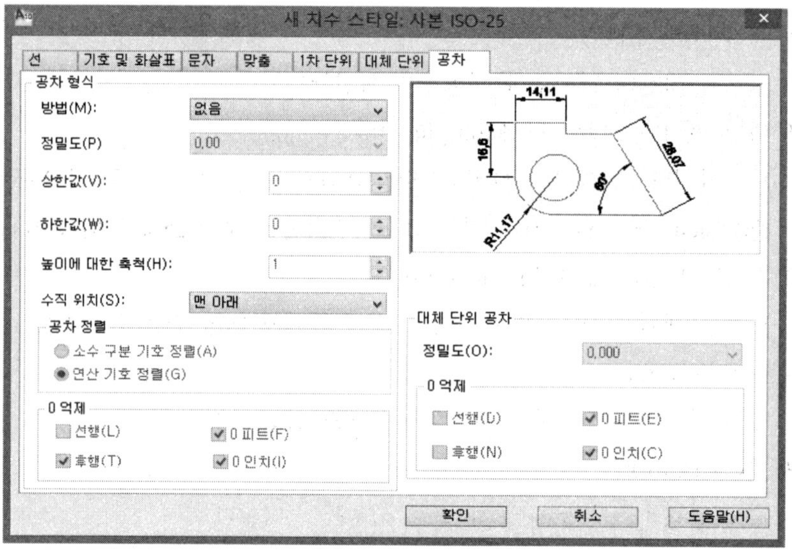

► 공차 형식(Tolerance)

공차의 표기 형식을 설정한다.

- 방법(Method)

  없음(None), 대칭(Symmetrical), 편차(Deviation) 등의 공차 형식 중 표기 방법을 설정한다.

- 정밀도(Precision)

  소수점 이하의 정밀도(자리 수)를 설정한다.

- 상한값(Upper value)

  최대 상한 공차값을 설정하며 공차 방법 중 대칭으로 설정되어 있는 경우에는 이 값이 최대, 최소 공차값으로 설정된다.

- 하한값(Lower value)

  최소 공차값을 설정한다.

- 높이에 대한 축척(Scaling for height)

  치수 부분의 공차 높이를 지정한다.

- 수직 위치(Vertical position)

  공차 치수의 위치를 아래, 중간, 위에 정렬한다.

► 공차 정렬(Tolerance alignment)
공차 기호의 값을 정렬한다.

► 0 억제(Zero suppression)
공차의 소수 치수 앞과 뒤에 있는 '0'을 억제(제어)한다.

► 대체 단위 공차(Alternate unit tolerance)
대체 단위를 사용할 경우 활성화 된다.

- 0 억제(Zero suppression)
  대체 단위 공차의 소수 치수 '0'을 억제(제어)한다.

CHAPTER 16

출력하기

Auto CAD에서 작업이 완성된 도면은 모형공간과 배치공간에서의 출력이 가능하며 파일의 형태로 작성도 가능하다.

1 모형(Model)공간

모형공간은 사용자가 설계하고자 하는 도형의 작성 및 수정작업을 수행하는 공간으로 다른 뷰포트의 도면을 출력할 필요가 없는 경우 모형 공간에서의 출력이 가능하다. 화면 하단의 상태표시줄을 이용하여 배치 공간의 화면을 다시 모형 공간으로의 전환이 가능하다.

2 배치(Layout)공간

배치공간은 도면을 배치하고 출력하는 공간을 뜻하며 하나의 도면에 용지의 크기, 축척별로 여러 개의 배치를 해 놓을 수 있다. 화면 하단의 상태표시줄을 이용하여 모형공간의 화면을 배치공간으로의 전환이 가능하며, Mview, Vplayer, Chspace, Exportlaout 등의 명령어를 사용할 수 있다.

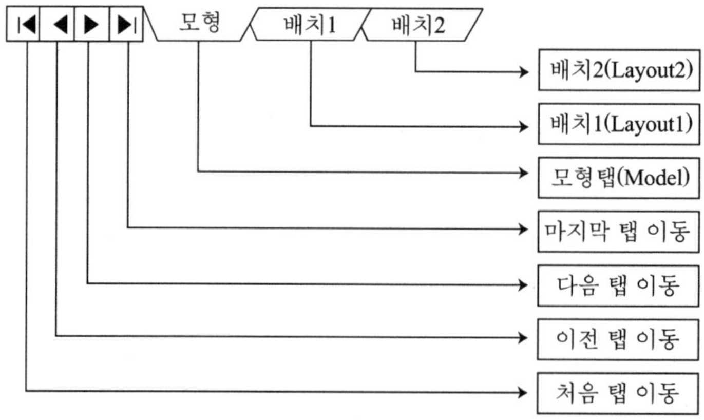

☞ Mview

배치공간에 작성한 도면을 배치

☞ Vplayer

배치된 뷰 포트의 도면 층을 각각 따로 조정

☞ Chspace

모형공간의 객체를 배치공간으로 이동하거나 배치공간에서 작성한 객체를 모형공간으로 이동

☞ Exportlayout

현재의 배치공간에 있는 도면을 새 도면의 모형 공간으로 이동

3 플롯(Plot)

도면을 플로터, 프린터 또는 파일로 인쇄하는 명령어이다.

- **리본 메뉴**(Ribbon Menu) :
- **메뉴 막대**(Menu Bar) : **출력 → 플롯**
- **명령**(Command) : Plot

명령어를 입력하거나 리본 메뉴를 클릭하면 다음과 같은 대화상자가 나타난다.

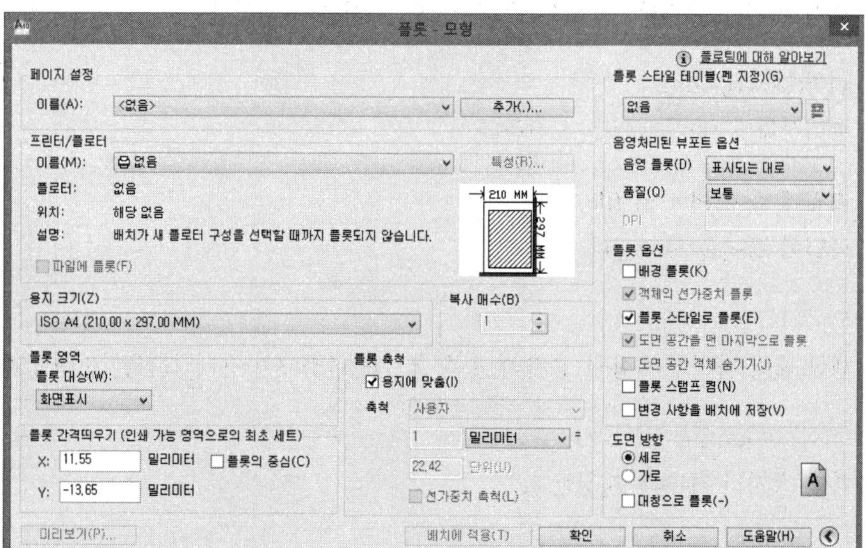

플롯 대화 상자에서 용지 크기, 플롯 영역, 플롯 축척, 복사 매수, 도면 방향 등을 옵션에서 설정할 수 있다.

☞ 페이지 설정(Page setup)

출력 페이지의 설정값에 대하여 특정 이름을 선택하거나 새로운 이름을 저장할 수 있다.

► 이름(Name)

현재 작업 중인 화면의 이름을 설정한다.

► 추가(Add)

새로운 플롯 이름을 추가할 대화상자를 찾을 수 있다.

☞ 프린터/플로터(Printer/Plotter)

현재 출력하려는 페이지의 출력 장치를 선택하는 옵션이다.

► 이름(Name)

현재 배치를 출력할 수 있는 프린터나 플로터의 종류를 열거하고 출력하고자 하는 장치를 선택한다.

► 플로터(Plotter)

현재 배치를 출력할 수 있는 출력장치를 나타낸다.

► 위치(Where)

현재 배치를 출력할 수 있는 출력장치의 위치를 표시한다.

► 설명(Description)

출력장치에 대한 설명을 표시한다.

► 파일에 플롯(Plot to file)

파일에 플롯을 출력한다.

☞ 용지 크기(Paper size)

선택한 출력 장치에 사용할 용지의 표준 크기를 나타내며 용지 크기를 선택할 수 있다.

☞ 복사 매수(Number of copies)

출력할 용지의 매수를 지정한다.

☞ 플롯 영역(Plot area)

도면에서 출력할 영역을 지정한다.

► 플롯 대상(What to plot)

플롯할 대상(화면 표시, 윈도우, 한계)을 나타낸다.

■ 화면 표시(Display)
좌표계를 기준으로 모형 및 배치에서 화면에 보이는 부분을 출력한다.

■ 윈도우(Window)
모형 및 배치에서 사용자가 출력할 부분만 직접 드래그하여 선택한 영역만 출력한다.

■ 한계(Limits)
모형 공간에서 한계영역에 있는 객체만 출력하는 기능이다.

☞ 플롯 간격 띄우기(인쇄 가능 영역으로의 최초 세트)
[Plot offset(Orgin Set To Printable Area)]
출력할 용지의 여백을 지정한다.

► X, Y
출력할 용지의 왼쪽 하단 부분을 원점으로 X축과 Y축으로 떨어지는 간격을 입력한다.

► 플롯의 중심(Center the plot)
클릭하면 도면이 용지의 중앙에 맞추어져 출력된다.

☞ 플롯 축척(Plot scale)
출력물의 축척을 지정한다.

► 용지에 맞춤(Fit to paper)
용지 크기에 맞게 자동으로 출력된다.

► 축척(Scale)
사용자가 목록에 있는 축척 값을 이용하여 축척한다.

► 선 가중치 축척(Scale lineweights)
선 두께가 축척되는 플롯 값에 비례하여 축척된다.

☞ 플롯 스타일 테이블(펜 지정)[Plot style table(Pen Assignments)]
도면을 출력할 때의 도면에 그려져 있는 선의 유형(두께, 종류 들)을 설정한다.

☞ 플롯 스타일 테이블 편집기(Plot Style Table Editor)
현재 지정되어 있는 플롯 스타일 테이블의 플롯 스타일(유형)을 편집할 수 있다.

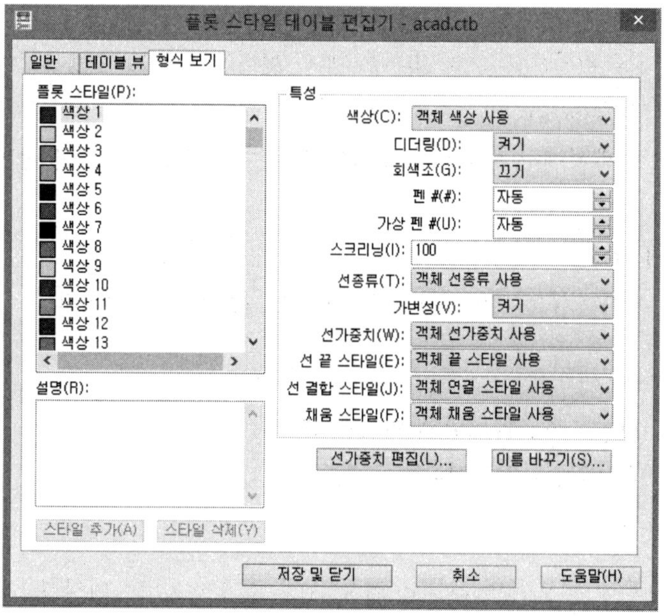

► 플롯 스타일(Plot styles)

현재 객체에 적용되어 있는 색상의 번호(유형)을 나타낸다.

► 색상(Color)

객체에 출력될 색상을 지정한다.

► 디더링(Dither)

많은 종류의 색상을 출력하는 효과가 있는 기능이지만, 출력기의 지원여부에 따라 달라진다.

► 회색조(Grayscale)

플로터가 회색조를 지원하는 경우 객체의 색상을 회색조로 변환시킬 수 있는 기능이다.

► 펜 #(Pen #)

객체를 플롯할 때 사용하는 펜을 지정하는 것으로 1부터 32까지 지정할 수 있다.

► 가상 펜 #(Virtual pen #)

1부터 32까지의 가상 펜 번호를 지정한다.

► 스크리닝(Screening)

색상농도의 설정을 지정한다.

- ► 선 종류(Linetype)

  각 선 종류를 선택할 수 있으며 '객체 선 종류 사용'이 기본으로 되어 있다.

- ► 가변성(Adaptive)

  선의 축척을 조율하여 패턴을 완성하는 기능이다.

- ► 선 가중치(Lineweight)

  객체의 선 두께를 설정하는 기능으로서 '객체 선 가중치 사용'이 기본으로 되어 있다.

- ► 선 끝 스타일(Line end style)

  선 끝의 스타일을 지정하는 기능으로 붓(Butt), 사각형(Square), 원형(Round), 다이아몬드(Diamond) 중 지정할 수 있다.

- ► 선 결합 스타일(Line join Style)

  선의 중간 모서리 점의 형태를 지정하는 기능으로 객체 연결 스타일 사용(Use object join style), 베벨(Bevel), 원형(Round)등의 유형 중 지정할 수 있다.

- ► 채움 스타일(Fill style)

  채우는 유형을 지정하는 기능이다.

- ► 선 가중치 편집(Edit Lineweights …)

  선 가중치를 대화상자를 이용하여 조절하는 기능이다.

- ► 이름 바꾸기(Save As …)

  플롯 스타일 테이블을 다른 이름으로 저장하는 기능이다.

☞ 음영 처리된 뷰 포트 옵션(Shaded viewport options)

음영 처리 및 렌더링 되어 있는 뷰포트가 출력되는 방법을 지정하고 해상도 수준 및 DPI를 지정하는 기능이다.

- ► 음영 플롯(Shade plot)

  뷰의 출력되는 방법을 지정하는 기능이다.

- ► 품질(Quality)

  옵션을 선택하여 뷰 포트가 출력될 해상도를 지정한다.

☞ 플롯 옵션(Plot option)

► 배경 플롯(Plot options)
배경이 출력되는 기능이다.

► 객체의 선 가중치 플롯(Plot object lineweights)
지정되어 있는 선 가중치가 적용되어 출력되는 기능이다.

► 플롯 스타일로 플롯(Plot with plot styles)
객체 및 도면 층에 지정되어 있는 플롯 스타일로 출력된다.

► 도면 공간을 맨 마지막으로 플롯(Plot paperspace last)
모형 공간이 가장 먼저 출력되도록 지정하는 기능이다.

► 도면 공간 객체 숨기기(Hide paperapace objects)
배치(모형) 공간에서 만든 객체를 숨기는 기능이다.

► 플롯 스탬프 켬(Plot stamp on)
플롯 스탬프 설정값을 조정하는 기능이다.

► 변경 사항을 배치에 저장(Plot stamp on)
대화상자에서 변경된 사항을 배치 옵션에 저장하는 기능이다.

☞ 도면 방향(Drawing orientation)

출력용지에서 도면의 방향을 설정하는 옵션이다.

► 세로(Portrait)
용지의 폭이 좁은 부분이 가로가 되도록 설정한 상태에서 출력하는 기능이다.

► 가로(Landscape)
용지의 폭이 넓은 부분이 가로가 되도록 설정한 상태에서 출력하는 기능이다.

► 대칭으로 플롯(−) (Plot upside-down)
도면의 윗부분과 아랫부분을 반대가 되도록 하여 출력하는 기능이다.

CHAPTER 17

기본 명령어를 이용한 객체 그리기 (Ⅰ)

절대 좌표와 Line 명령어를 이용한 객체 그리기

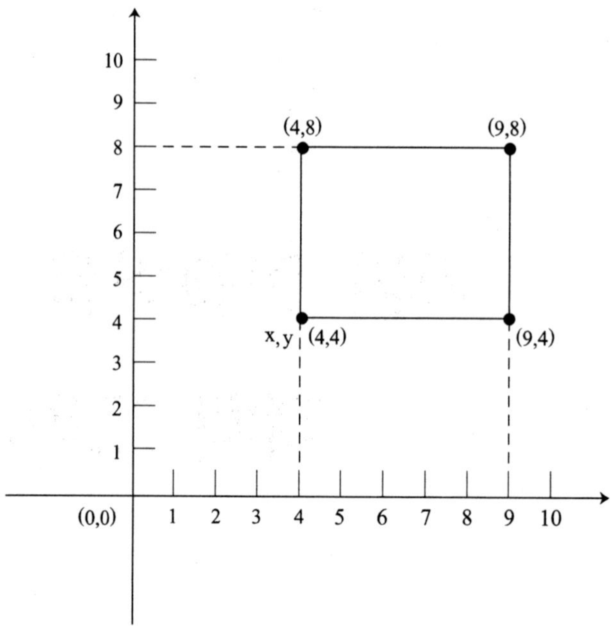

※ 명령어를 입력하세요.

상대좌표와 Line 명령어를 이용한 객체 그리기

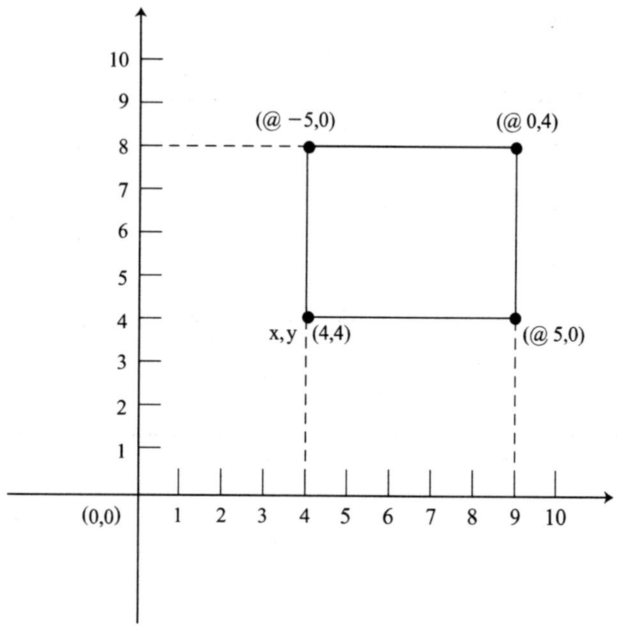

※ 명령어를 입력하세요.

상대극좌표와 Line 명령어를 이용한 객체 그리기

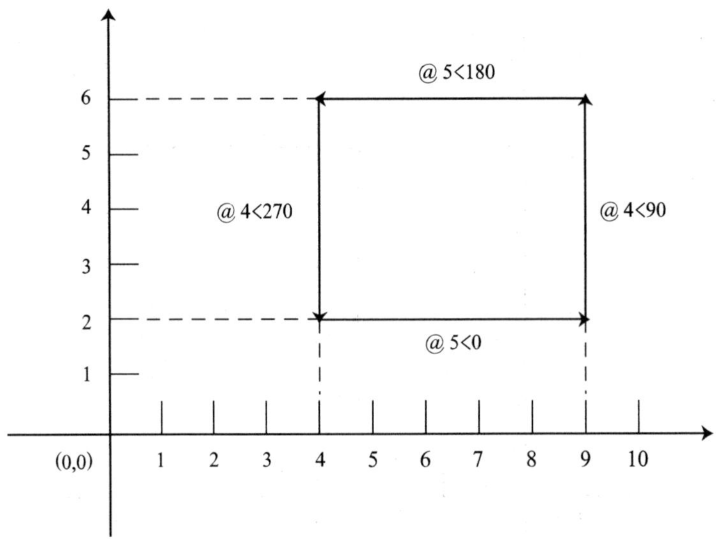

※ 명령어를 입력하세요.

Line 명령어를 이용한 객체 그리기(상대좌표, 절대좌표 이용)

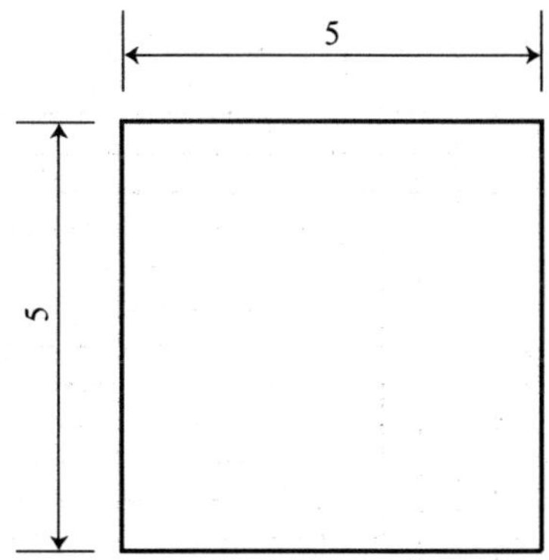

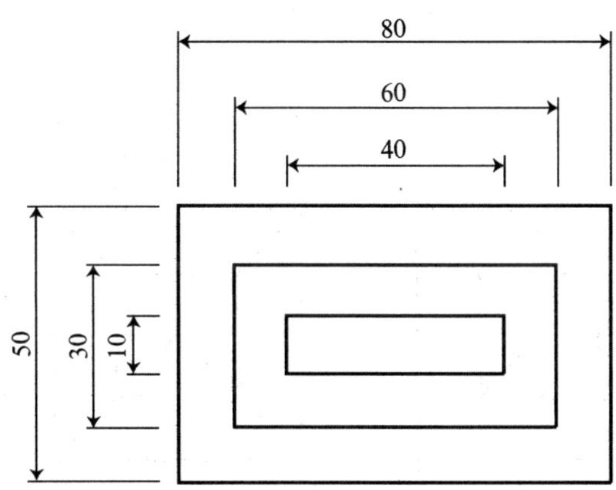

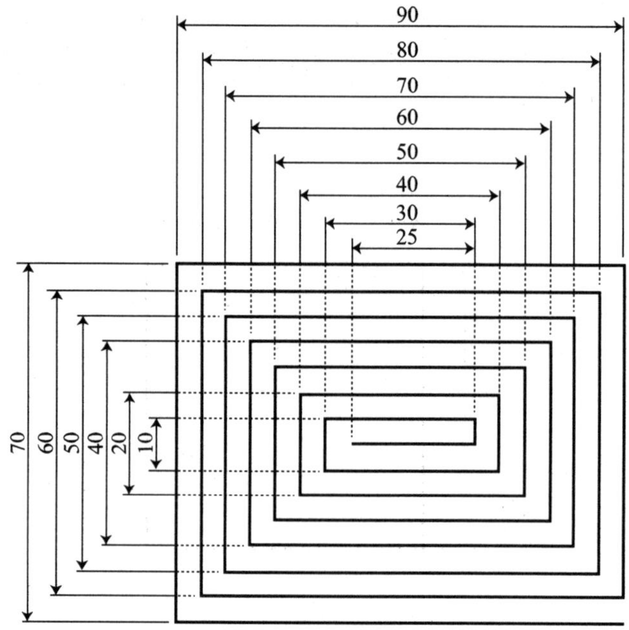
90
80
70
60
50
40
30
25
70
60
50
40
20
10

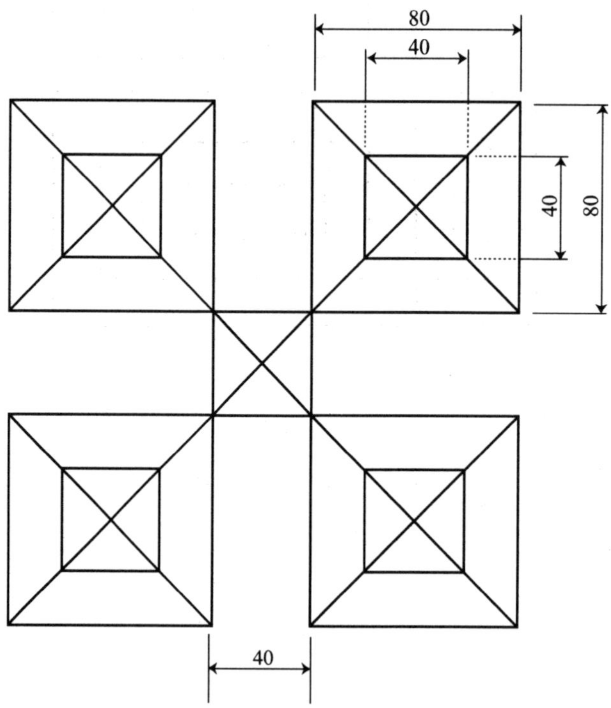
80
40
40
80
40

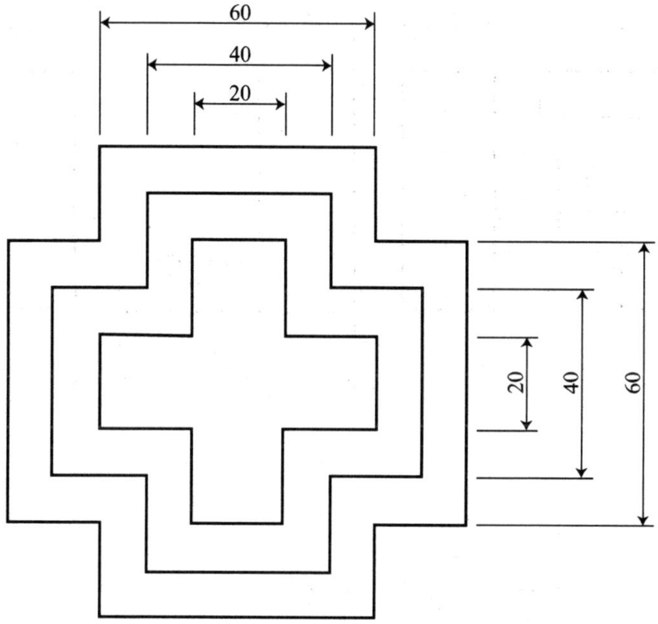
60
40
20
20
40
60

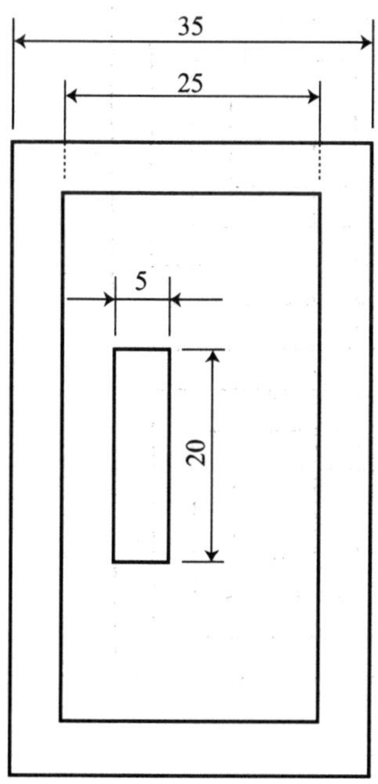
35
25
5
20

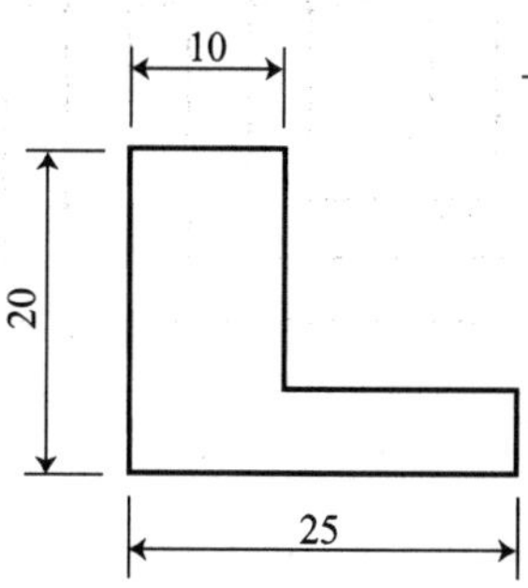
10
20
25

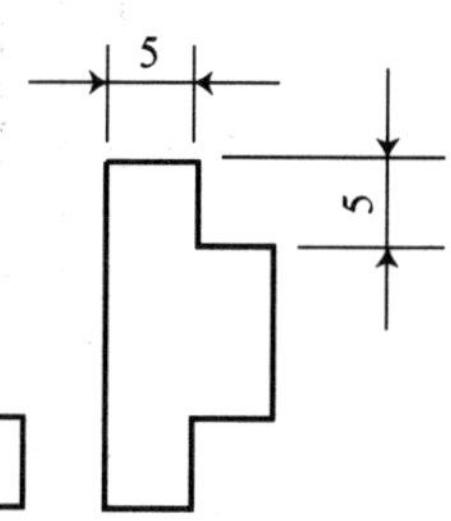
5
5

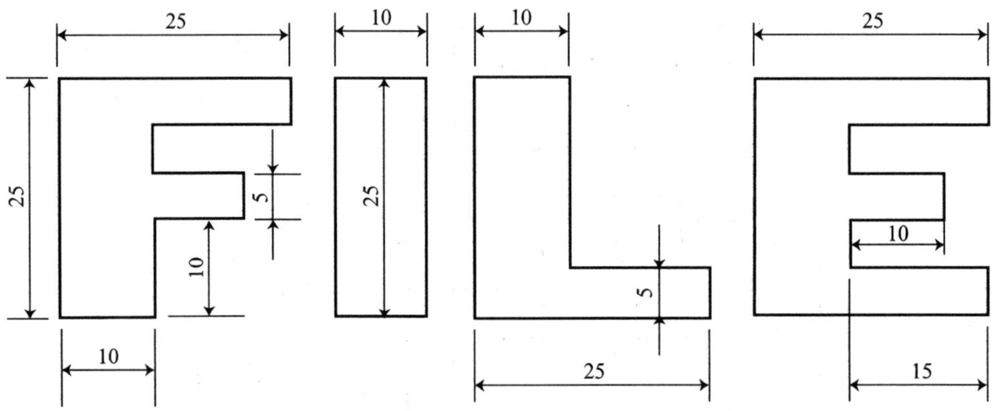
25
10
10
25
25
5
25
10
10
5
10
25
15

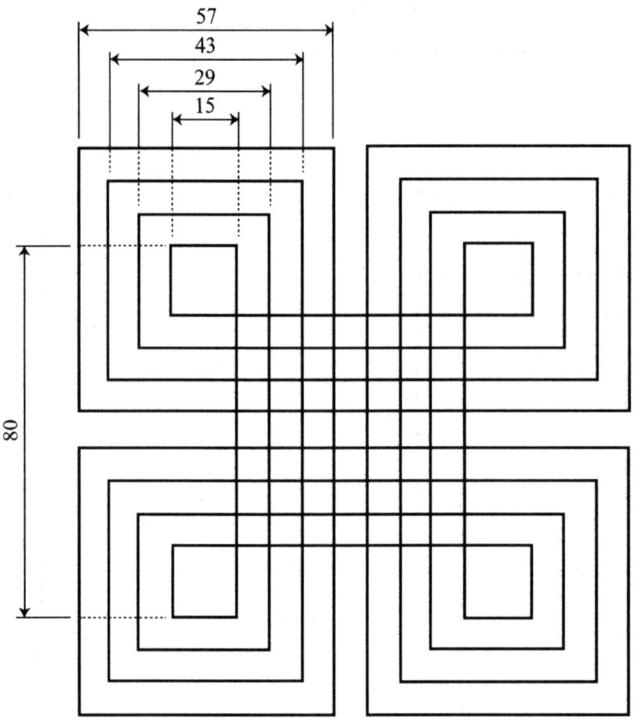
57
43
29
15
80

Line 명령어를 이용한 객체 그리기(상대극좌표 이용)

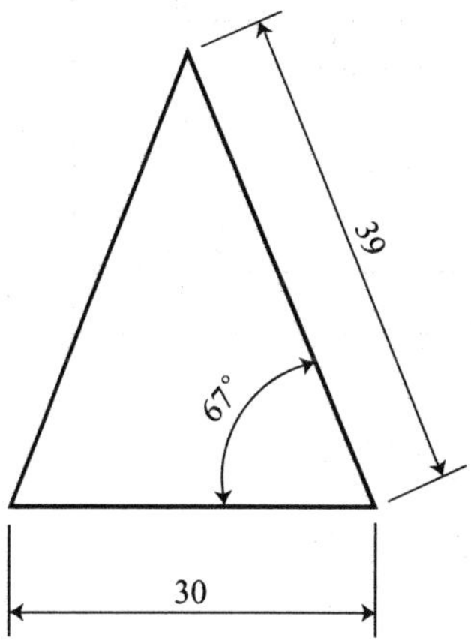

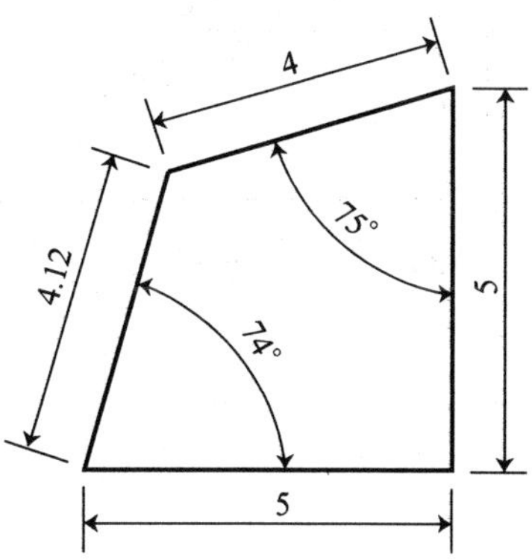

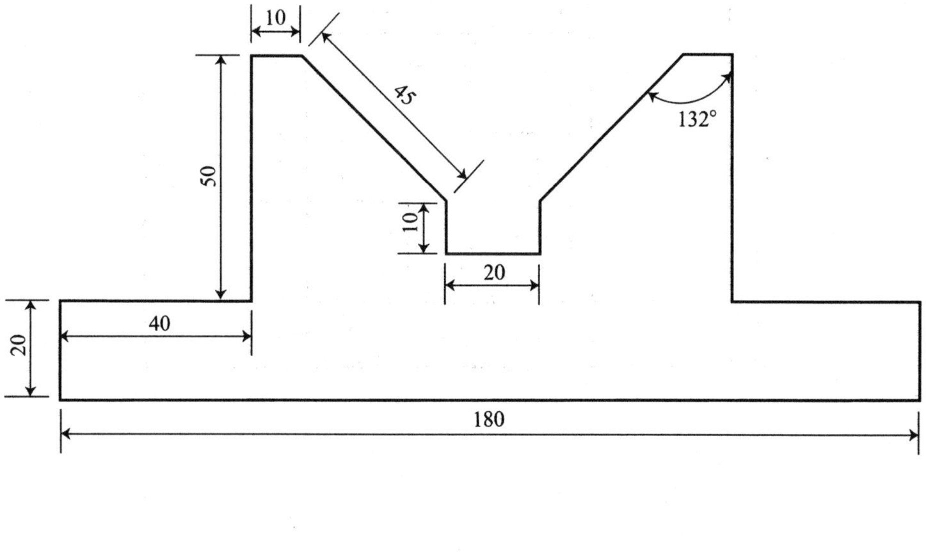

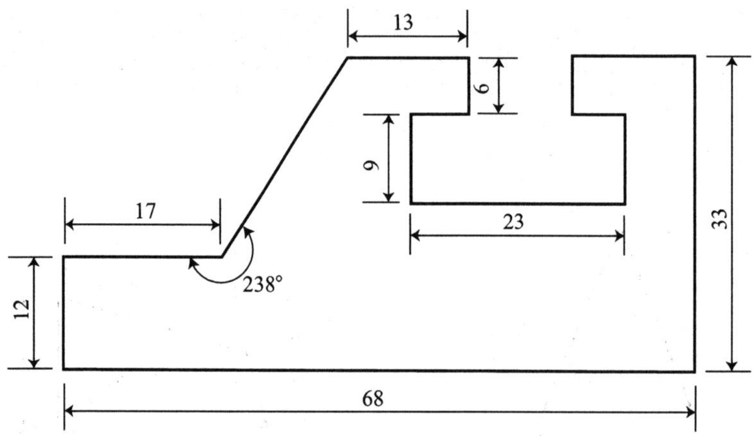
13
6
9
17
23
33
12
238°
68

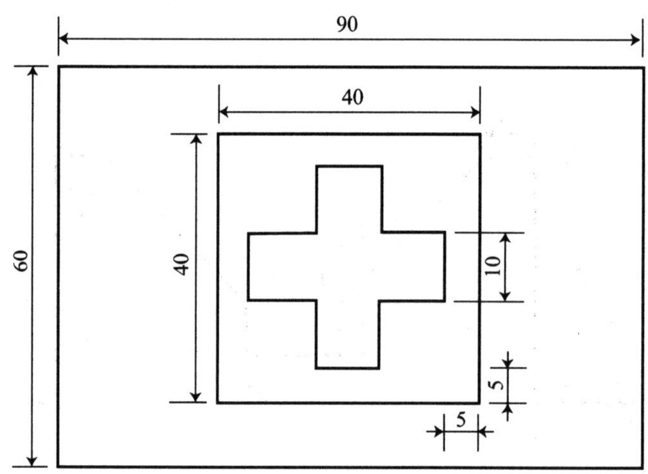
90
40
60
40
10
5
5

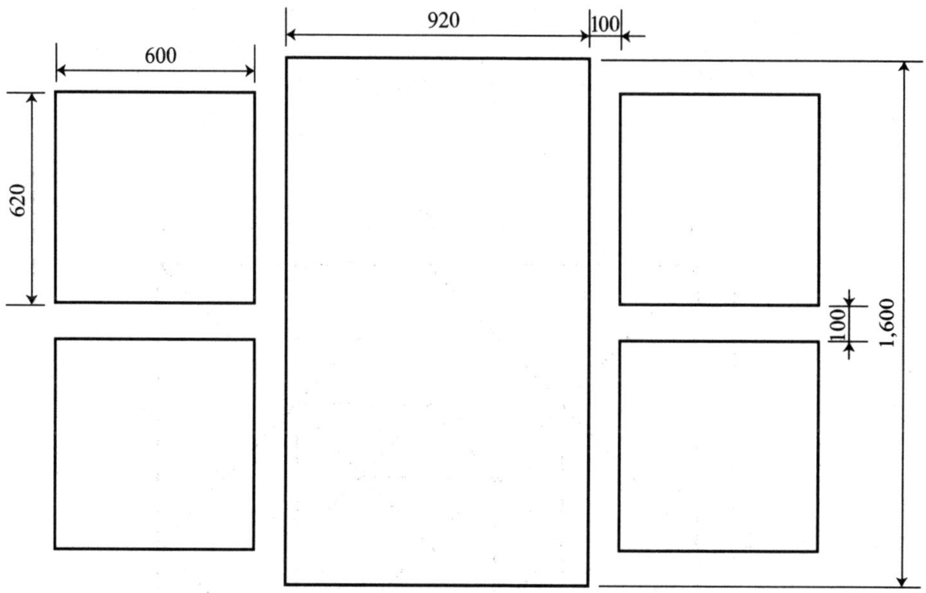
920
100
600
620
100
1,600

OSNAP 옵션을 이용한 객체 그리기

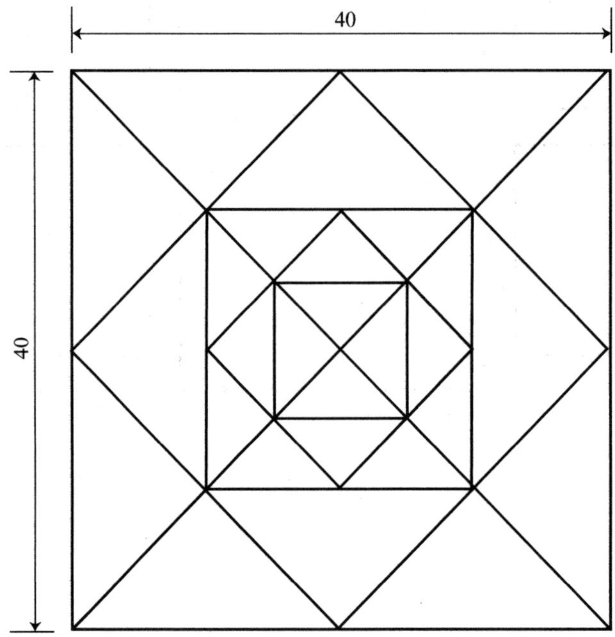

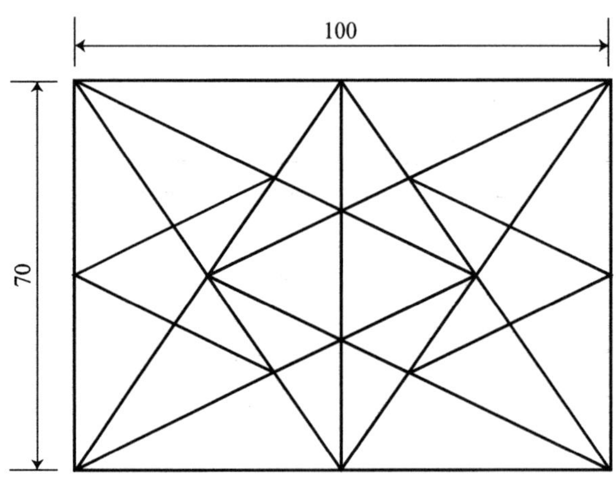

TV 증폭기 그리기

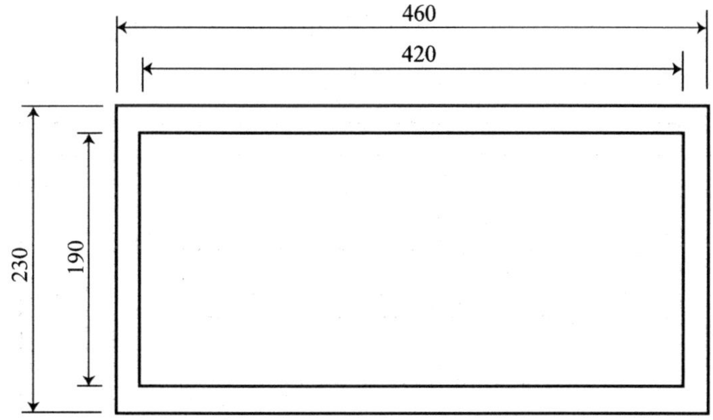

화재 수신반 그리기

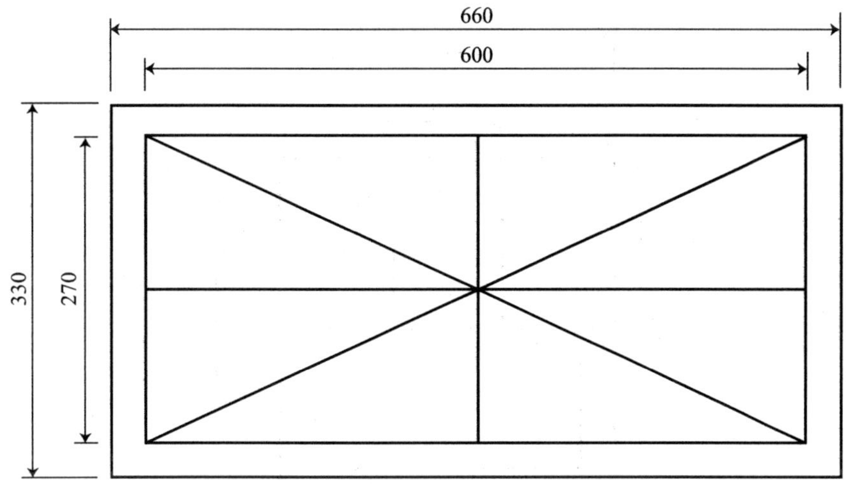

국선 단자함 그리기

전화 콘센트 그리기

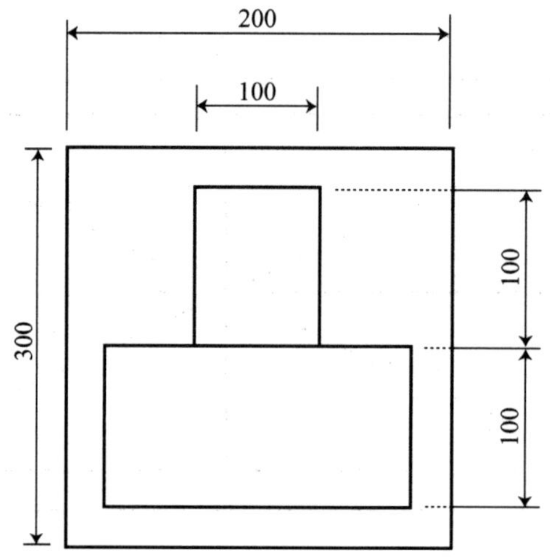

통로 유도등

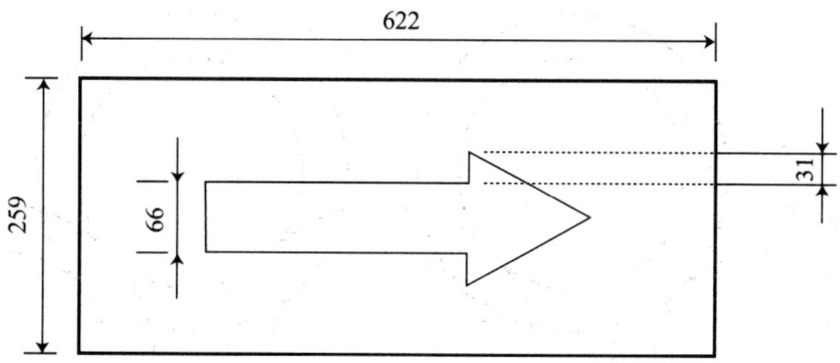

Circle 명령어를 이용한 객체 그리기

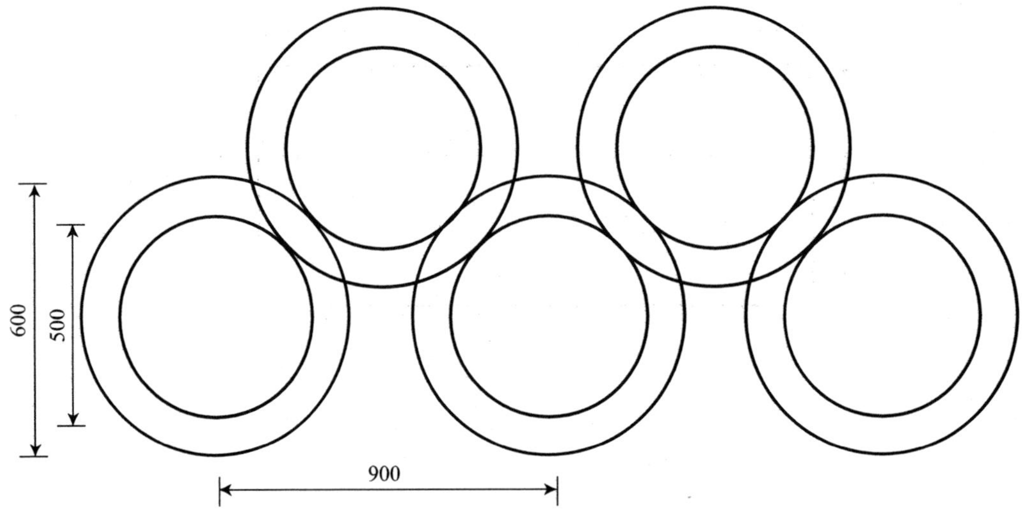

※ 명령어를 입력하세요.

Circle, Line명령어를 이용한 객체 그리기

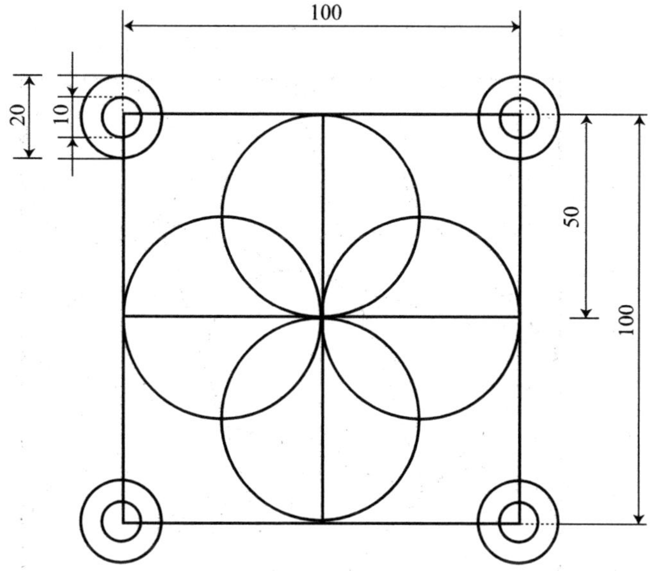

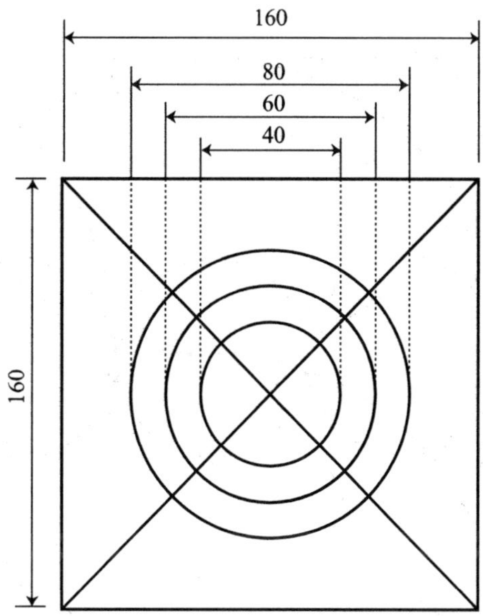

Circle(2P, 3P), Line명령어를 이용한 객체 그리기

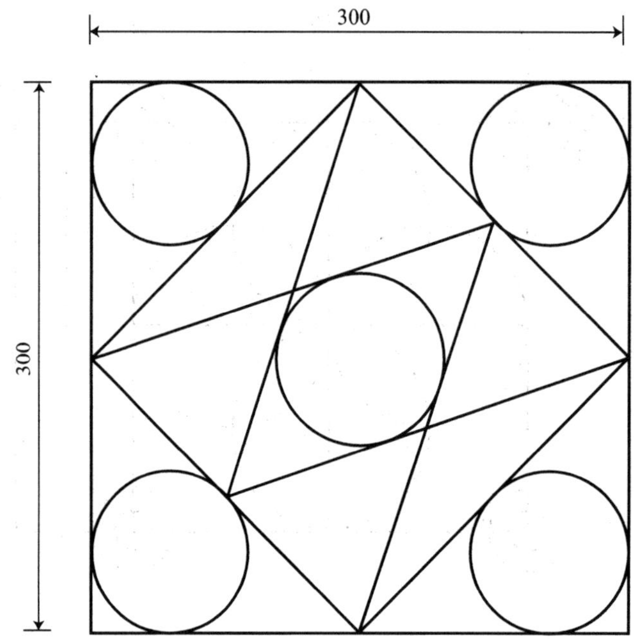

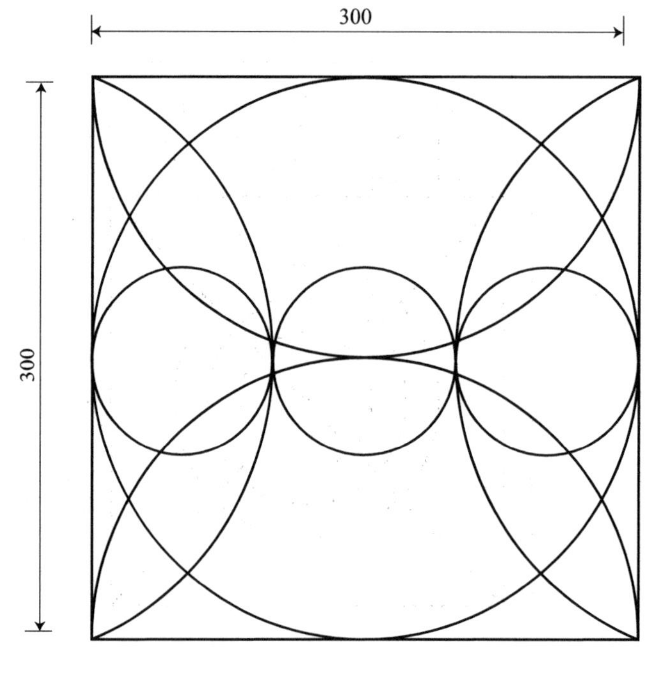

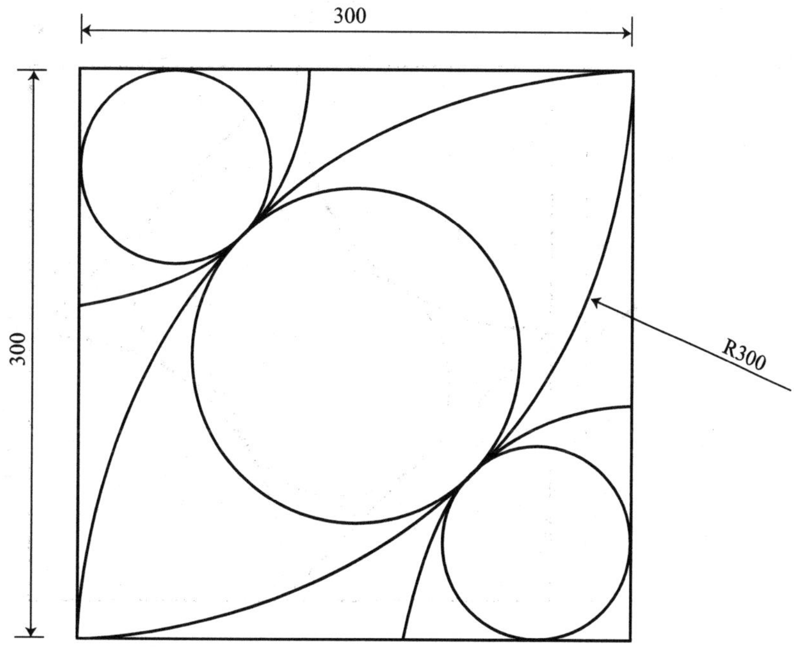
300
300
R300

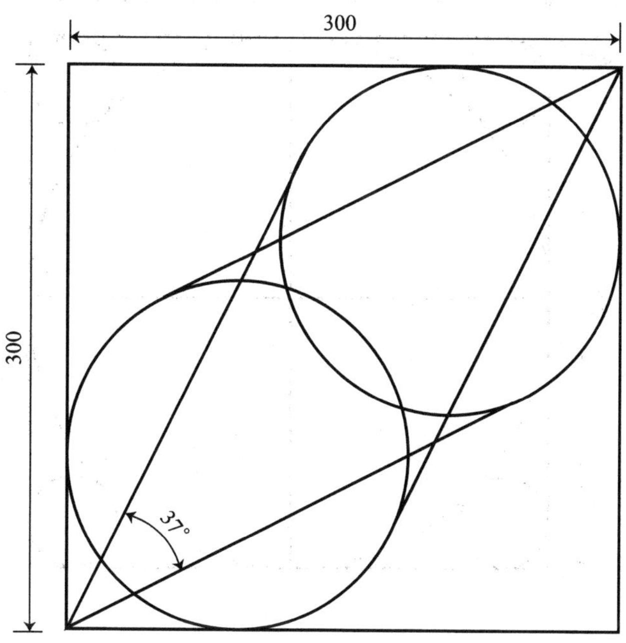
300
300
37°

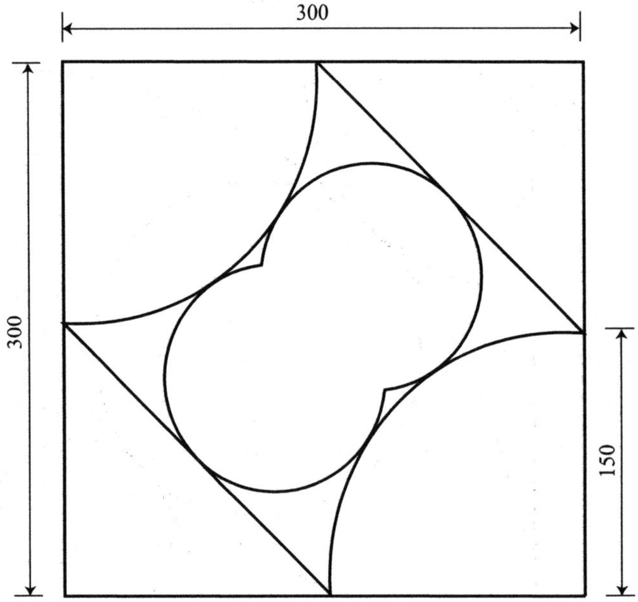
300
300
150

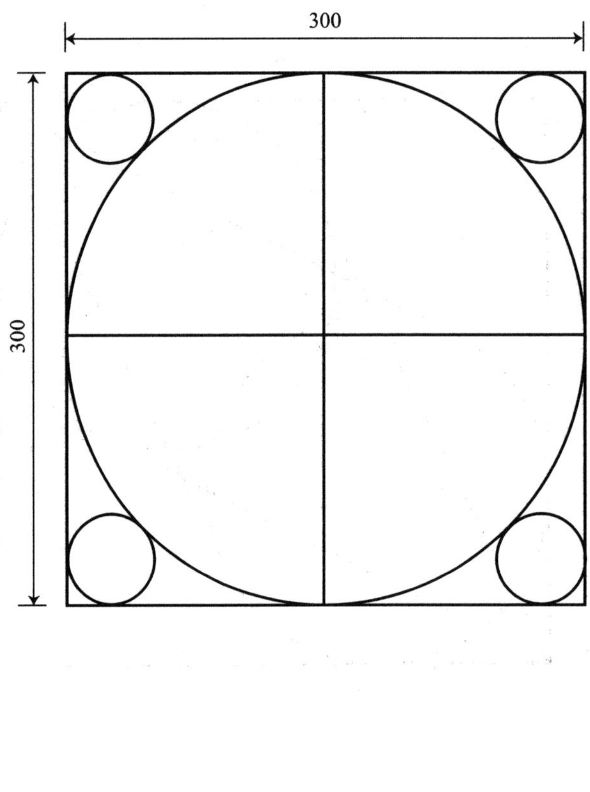
300
300

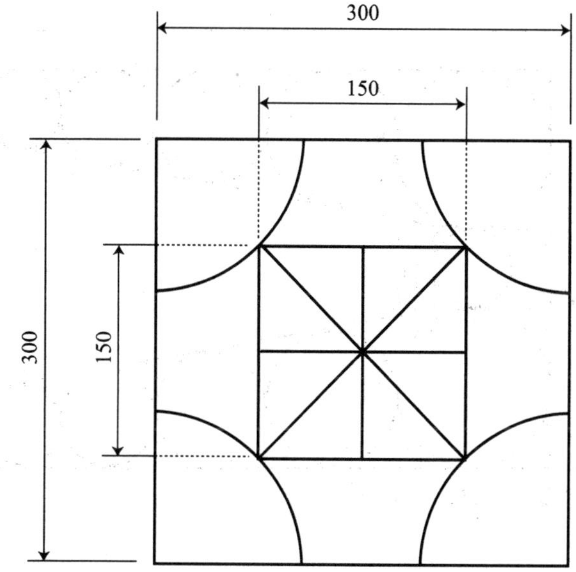
300
150
300
150

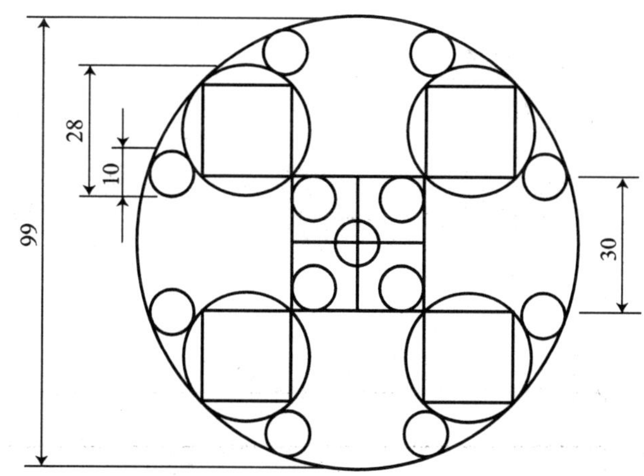
28
10
99
30

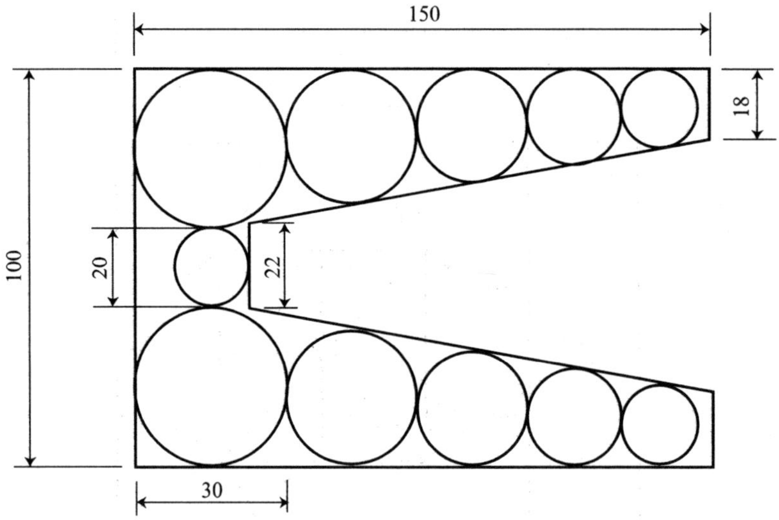

피난구 유도표지

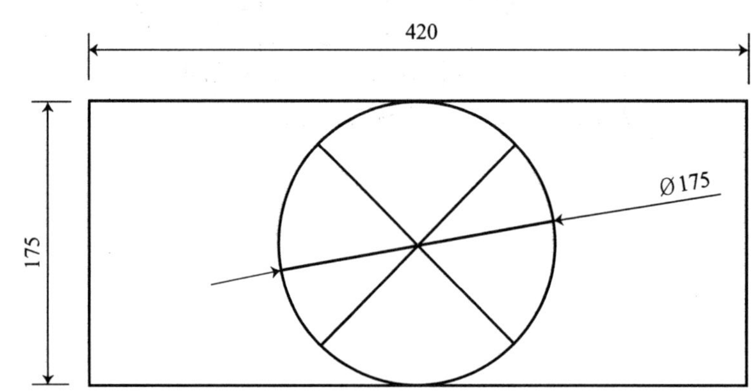

정온식 감지기

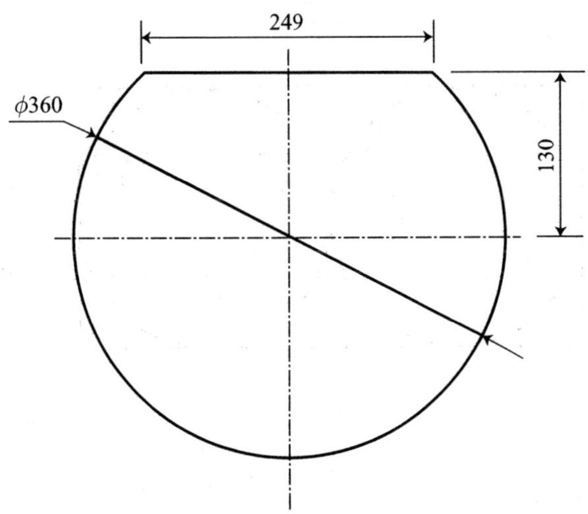

차동식 스포트형 감지기

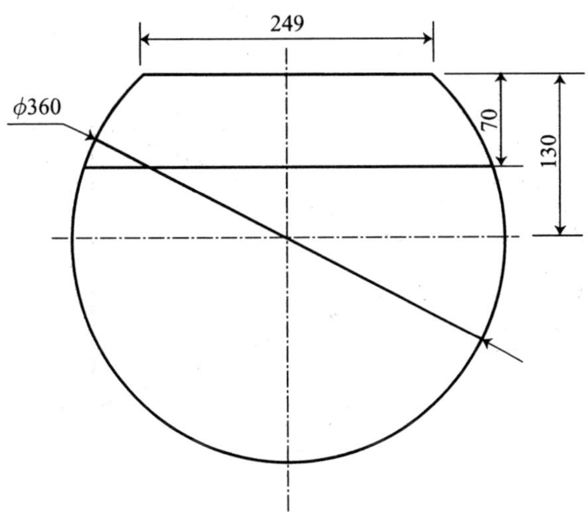

비상 콘센트 설비

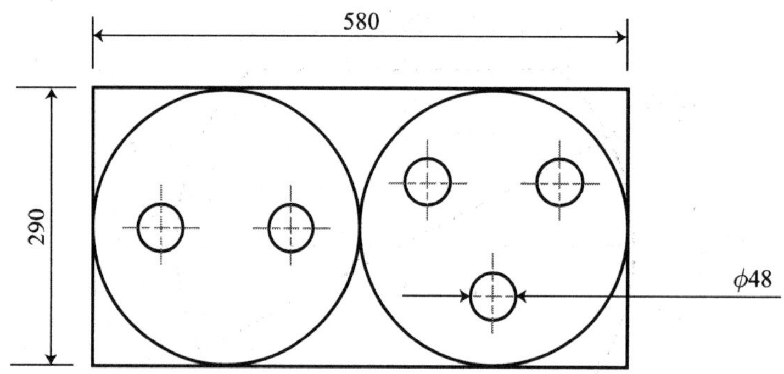

사이렌

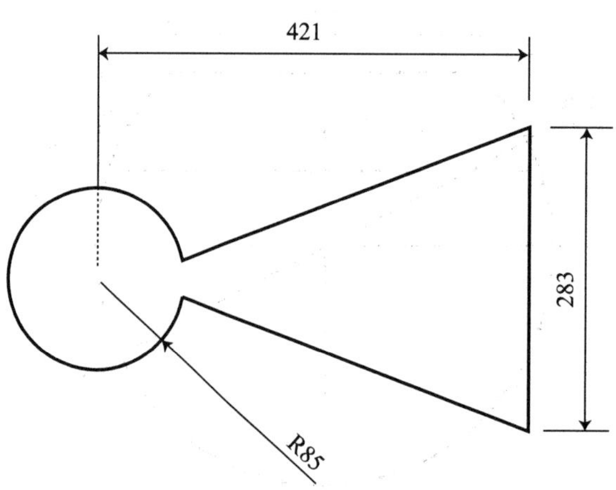

Circle, Line, Offset, Trim, 접점 명령어를 이용한 객체 그리기

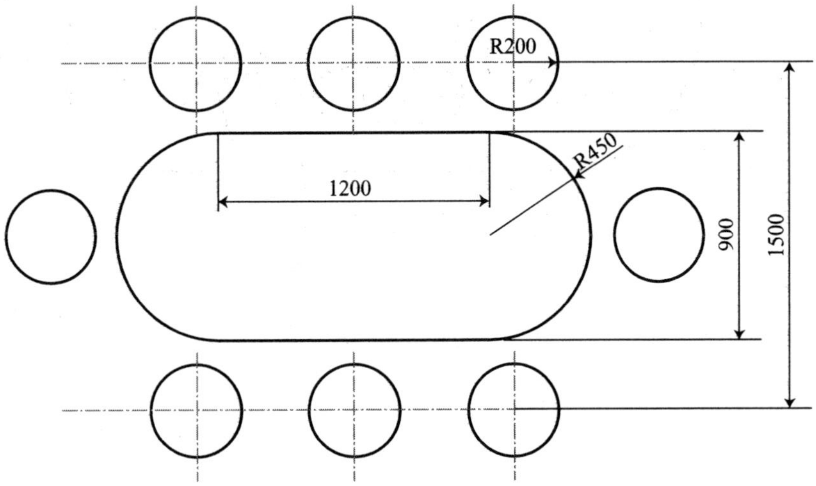

※ 테이블과 의자의 간격은 임의로 지정

※ 명령어를 입력하세요.

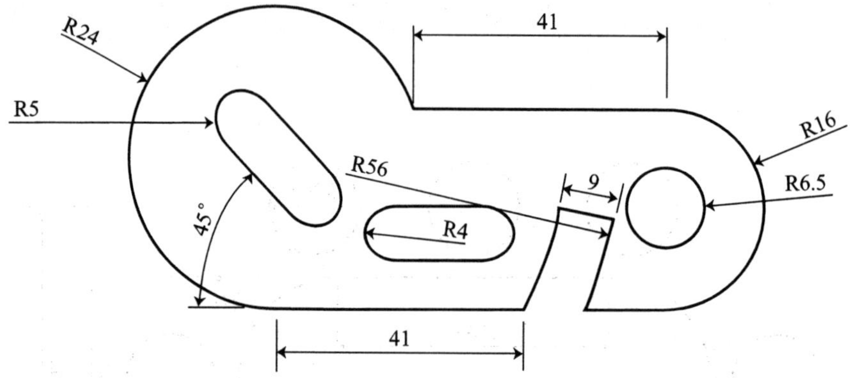
R24
41
R5
R16
R56
9
R6.5
45°
R4
41

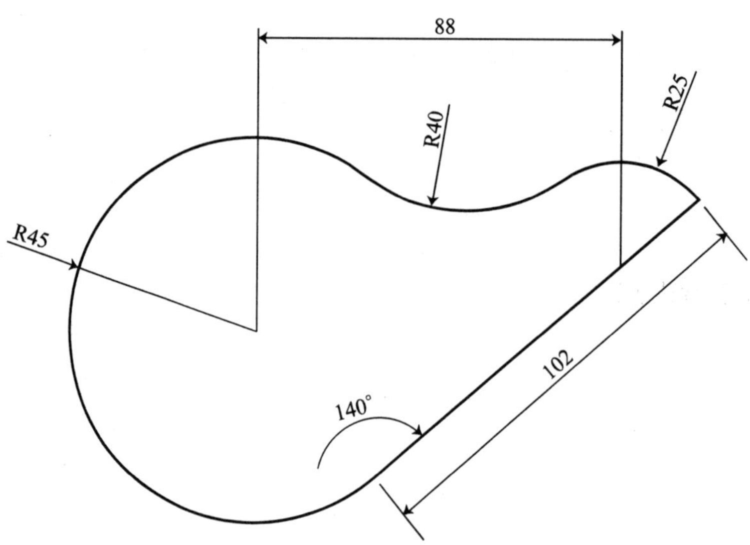
88
R40
R25
R45
102
140°

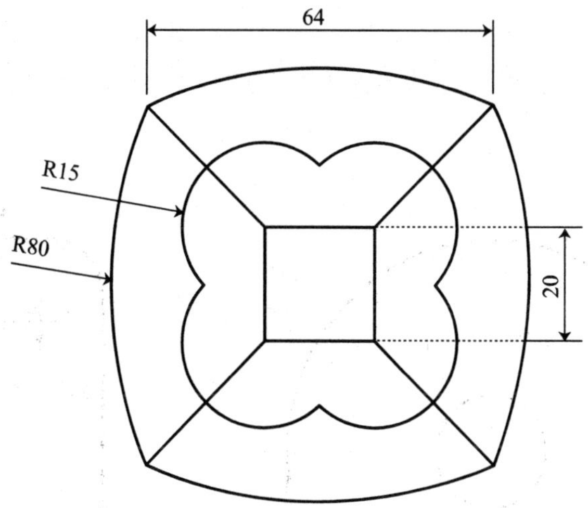
64
R15
R80
20

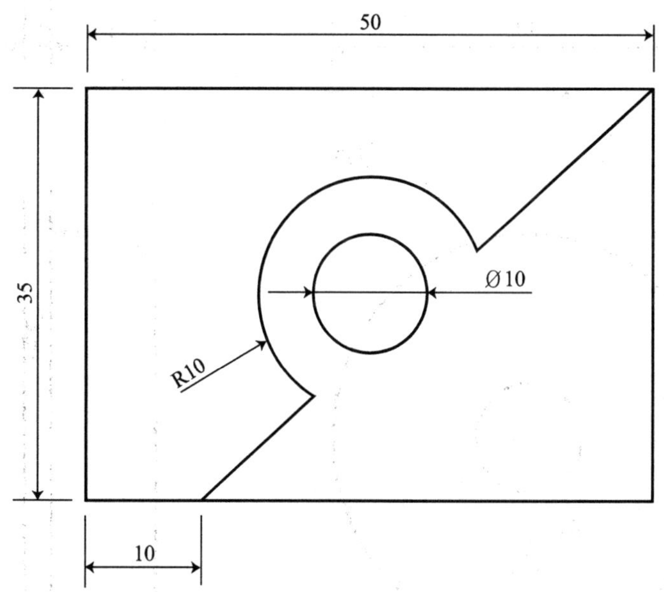
50
35
Ø10
R10
10

경 종

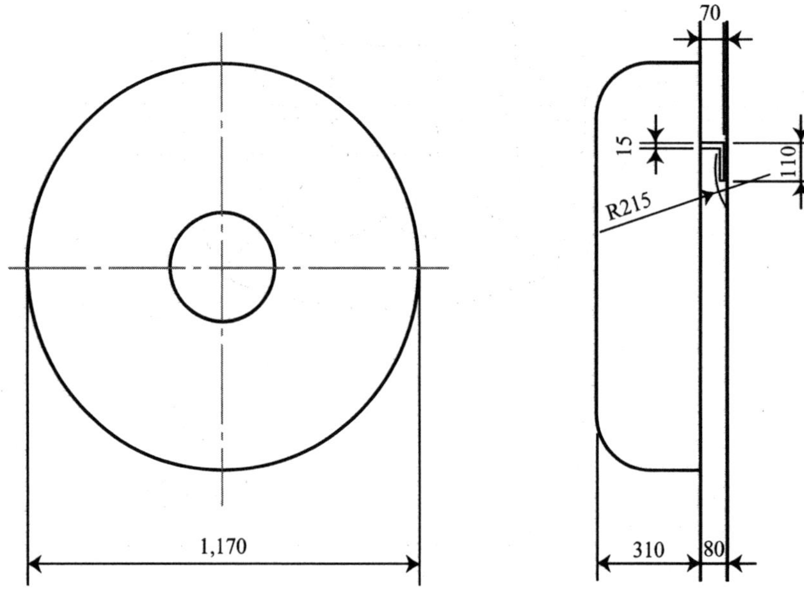

완료 ↓

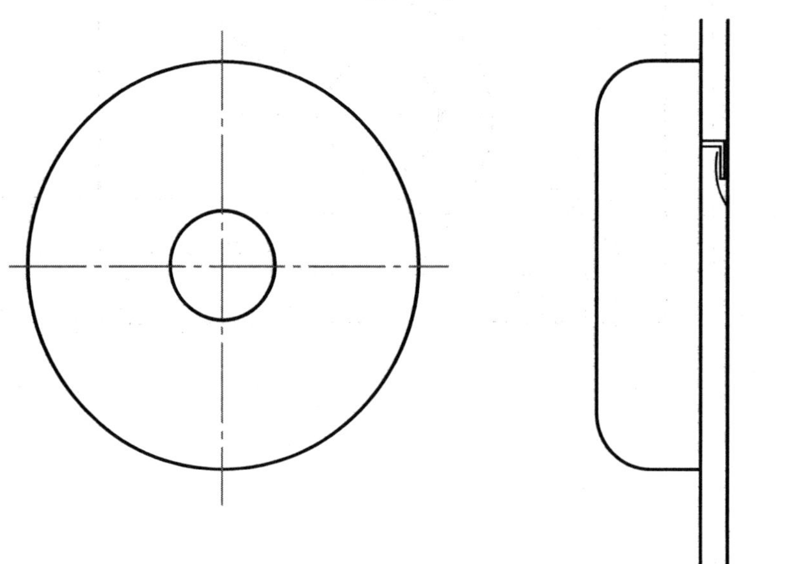

책 상

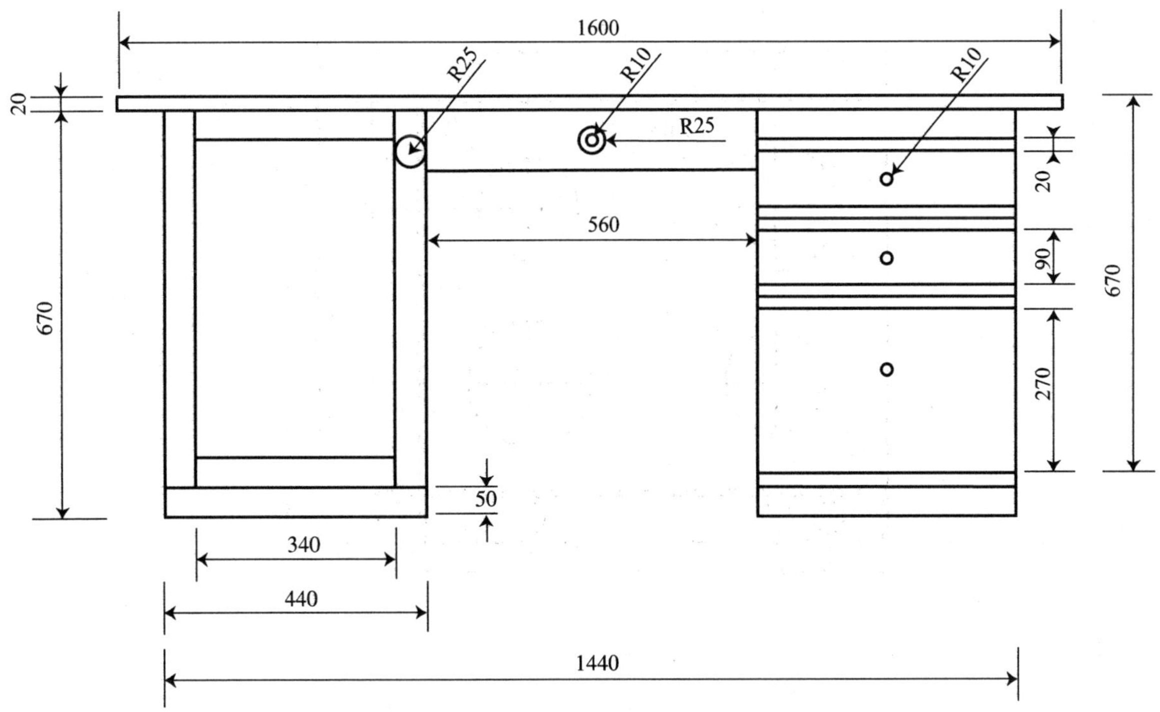

완료 ↓

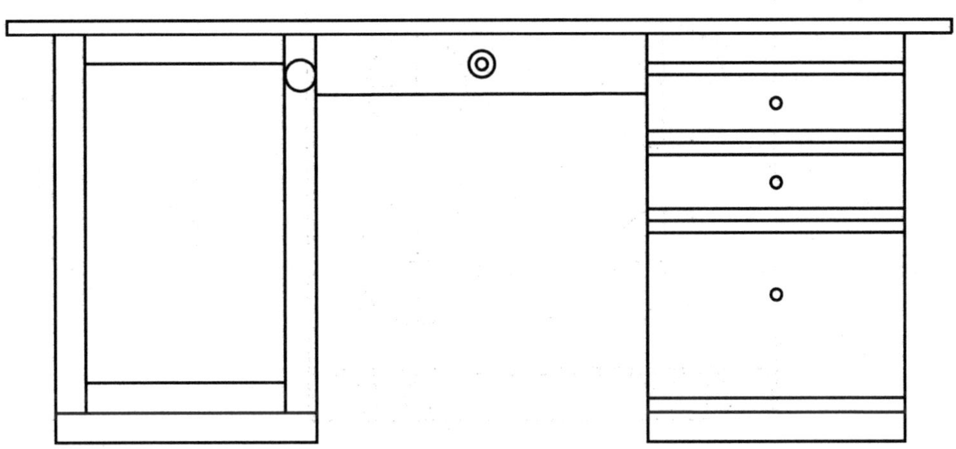

가스레인지

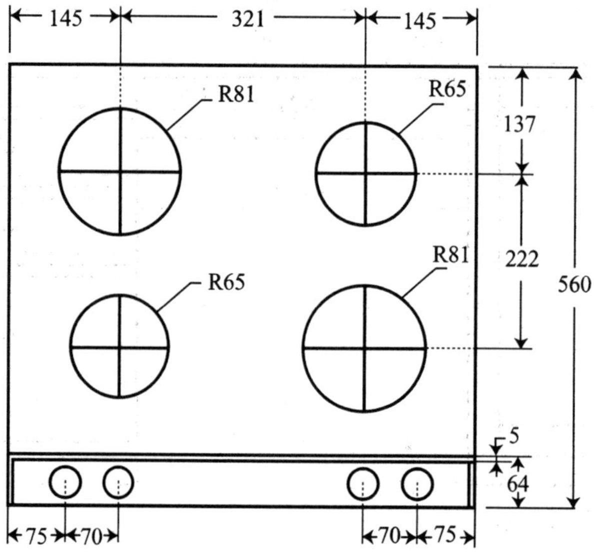

완료 ↓

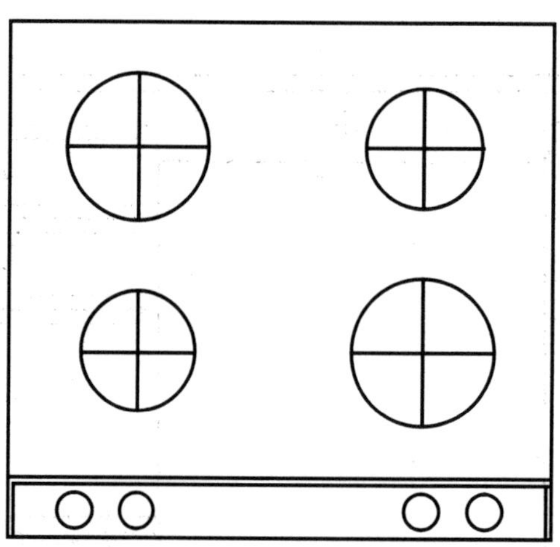

의 자

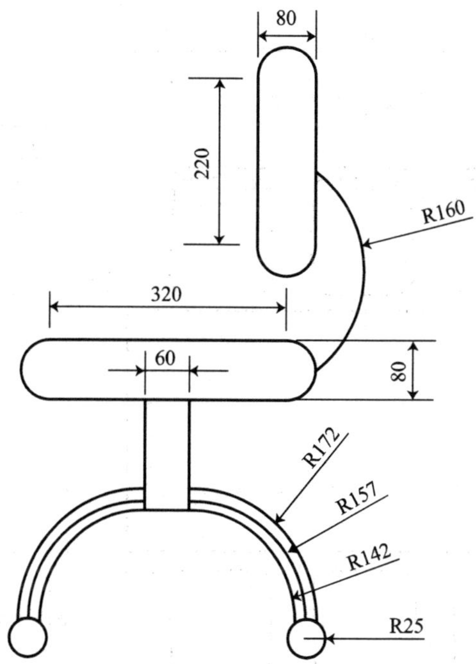

완료 ↓

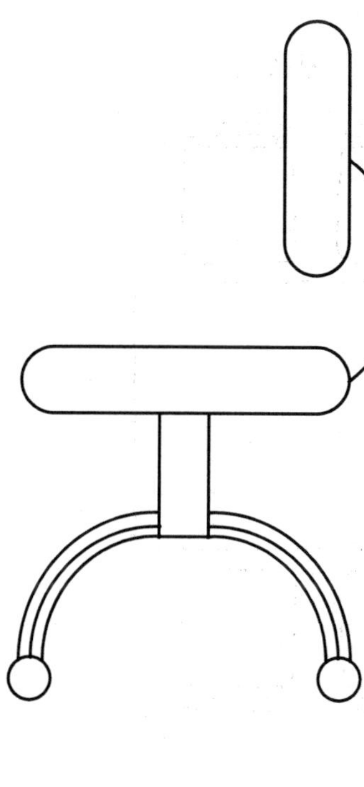

Copy, Mirror 명령어 이용하여 객체그리기

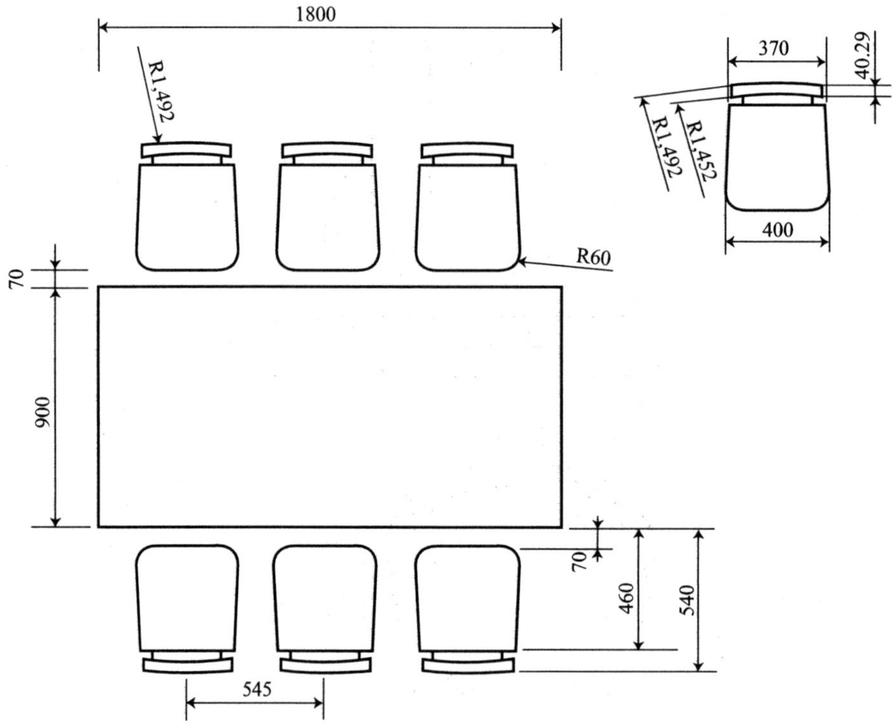

완료 ↓

스탠드

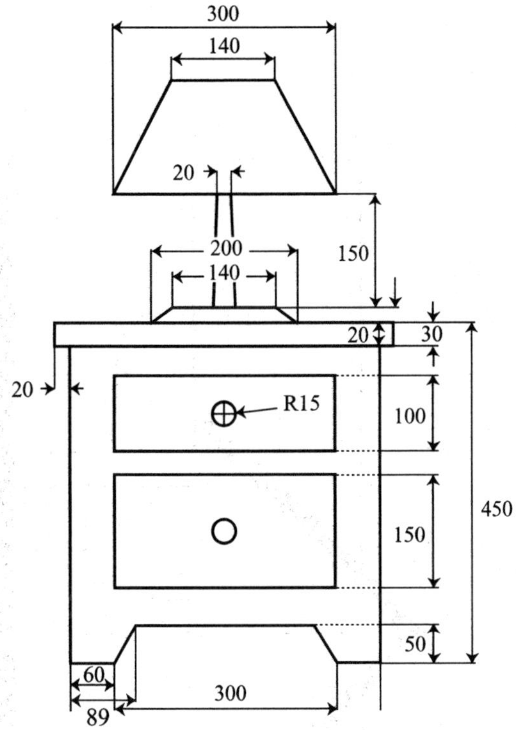

완료 ↓

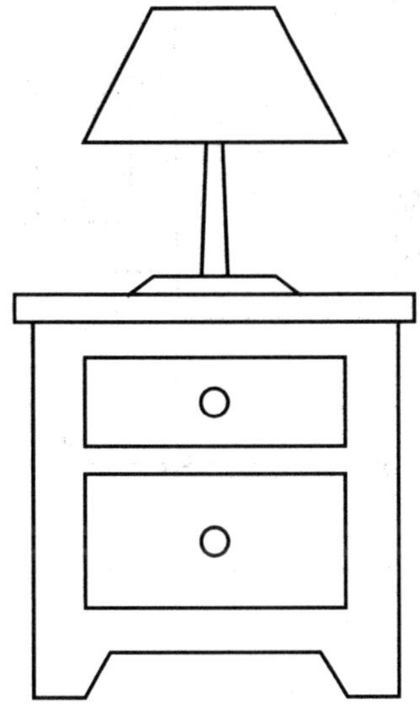

집

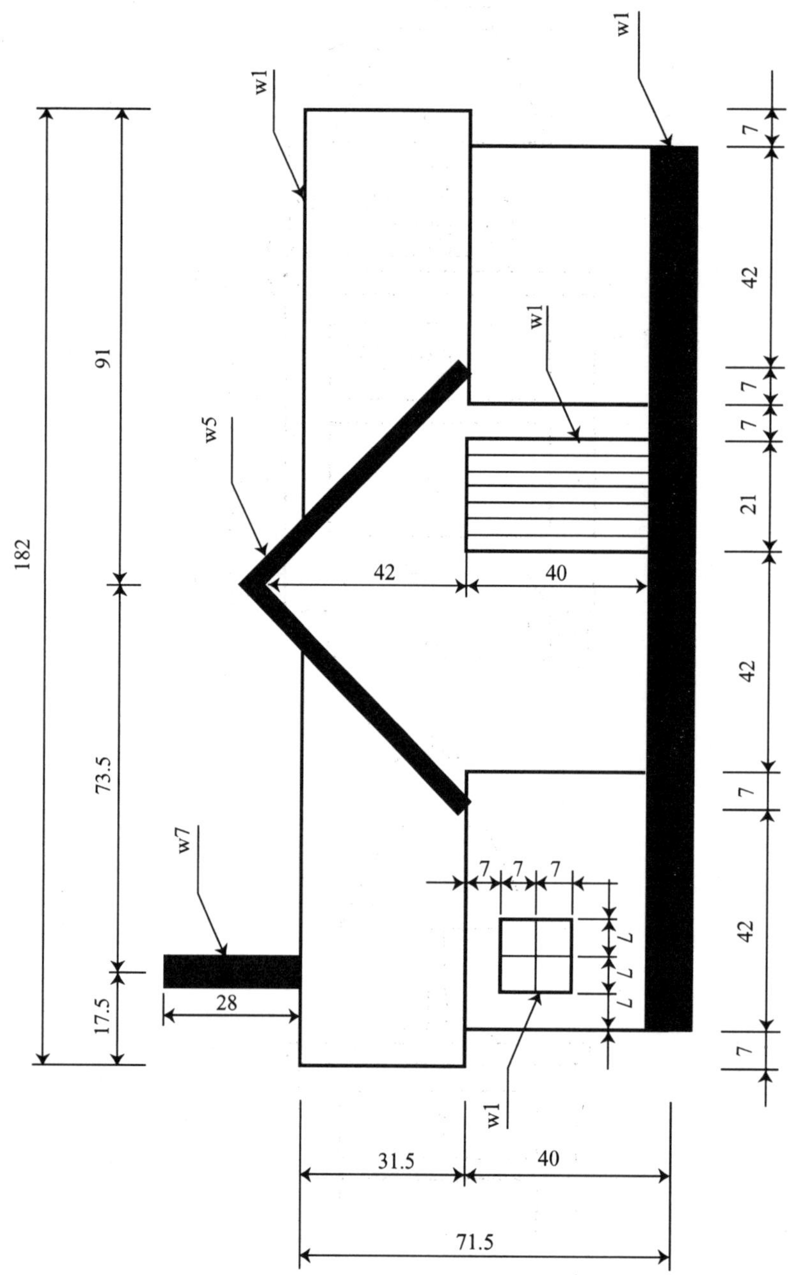
w1
w1
w1
w1
w5
w7
182
91
73.5
17.5
28
42
40
7
42
7
7
21
42
7
42
7
7
7
7
L
L
L
31.5
40
71.5

창호상세도

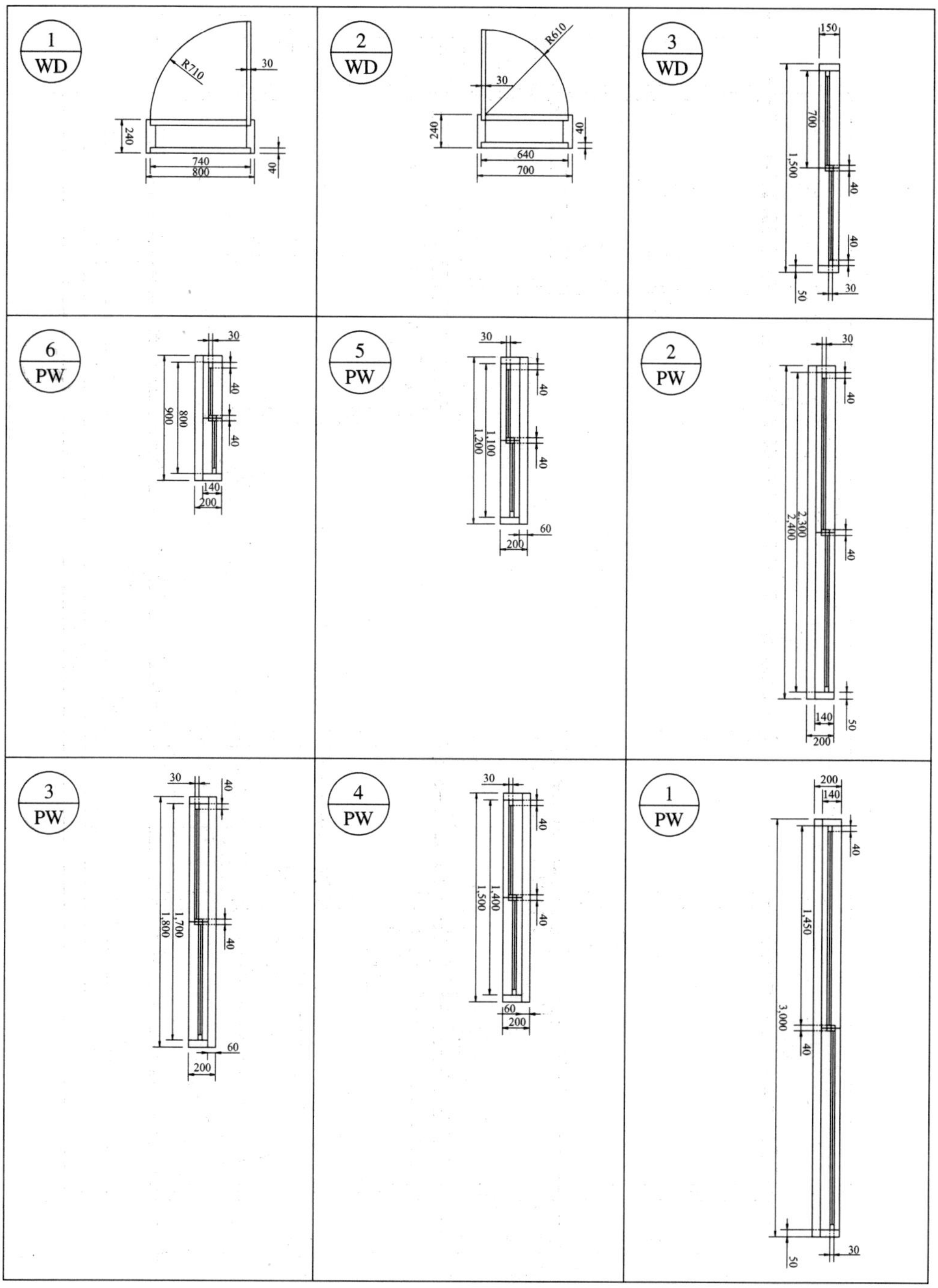

주택평면도

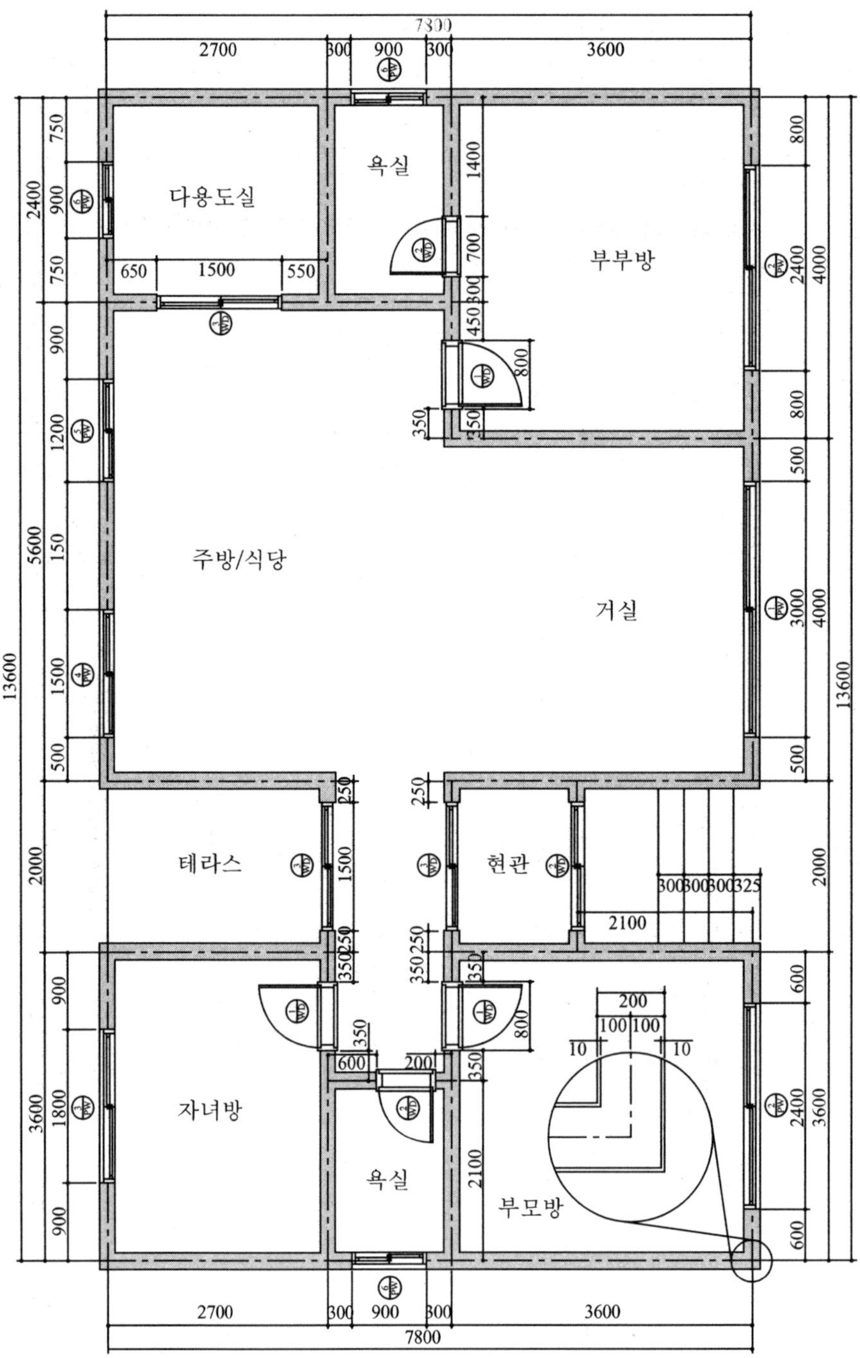
7800
2700
300
900
300
3600
욕실
다용도실
부부방
650
1500
550
주방/식당
거실
13600
5600
2400
4000
테라스
현관
2100
300 300 300 325
2000
자녀방
욕실
부모방
200
100 100
10
10
3600
7800

주택평면도

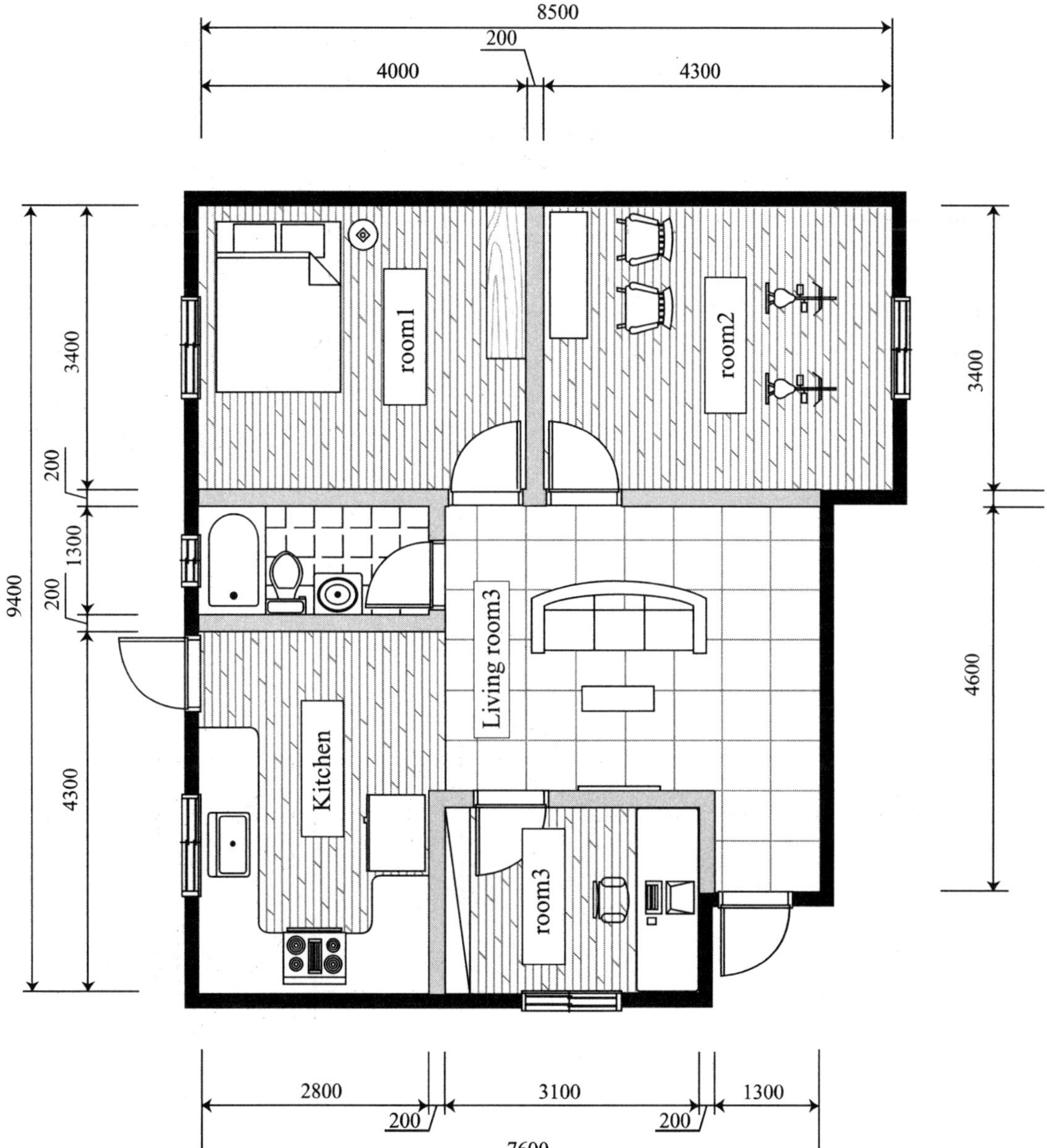
8500
200
4000
4300
room1
room2
Living room3
Kitchen
room3
9400
3400
200
1300
200
4300
3400
4600
2800
3100
1300
200
200
7600

알람 밸브

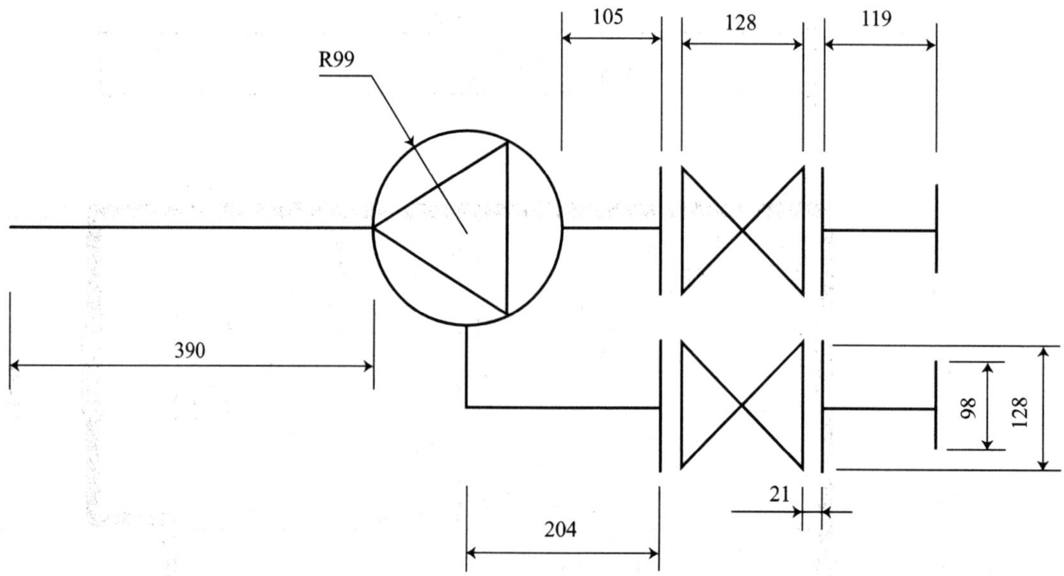

완료 ↓

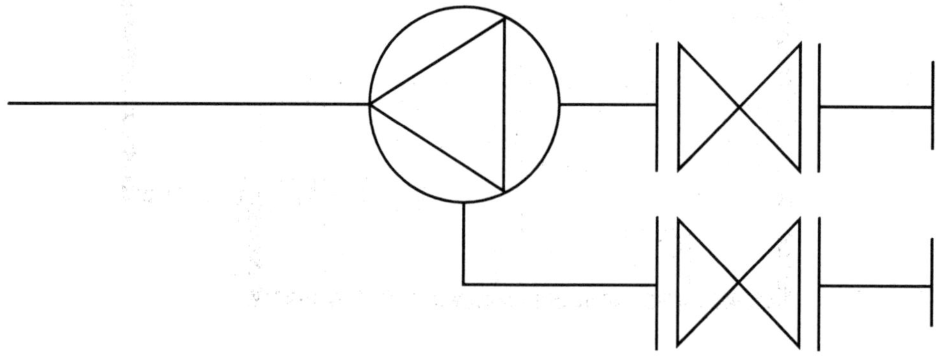

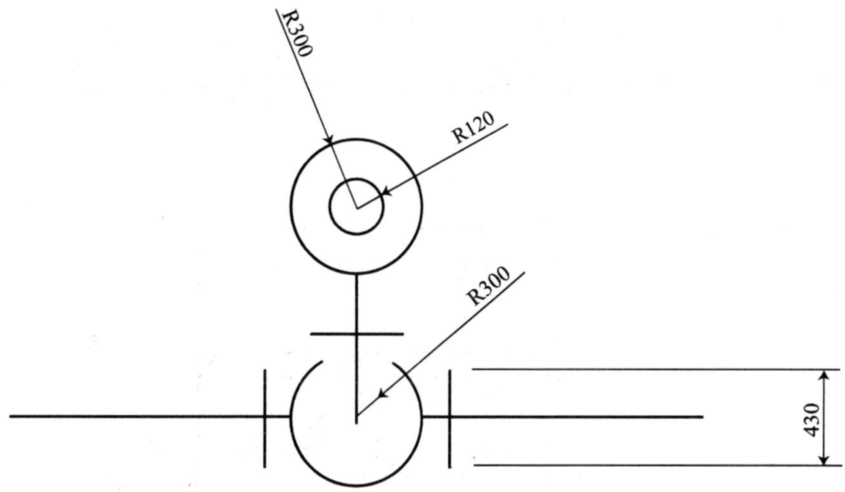

완료 ↓

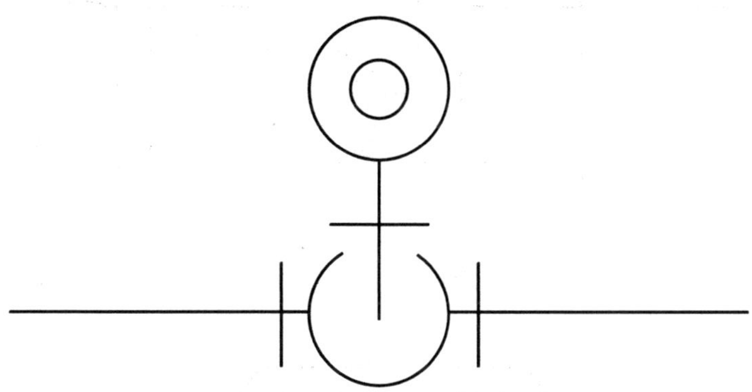

Mirror, Change, Fillet, Array 명령어를 이용한 객체 그리기

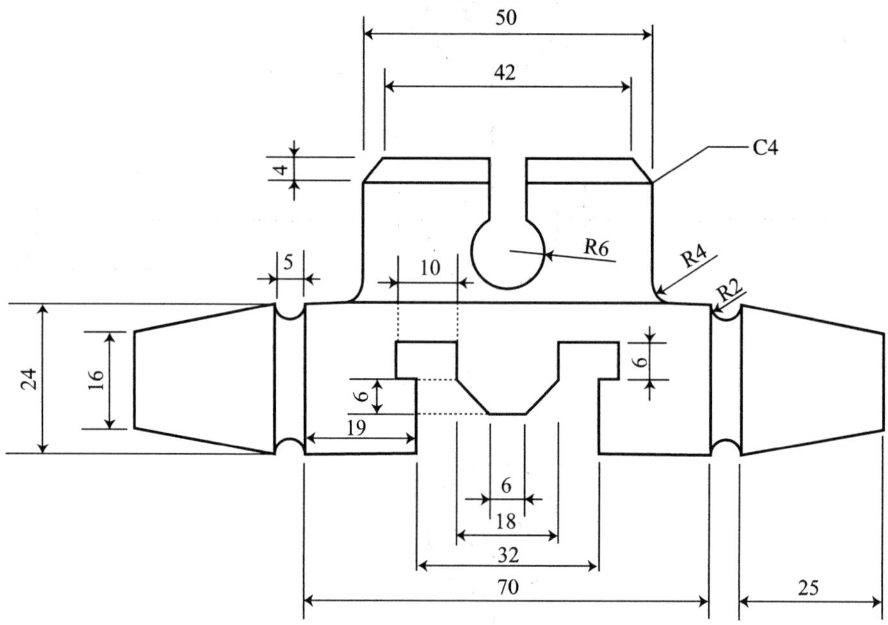

완료 ↓

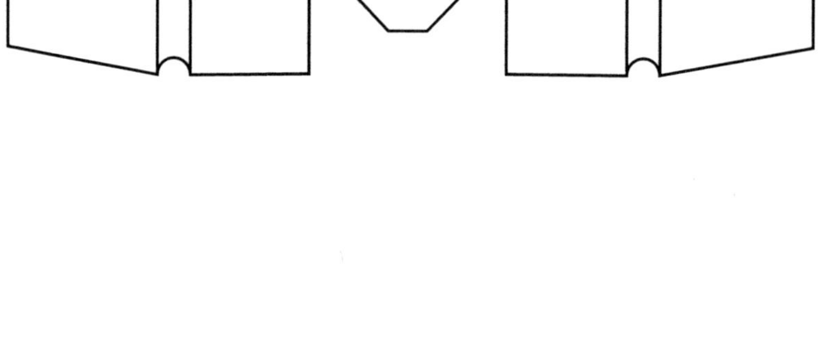

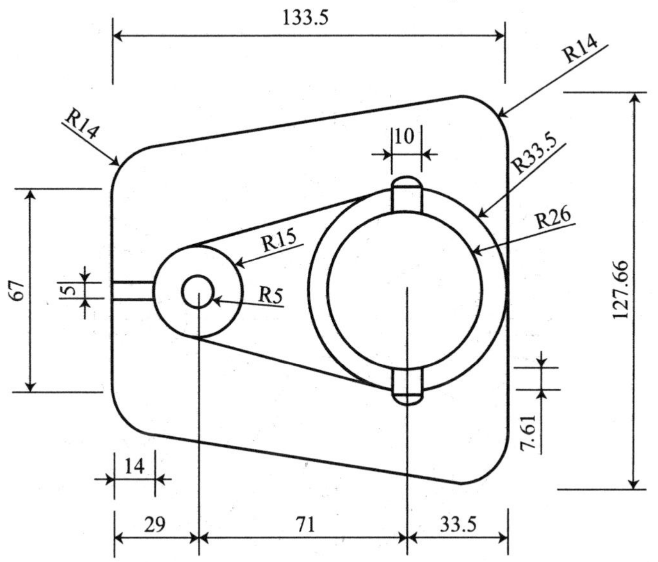

완료 ↓

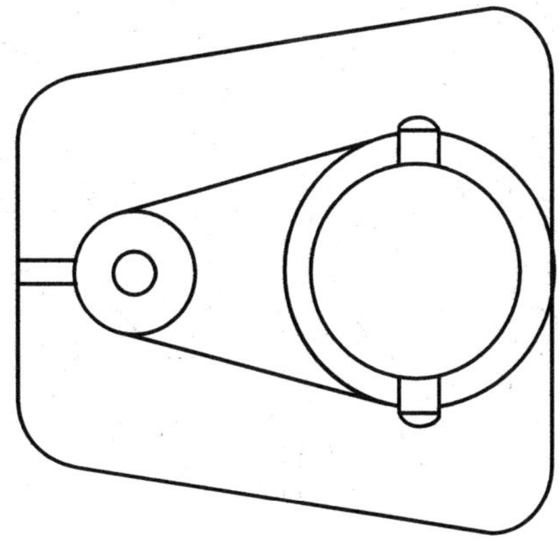

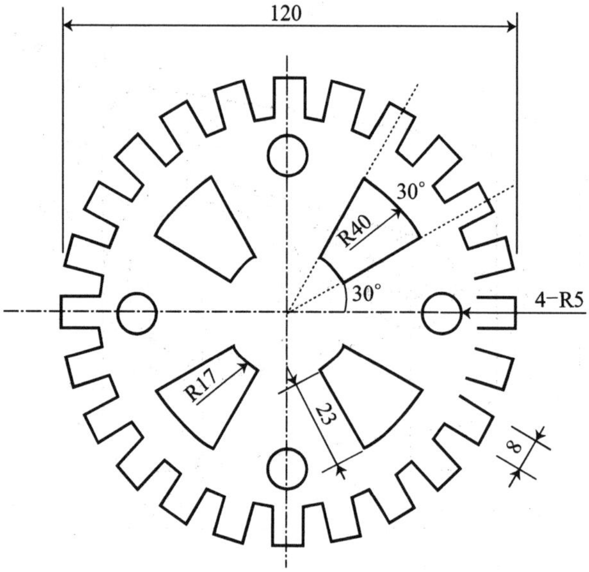

완료 ↓

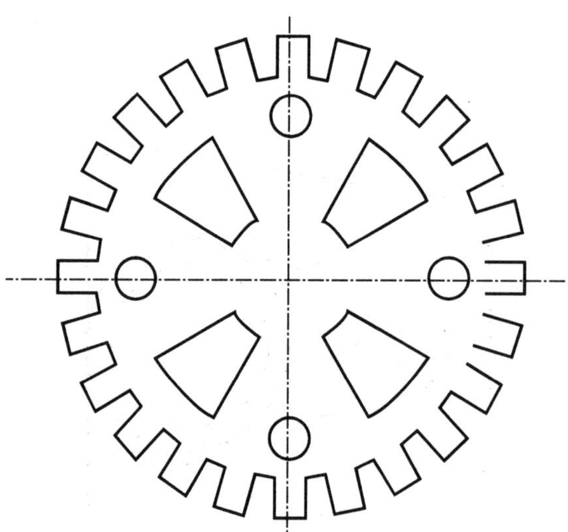

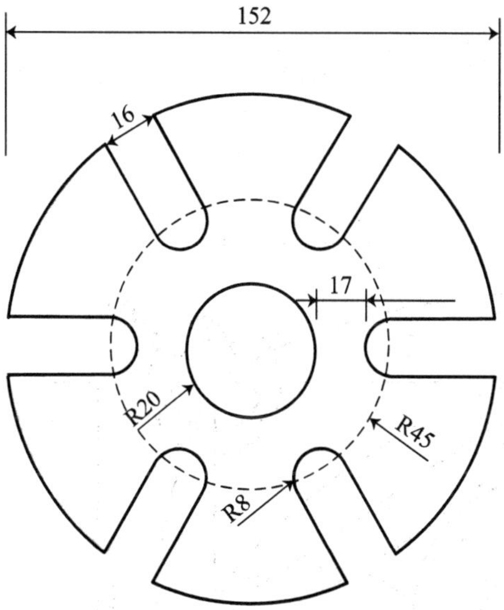

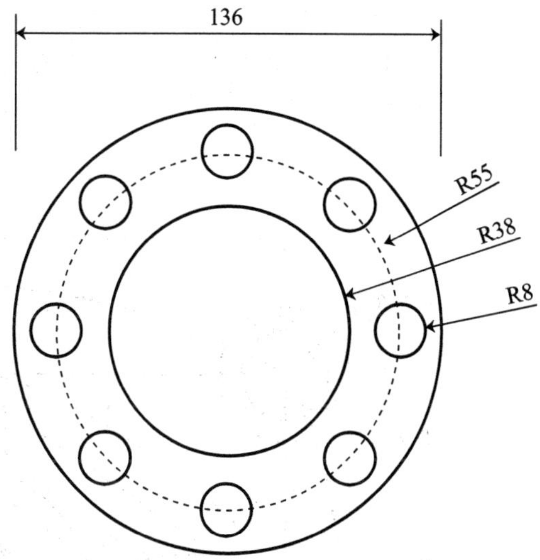

완료 ↓

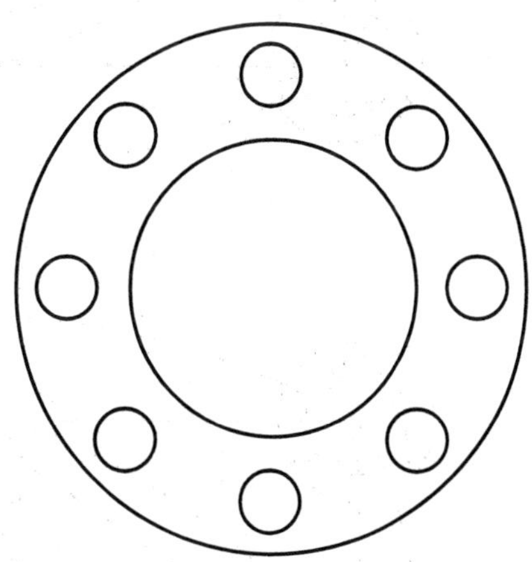

Polygon, Ellipse, Xline 등을 이용하여 객체 완성하기

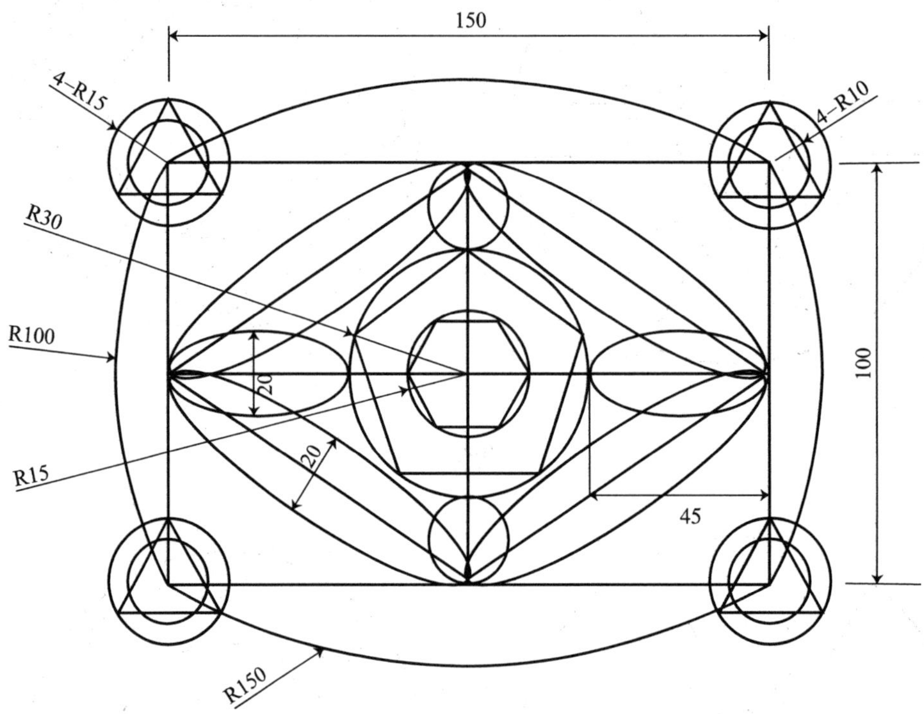

완료 ↓

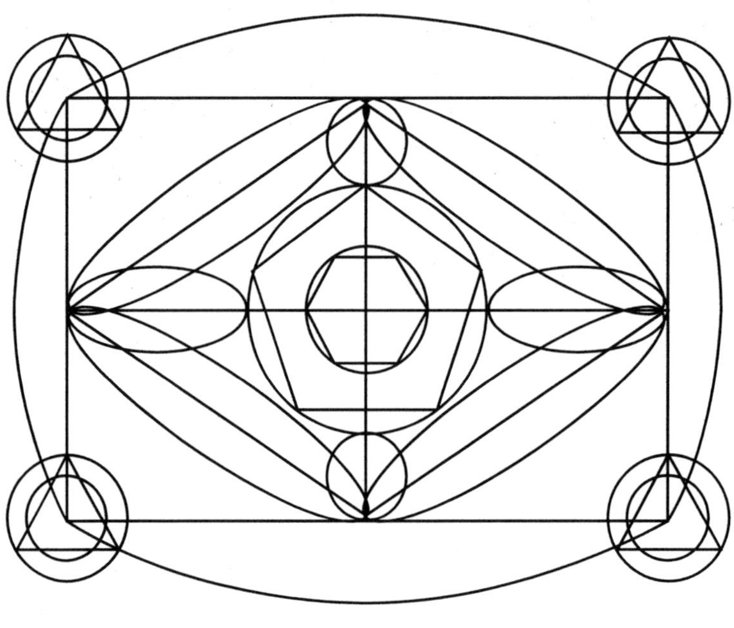

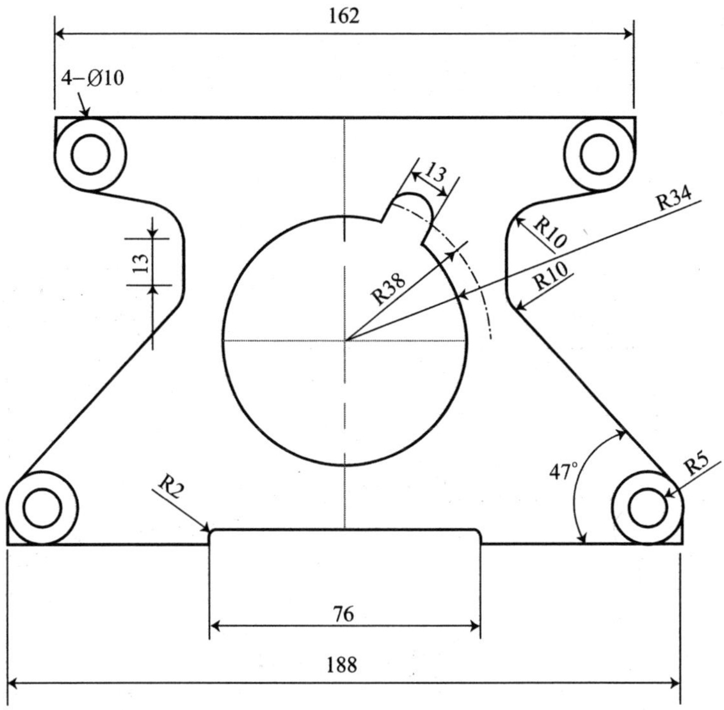

완료 ↓

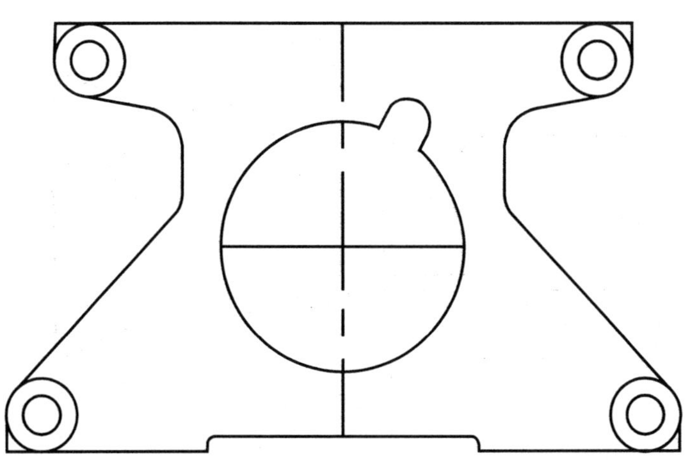

관창

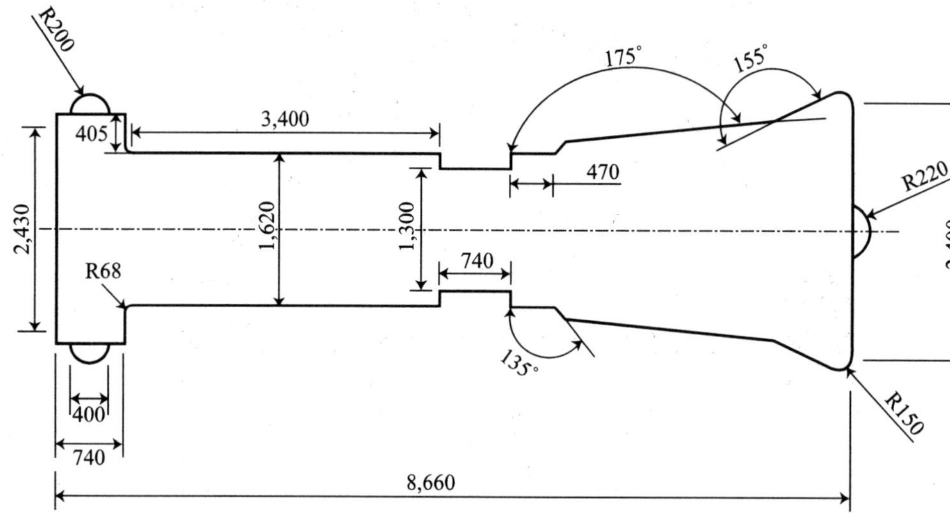
R200
175°
155°
3,400
405
470
R220
2,430
1,620
1,300
740
2,400
R68
135°
400
740
R150
8,660

완료 ↓

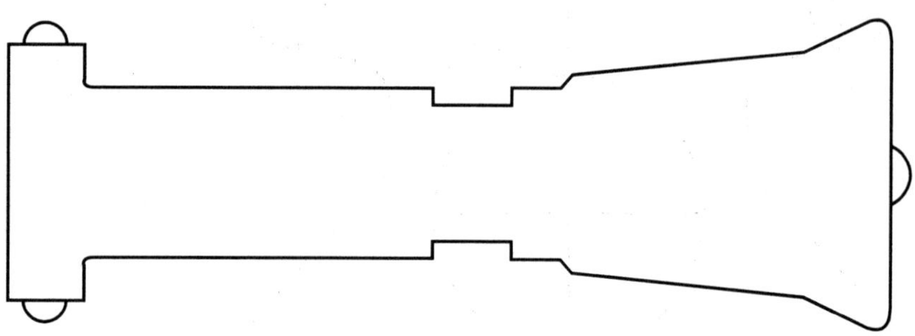

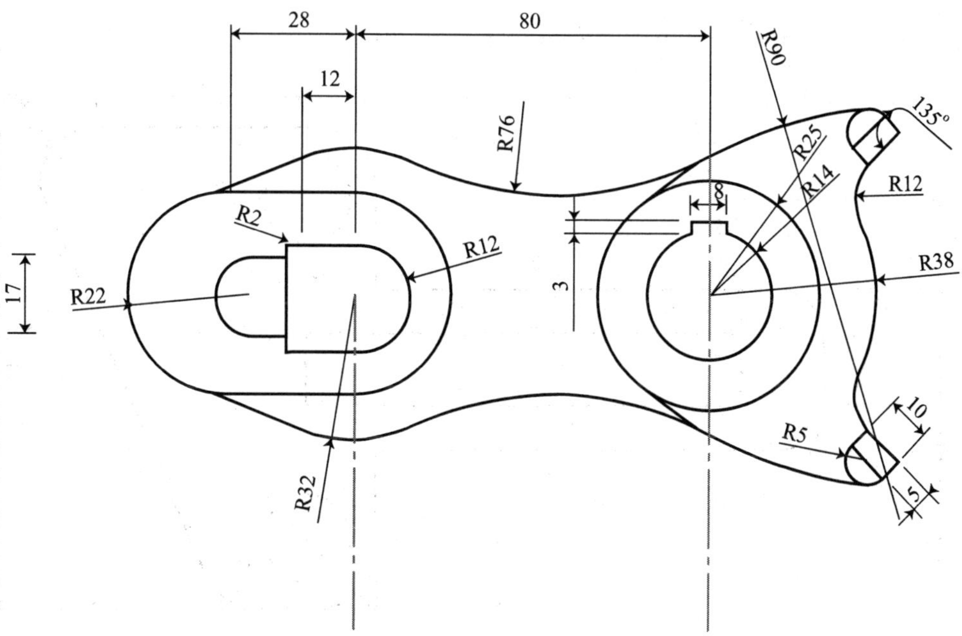

완료 ↓

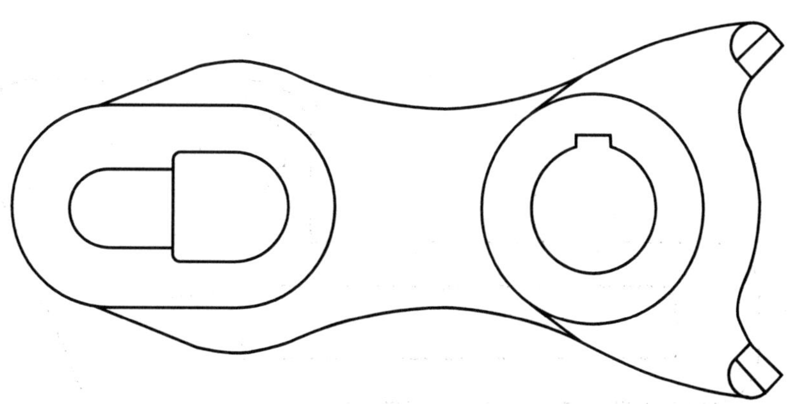

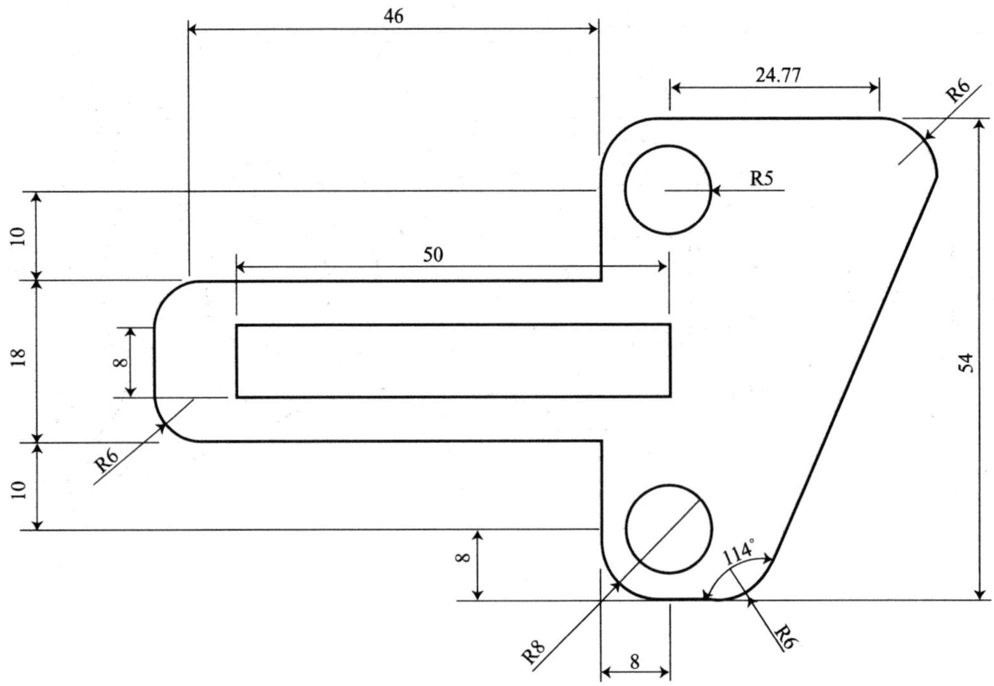

완료 ↓

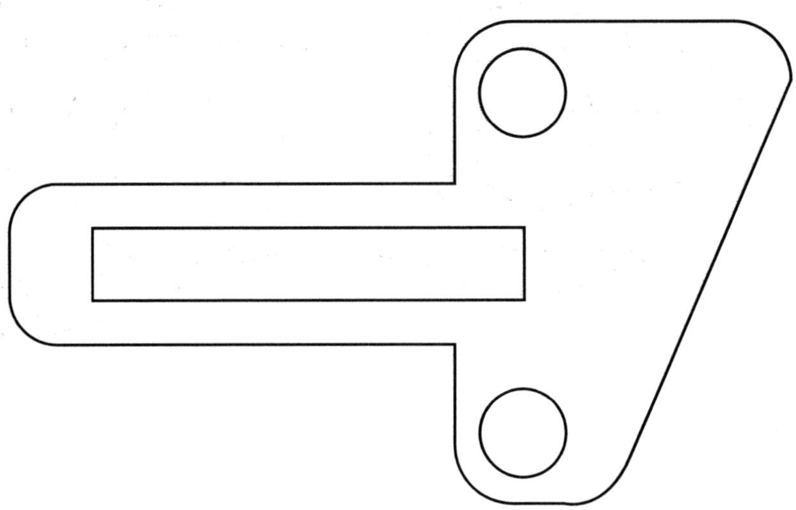

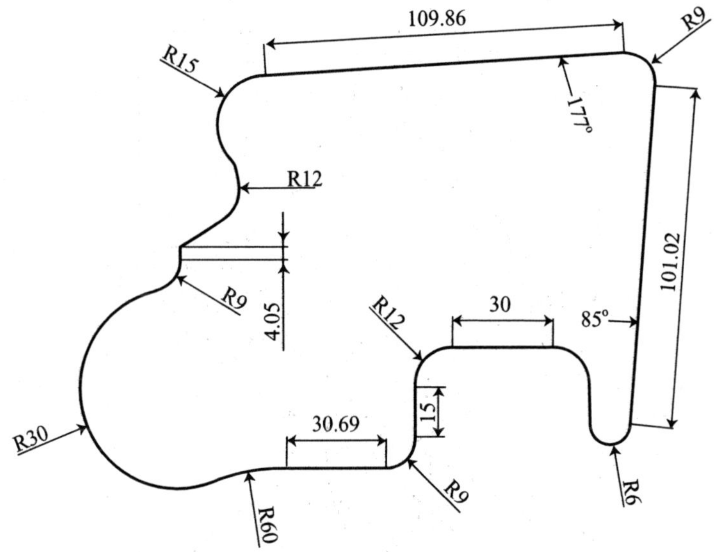

완료 ↓

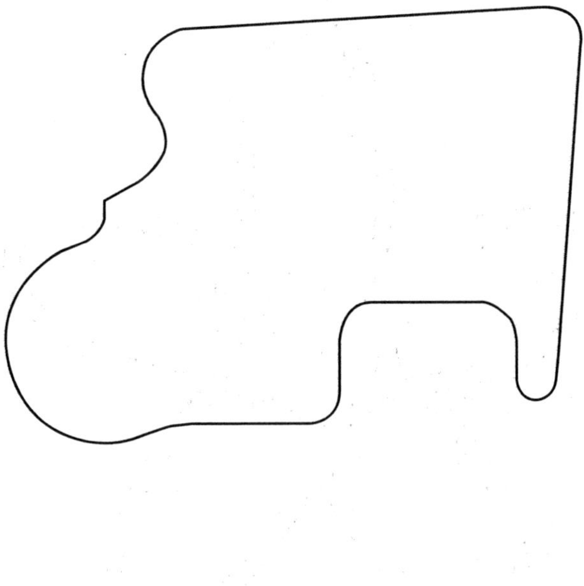

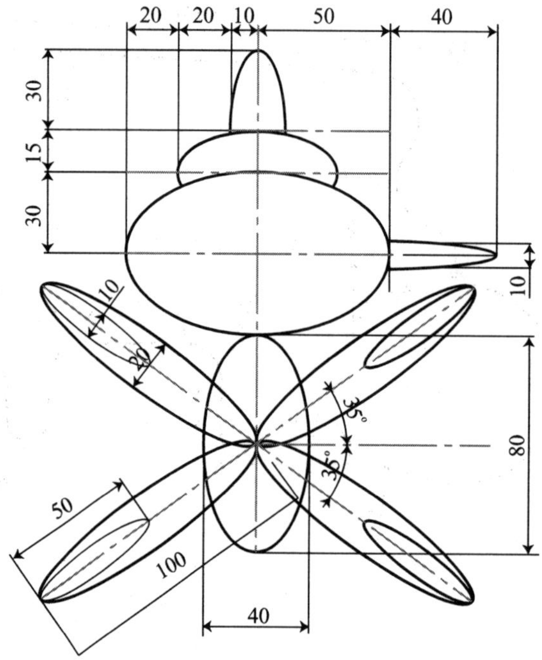
20
20
10
50
40
30
15
30
10
10
20
35°
35°
80
50
100
40

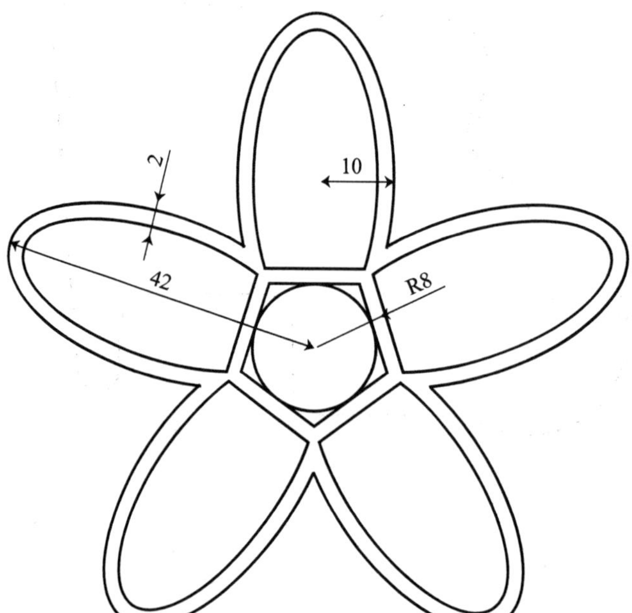
2
10
42
R8

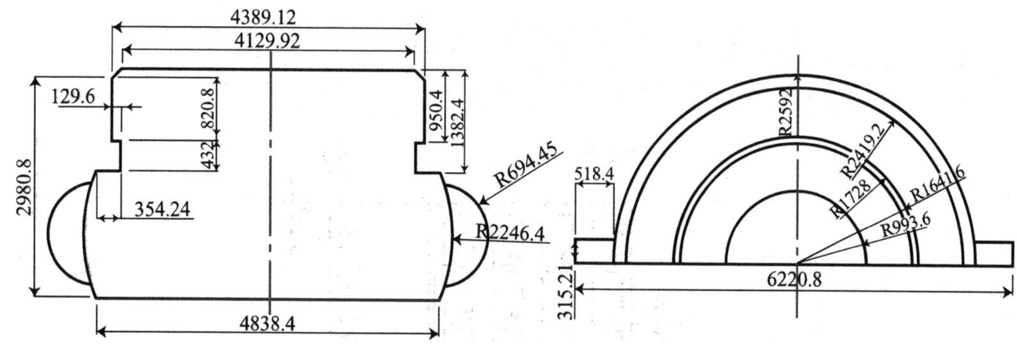
4389.12
4129.92
129.6
820.8
432
950.4
1382.4
2980.8
354.24
R694.45
R2246.4
4838.4
518.4
R2592
R2419.2
R1728
R1641.6
R993.6
315.21
6220.8

완료 ↓

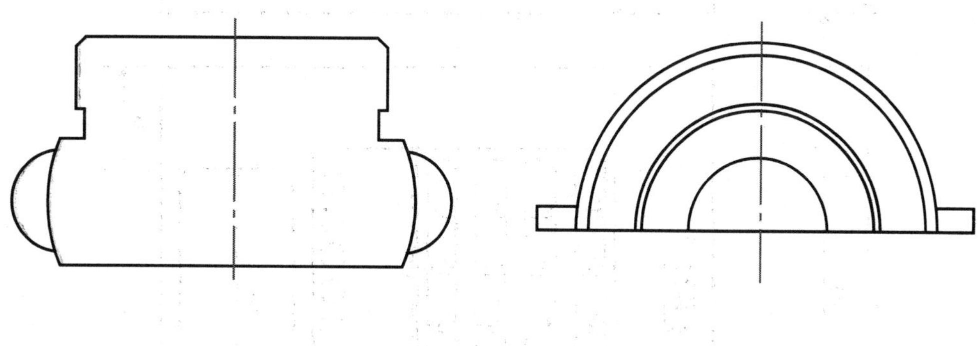

수신기

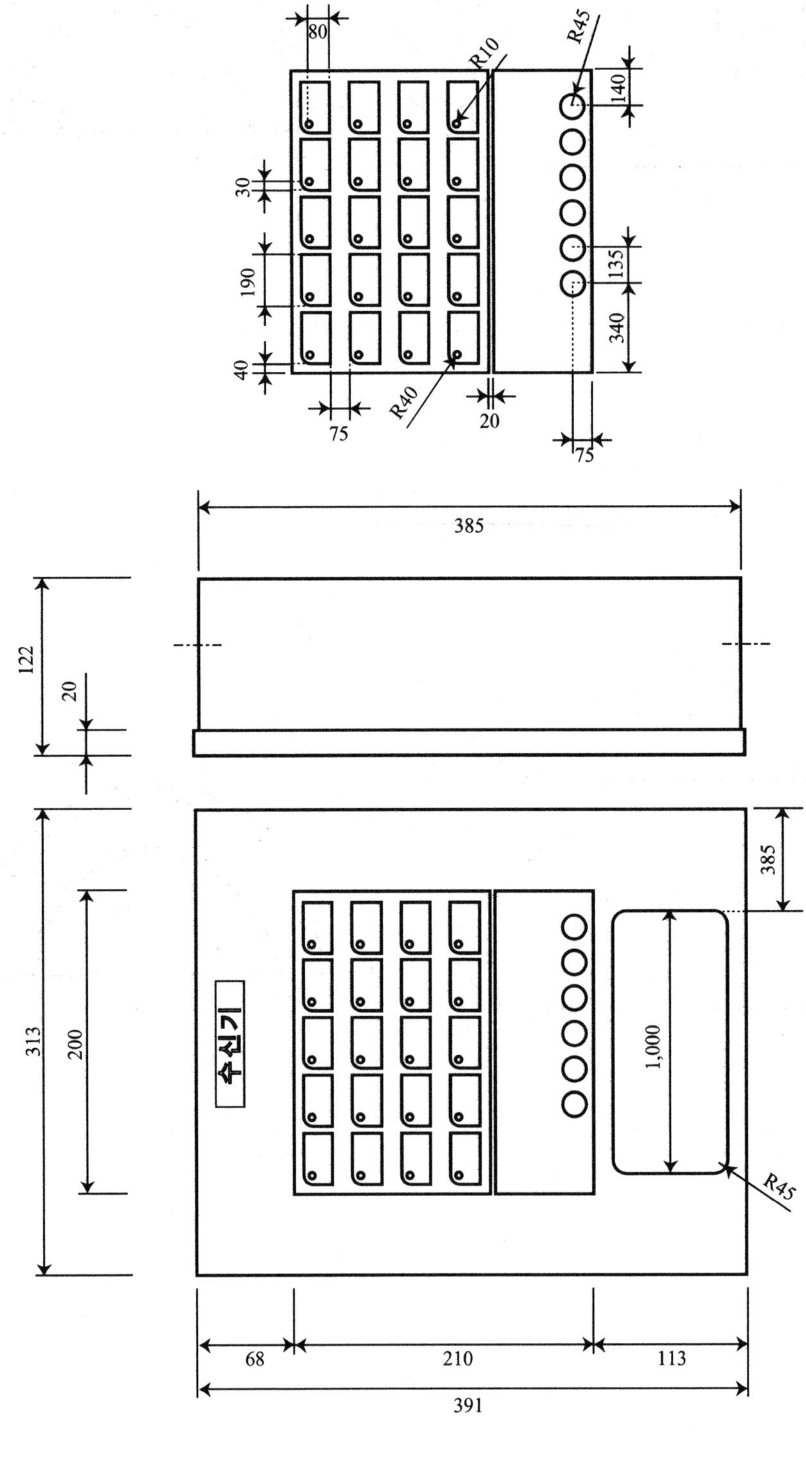
80
R10
R45
140
30
190
40
75
R40
20
135
340
75
385
122
20
313
200
수신기
1,000
385
R45
68
210
113
391

수신기 완료

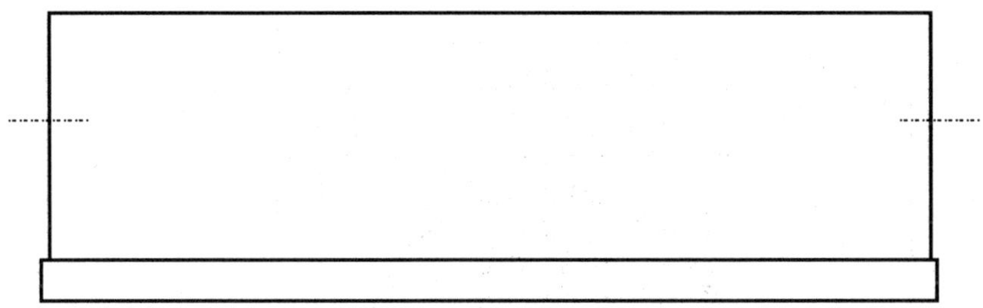

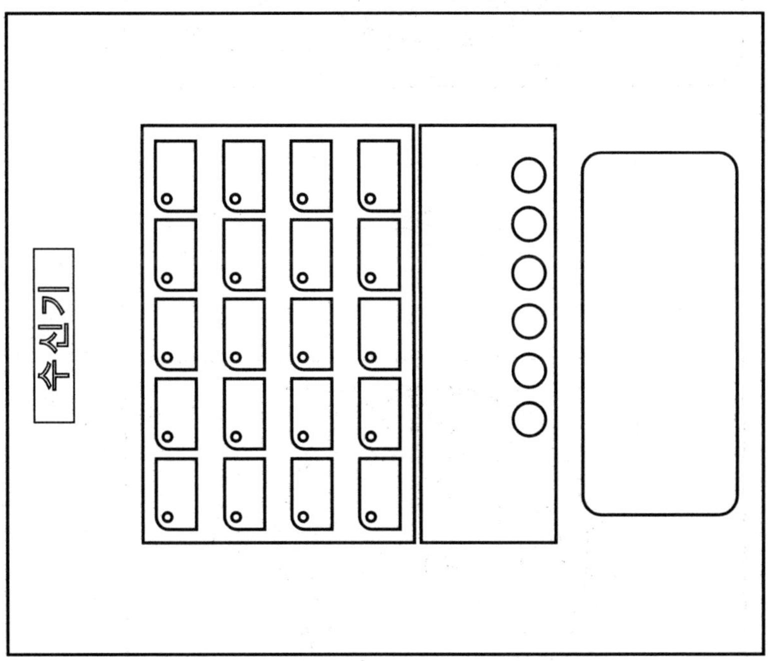

세면대

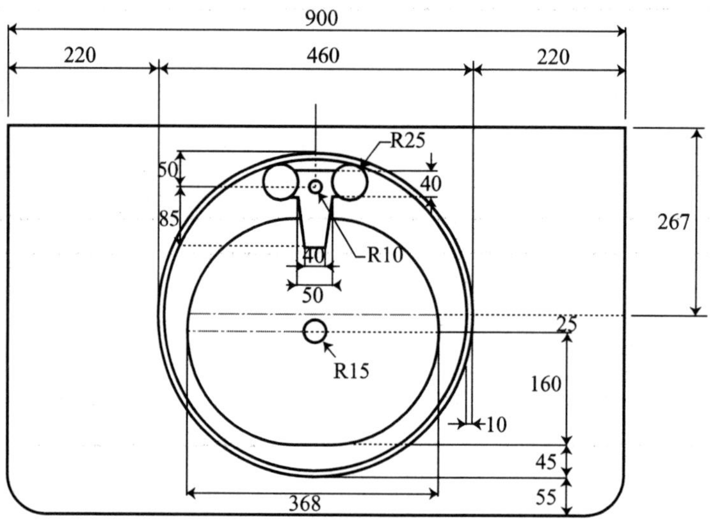

완료 ↓

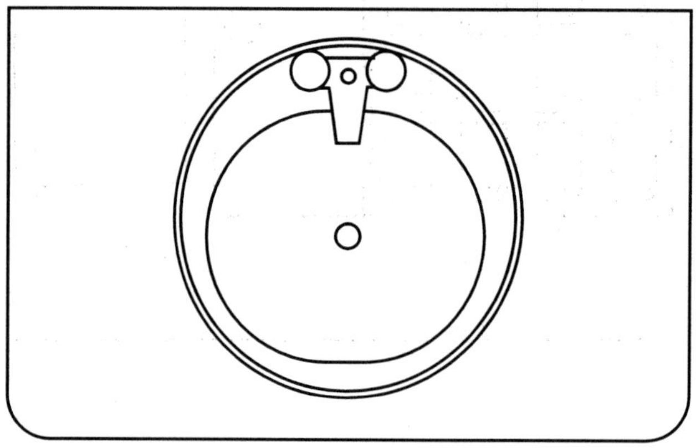

세면대, 변기

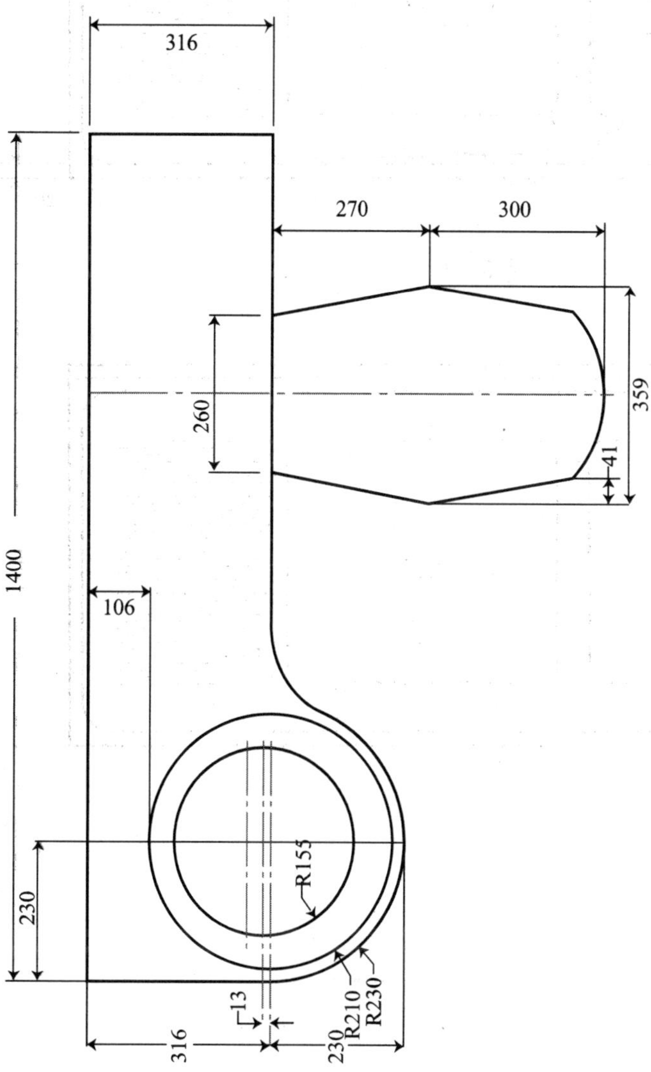

완료 →

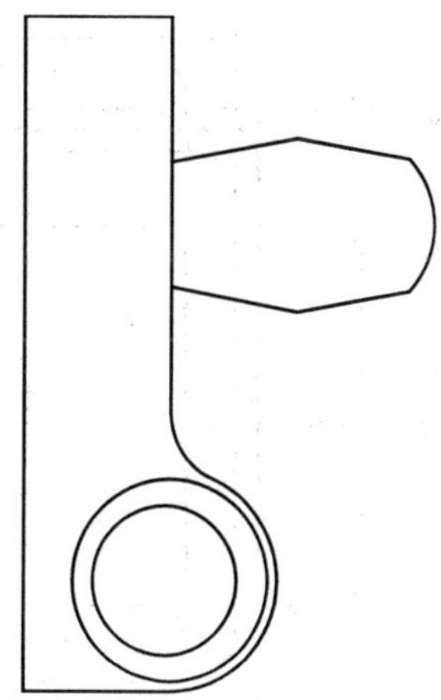

씽크대

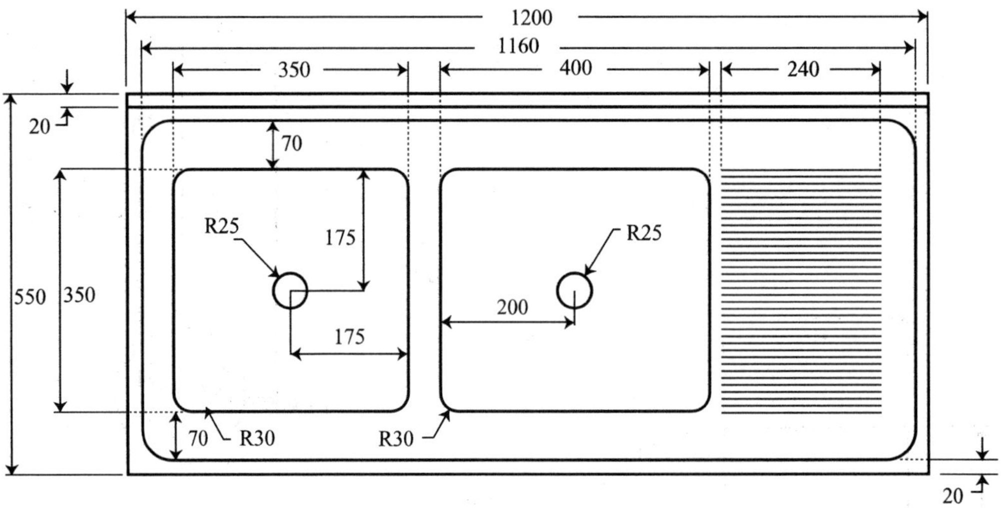
1200
1160
350
400
240
20
70
R25
175
550
350
R25
200
175
70
R30
R30
20

완료 ↓

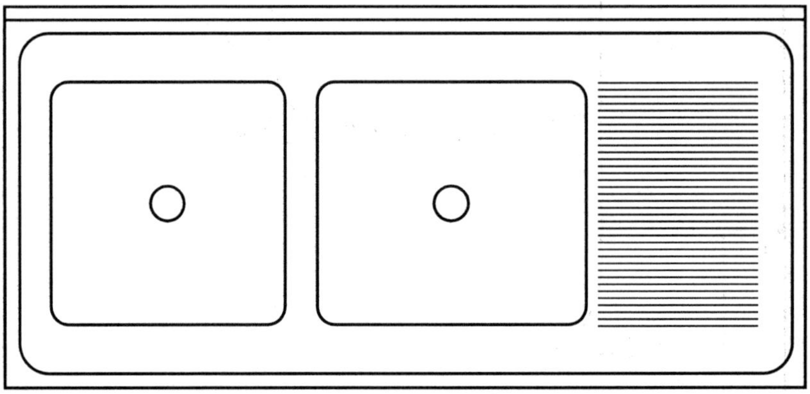

HATCH

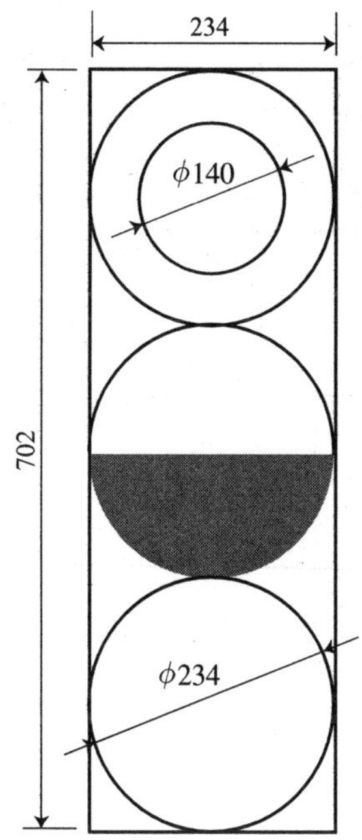

완료 →

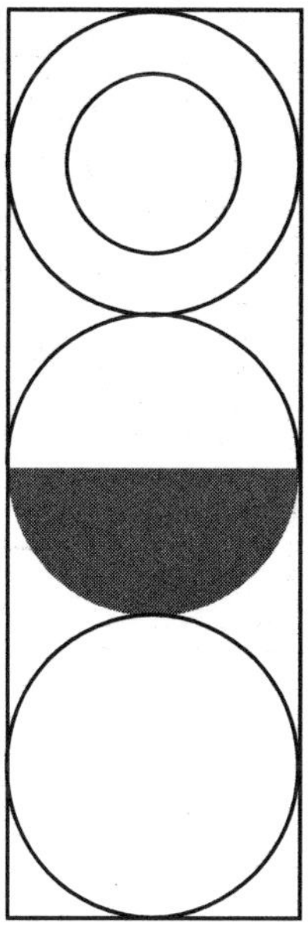

※ 명령어를 입력하세요.

수동 발신기(소화전 포함, 비상 콘센트 내장)

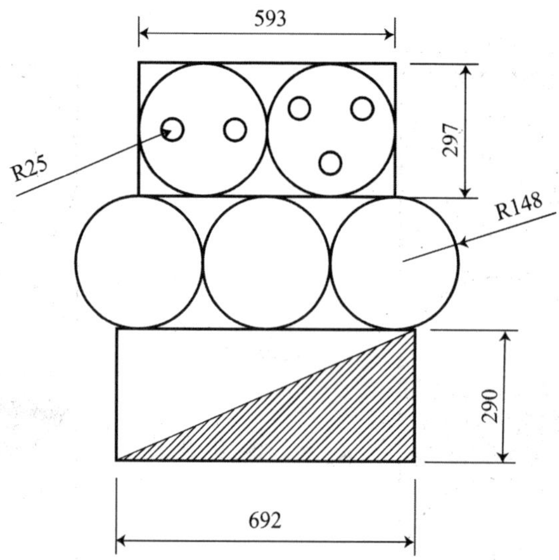

완료 ↓

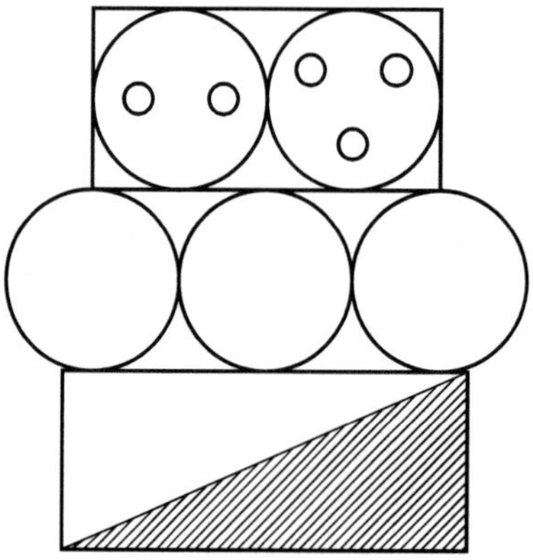

컴퓨터

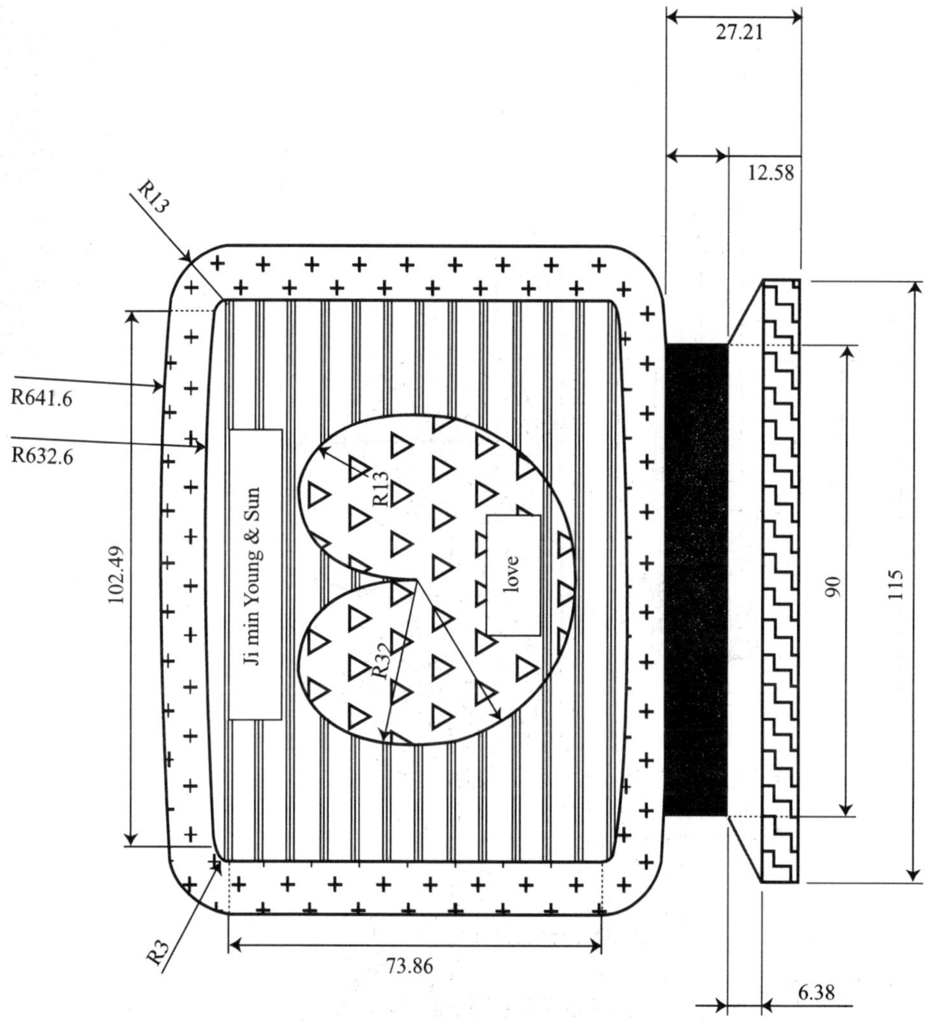
27.21
12.58
R13
R641.6
R632.6
102.49
Ji min Young & Sun
R13
love
R32
90
115
R3
73.86
6.38

기 차

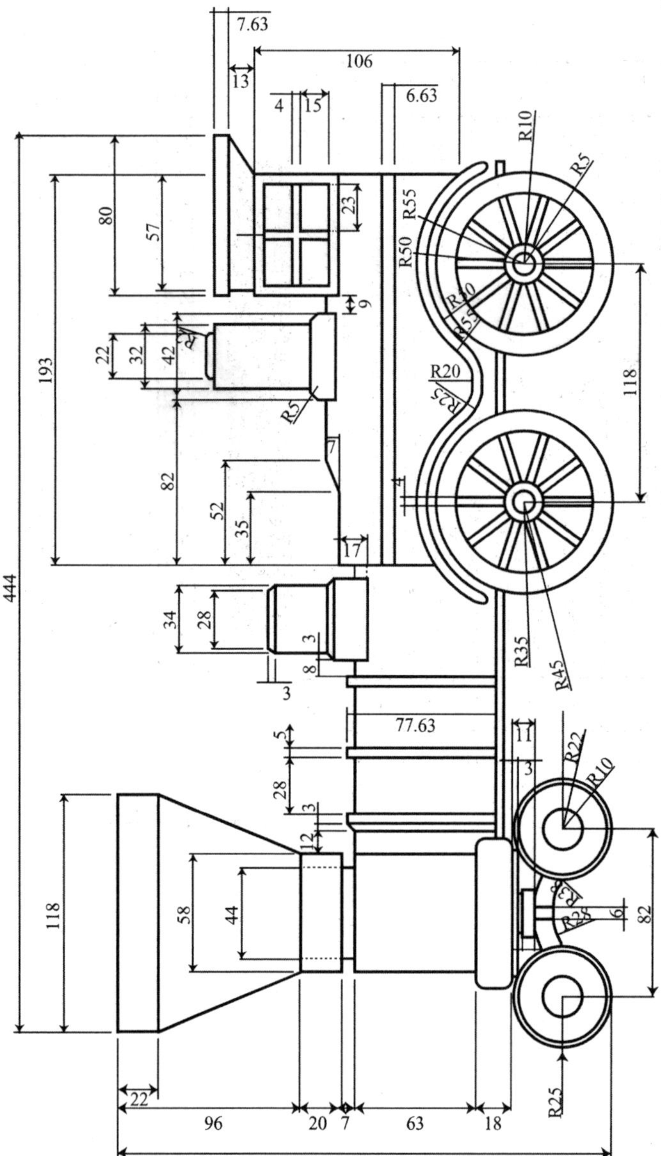
7.63
106
13
4
15
6.63
R10
R5
R55
R50
80
57
23
9
22
32
42
193
R20
R25
118
82
52
35
17
444
34
28
3
8
R35
R45
77.63
5
11
R22
58
44
12
6
22
96
20
7
63
18
255

완료 →

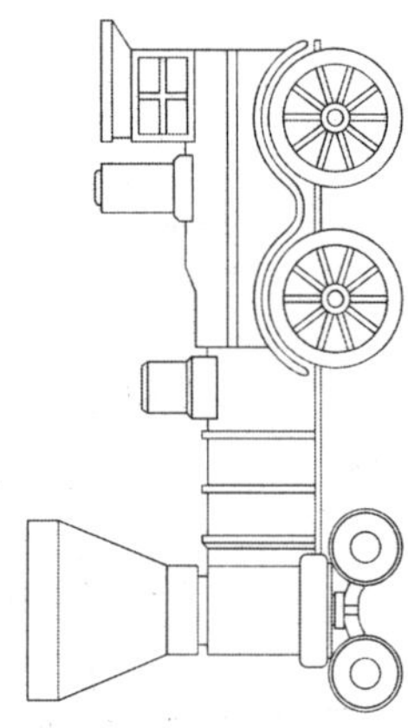

CHAPTER 18

캐드 명령어 응용

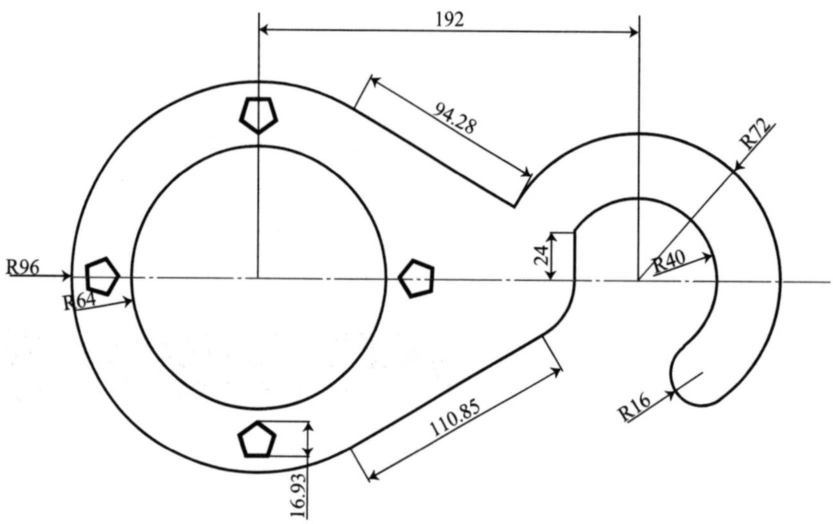

완료 ↓

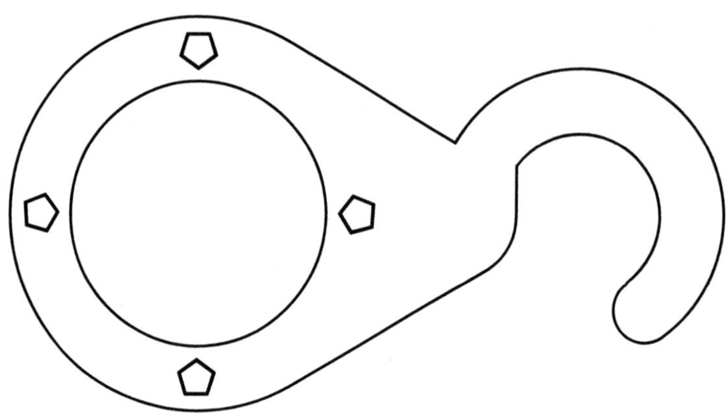

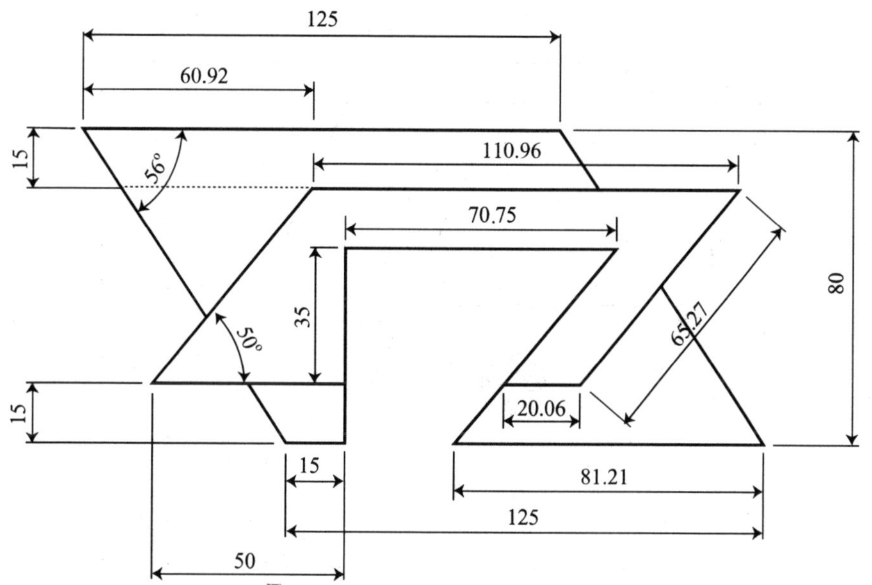

완료 ↓

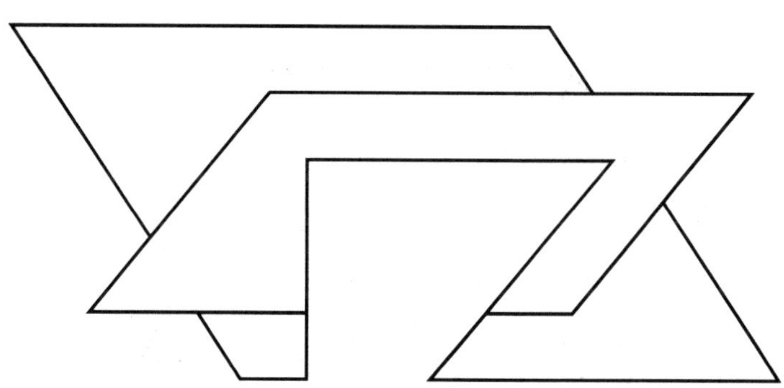

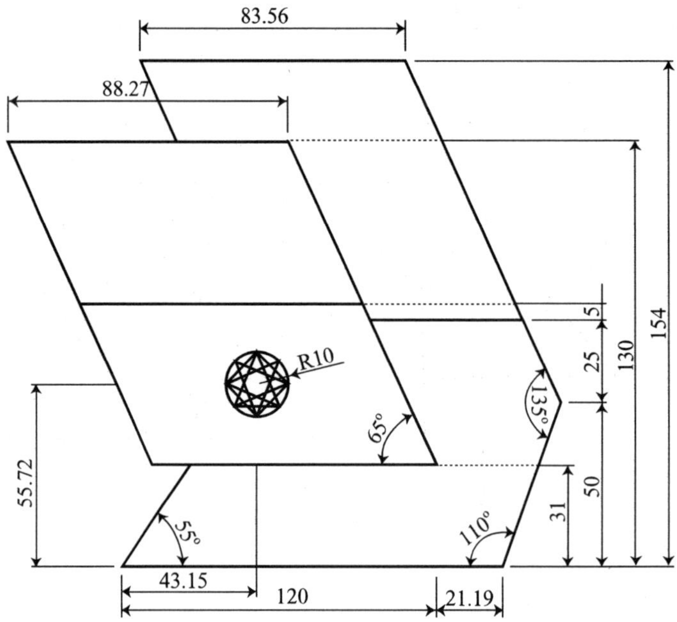

완료 ↓

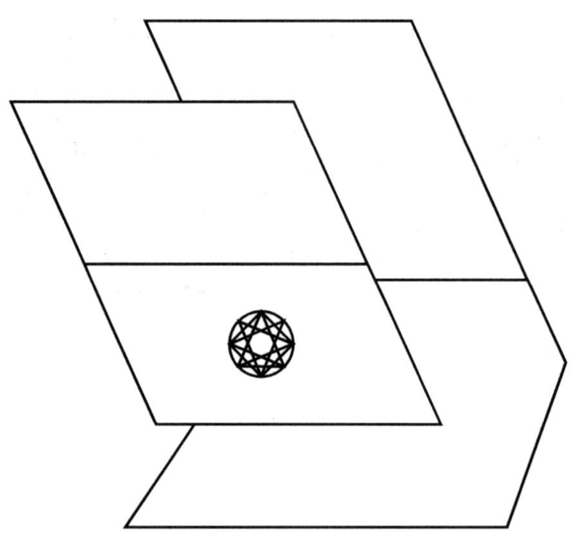

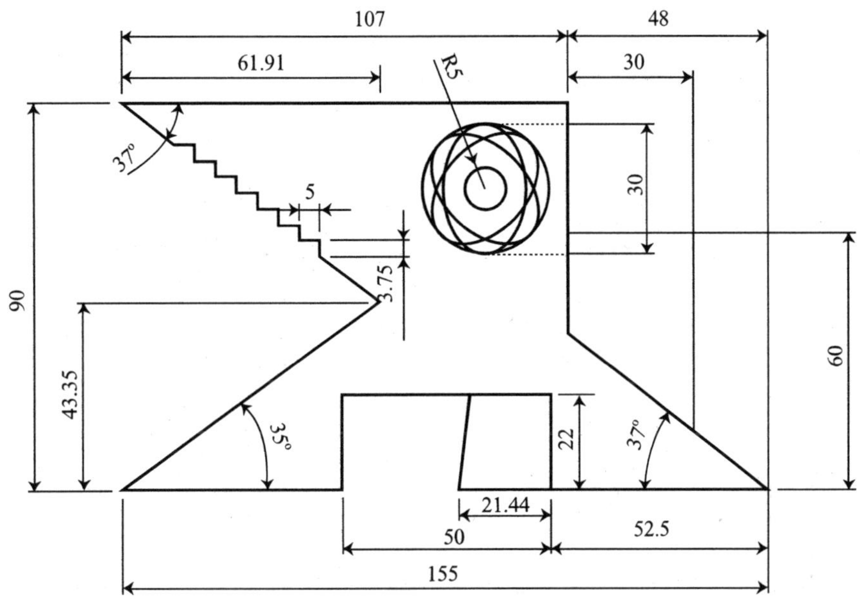

완료 ↓

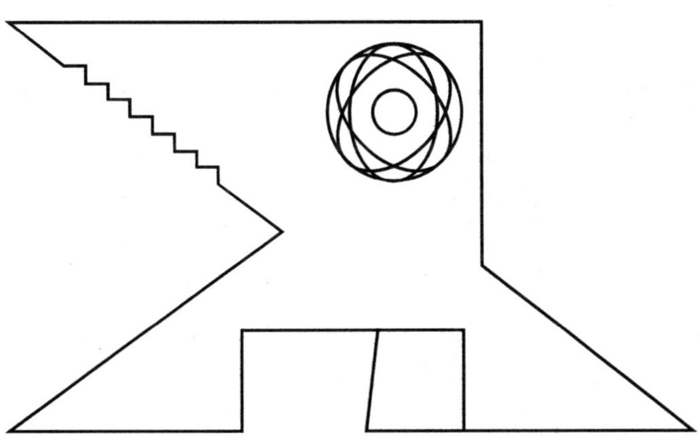

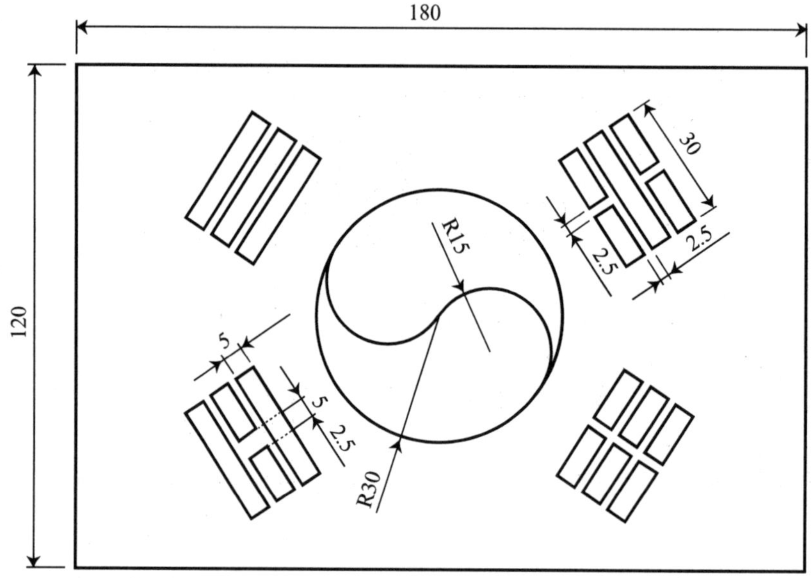

완료 ↓

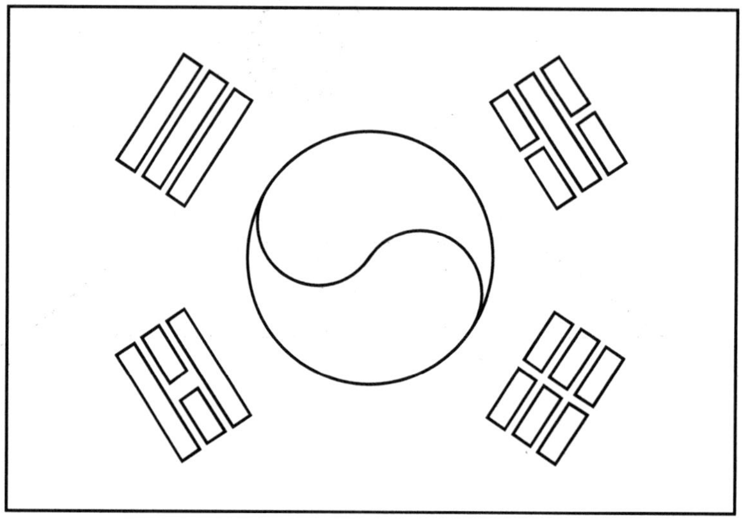

소화전 함

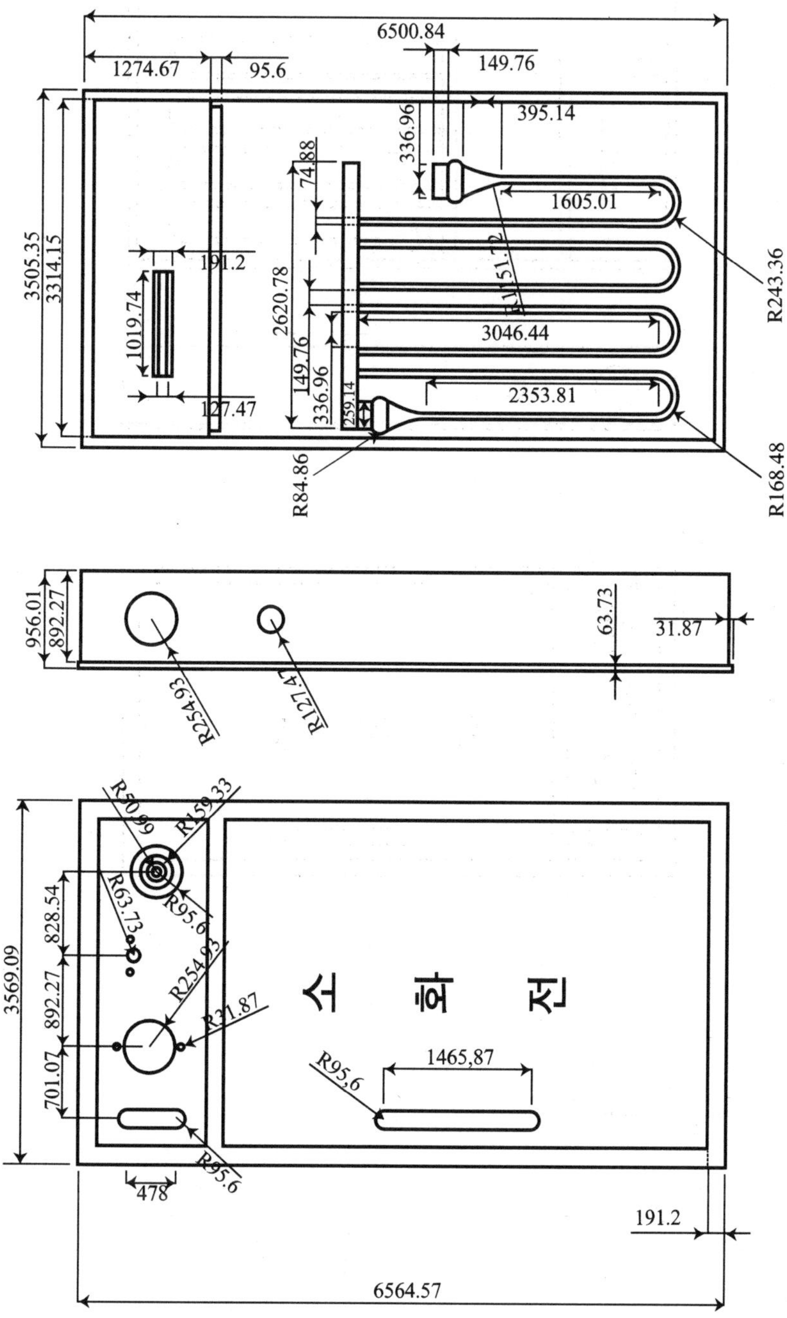
6500.84
1274.67
95.6
149.76
395.14
336.96
74.88
1605.01
R243.36
3505.35
3314.15
191.2
1019.74
2620.78
R1151.72
3046.44
149.76
336.96
239.14
2353.81
127.47
R84.86
R168.48
956.01
892.27
63.73
31.87
R254.93
R127.47
R50.99
R159.33
R63.73
R95.6
828.54
3569.09
892.27
R254.93
R31.87
소 화 전
1465,87
R95,6
701.07
478
R95.6
191.2
6564.57

소화전 함 완료

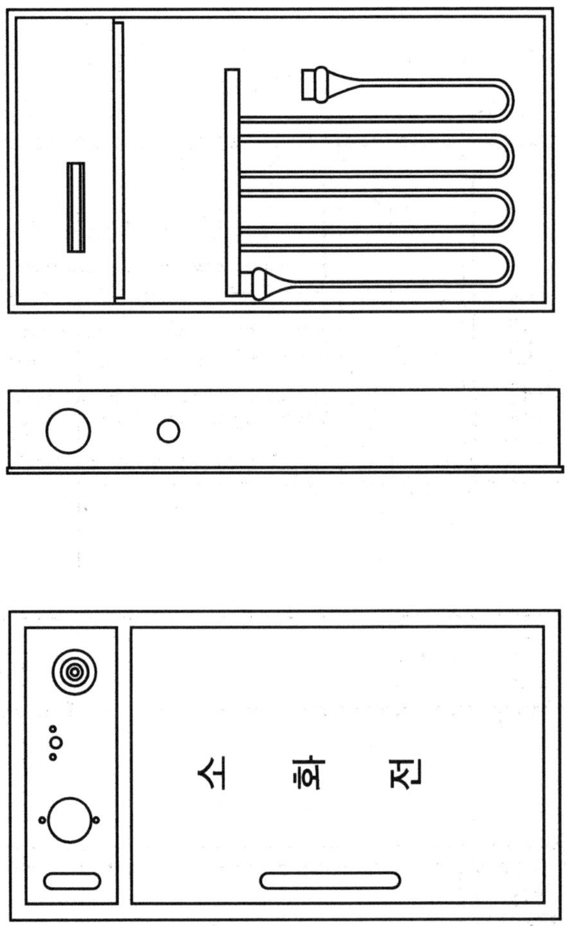

소방전기 설비계통도

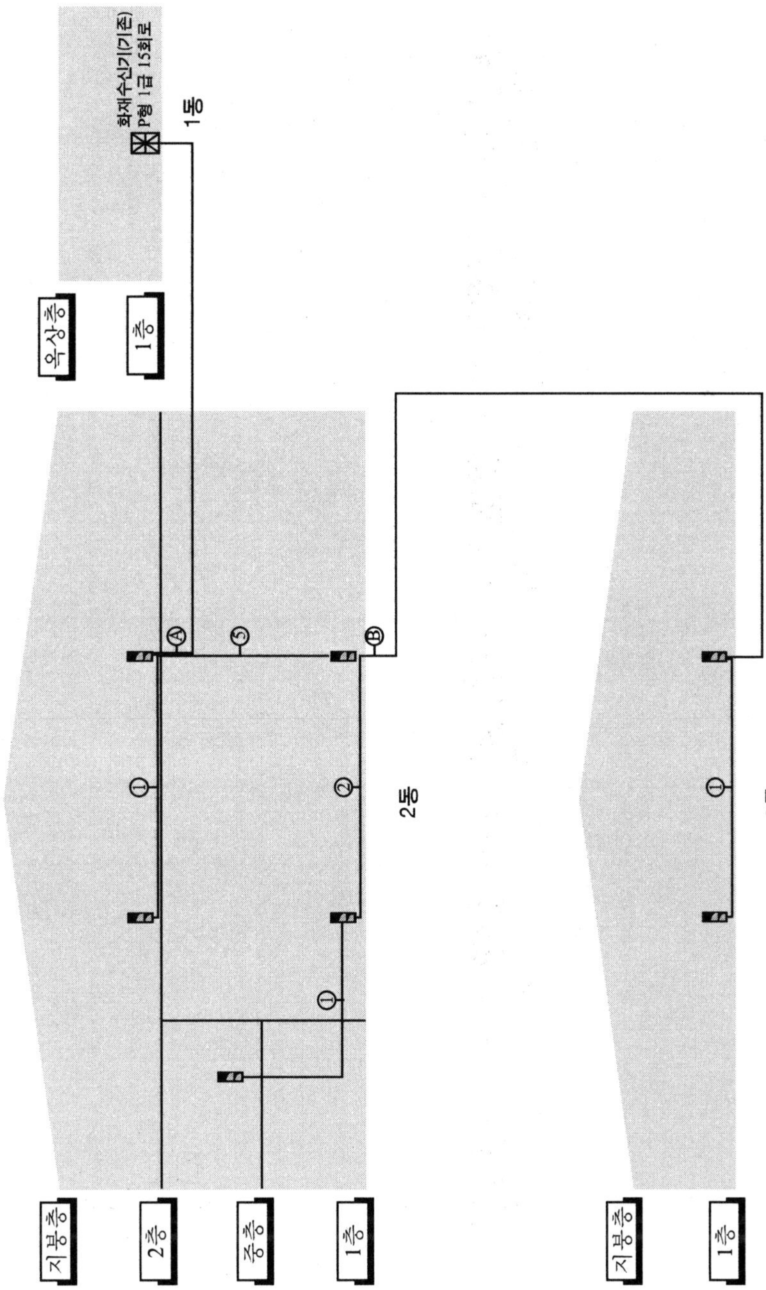

옥내소화전 계통도

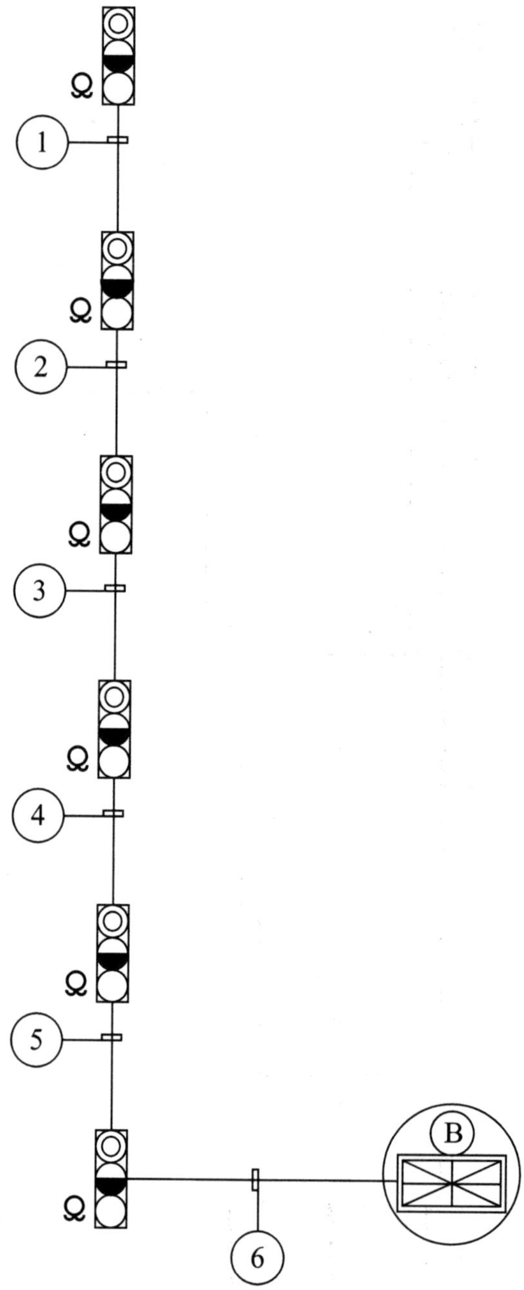

정투상도 1

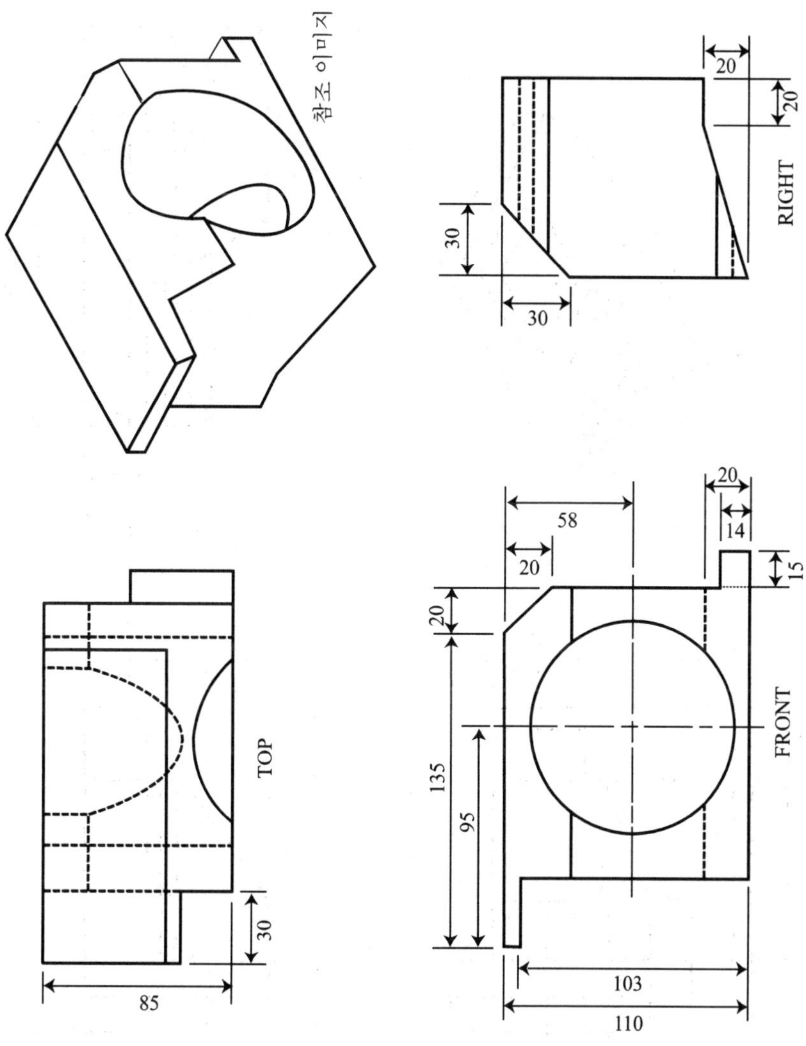
참조 이미지
RIGHT
TOP
FRONT
20
20
30
30
58
20
14
20
15
20
135
95
30
85
103
110

정투상도 2

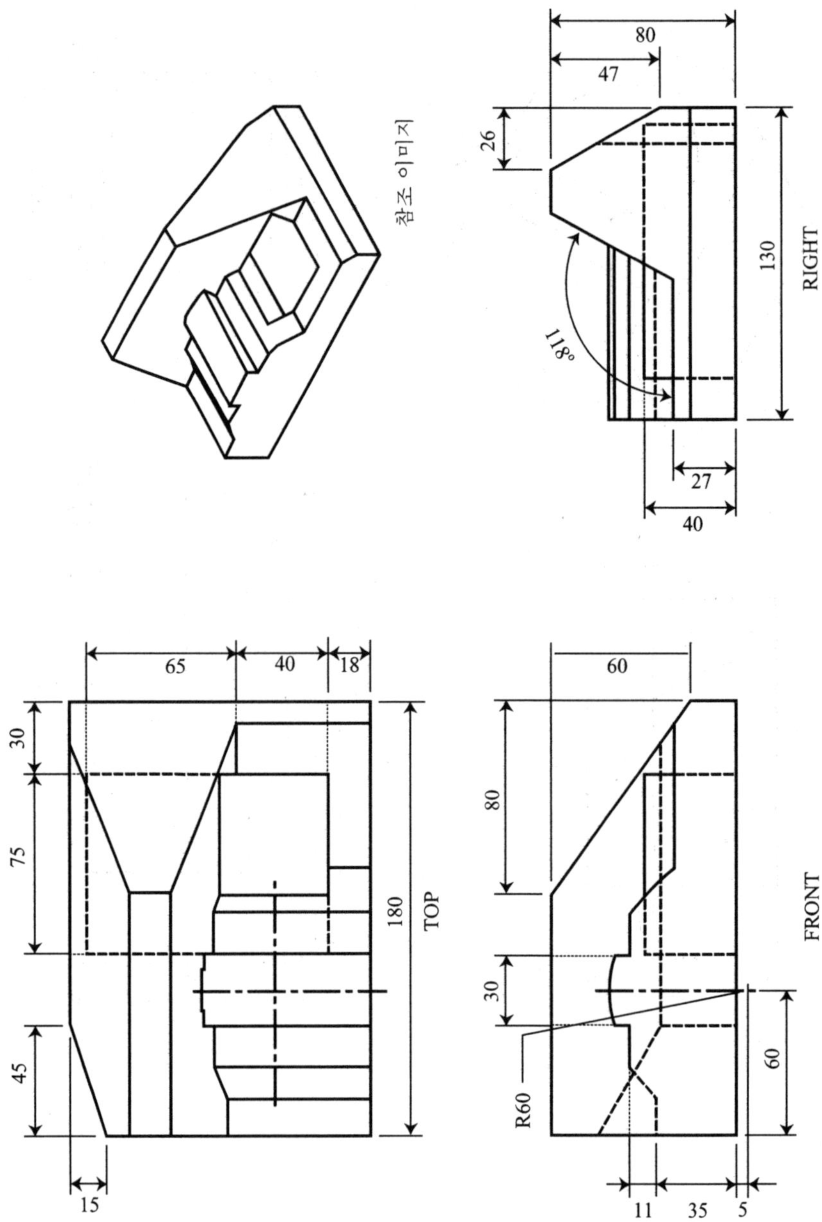
참조 이미지
80
47
26
118°
130
RIGHT
27
40
65
40
18
30
75
45
180
TOP
15
60
80
30
R60
60
FRONT
11
35
5

정투상도 3

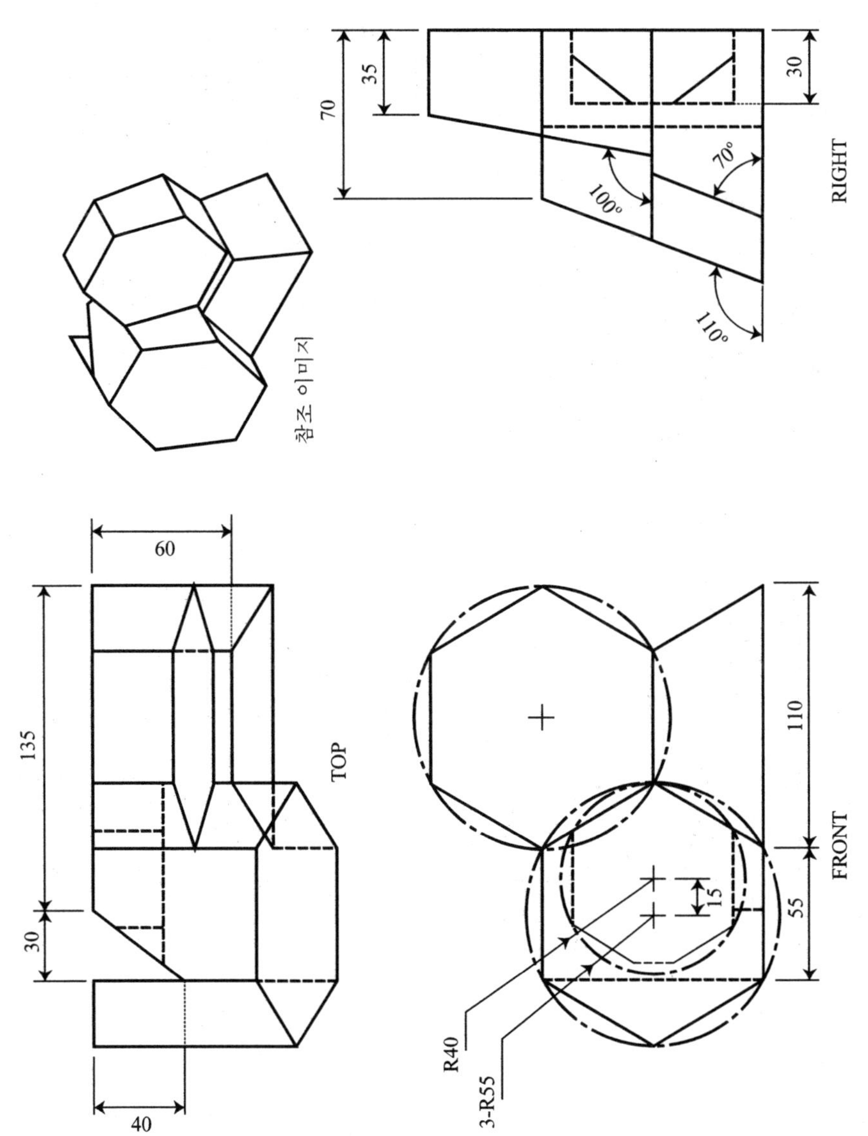
70
35
30
70°
100°
110°
RIGHT
참조 이미지
60
135
30
40
TOP
110
15
55
R40
3-R55
FRONT

정투상도 4

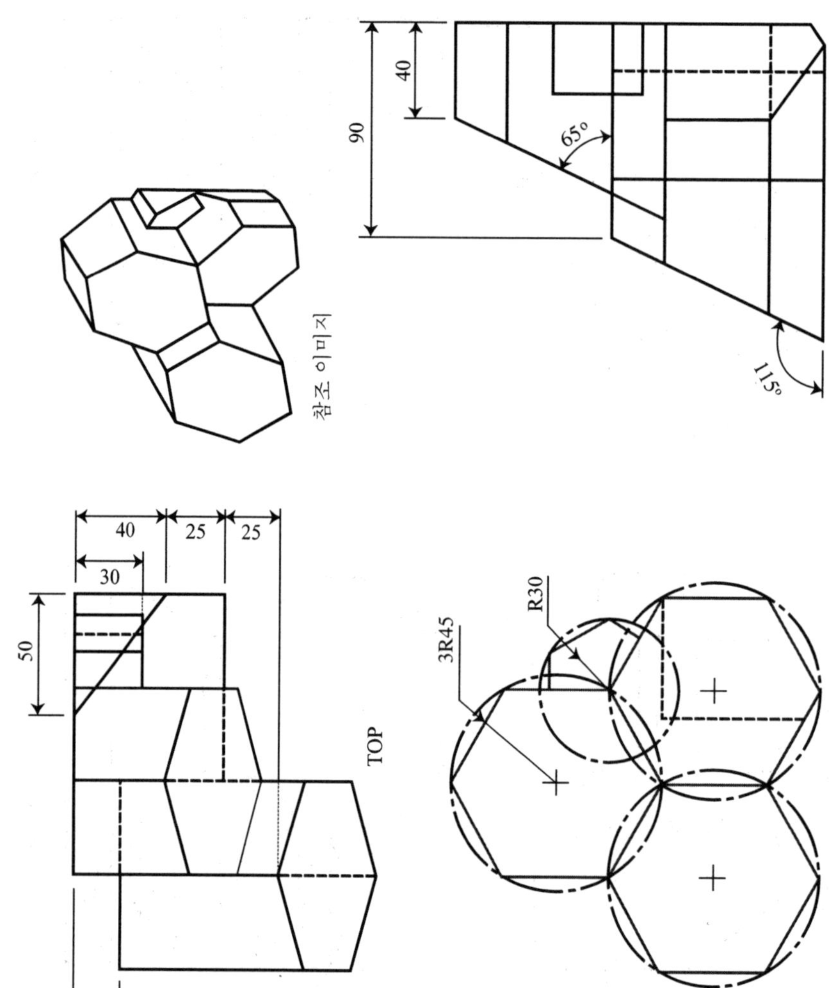

정투상도 5

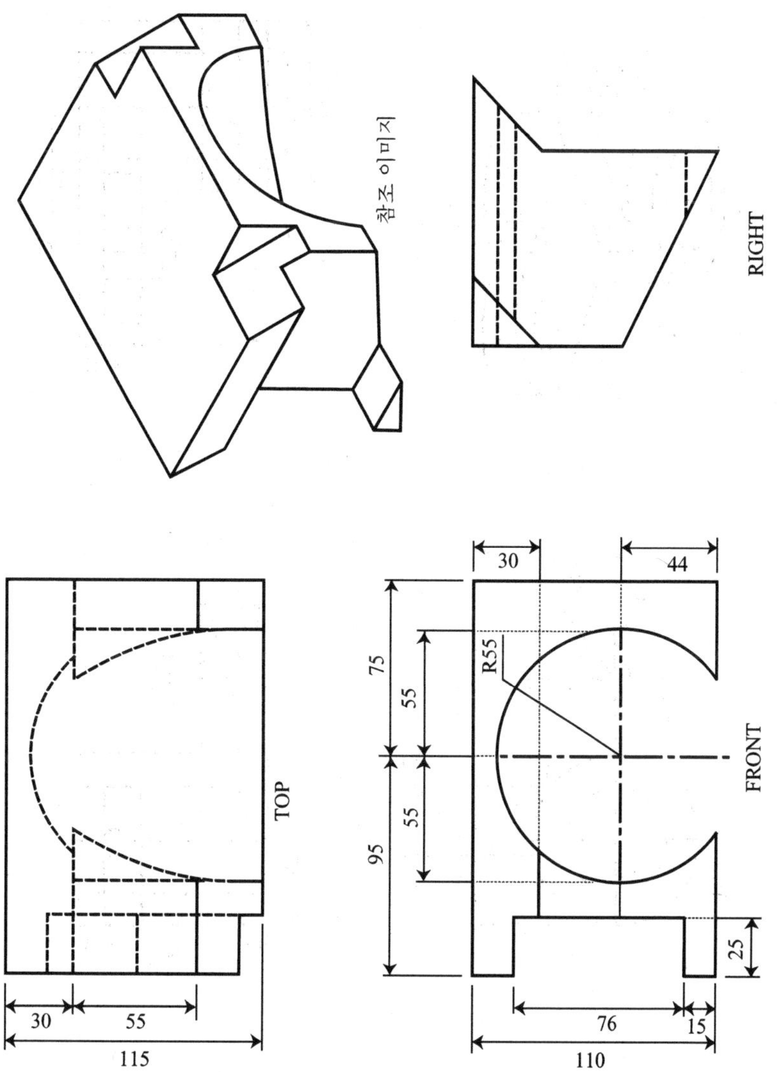

정투상도 6

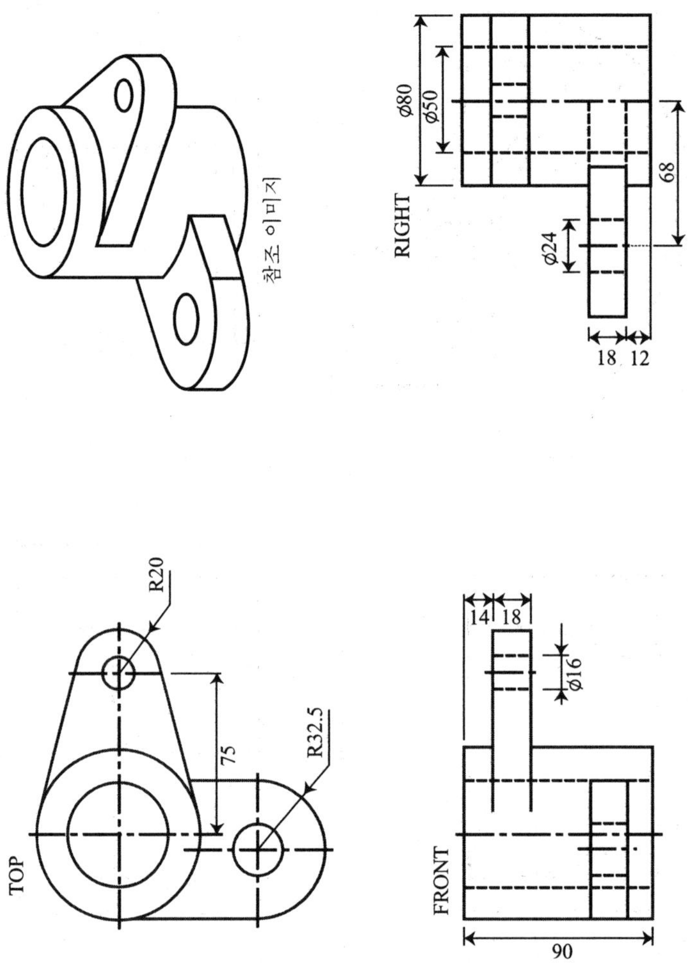
참조 이미지
RIGHT
Ø80
Ø50
68
Ø24
18
12
TOP
R20
75
R32.5
FRONT
14
18
Ø16
90

정투상도 7

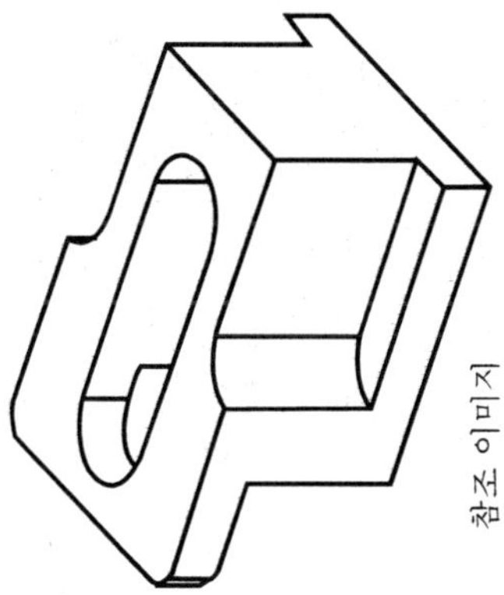

참조 이미지

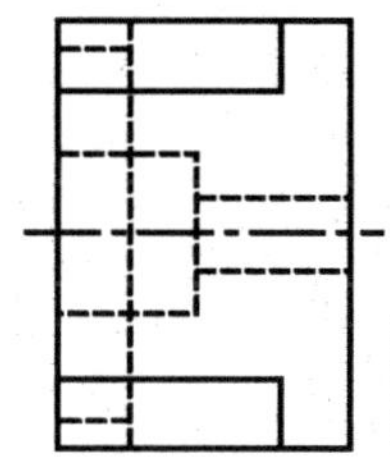

RIGHT

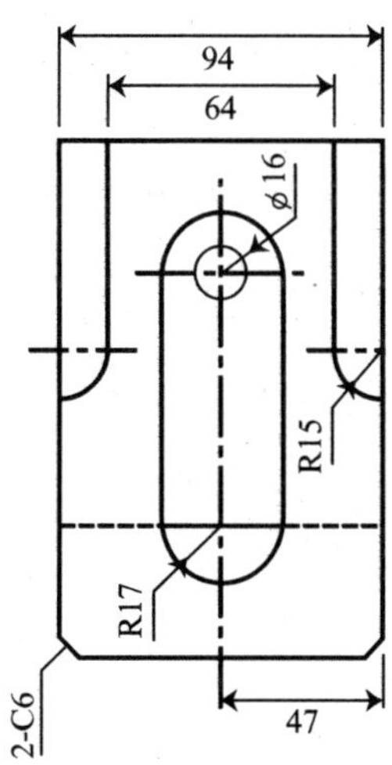

TOP

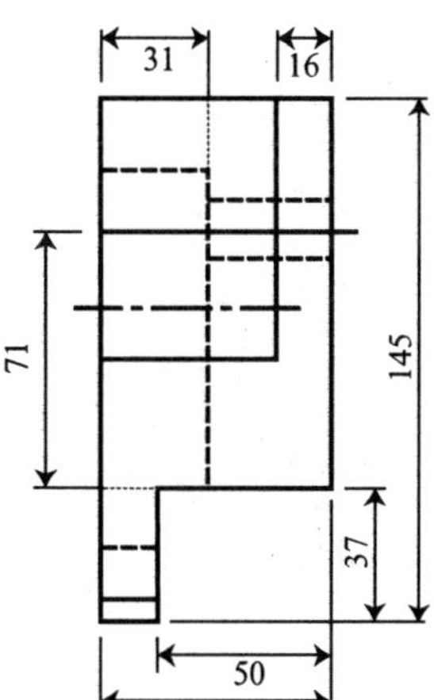

FRONT

정투상도 8

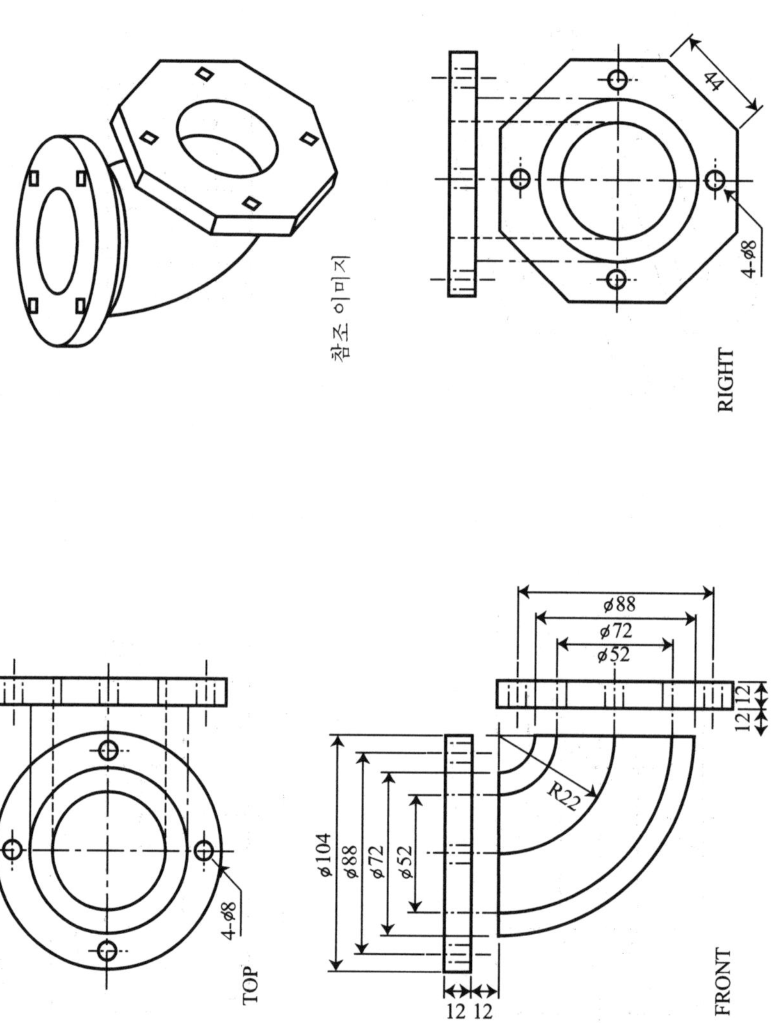
참조 이미지
RIGHT
44
4-ø8
TOP
4-ø8
FRONT
ø88
ø72
ø52
12
12
R22
ø104
ø88
ø72
ø52
12 12

정투상도 9

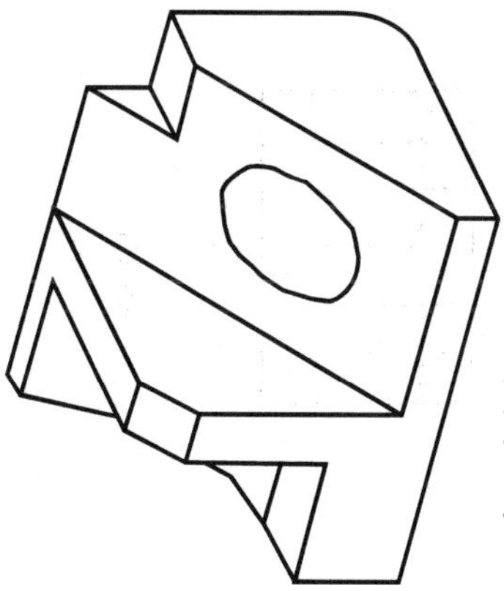

참조 이미지

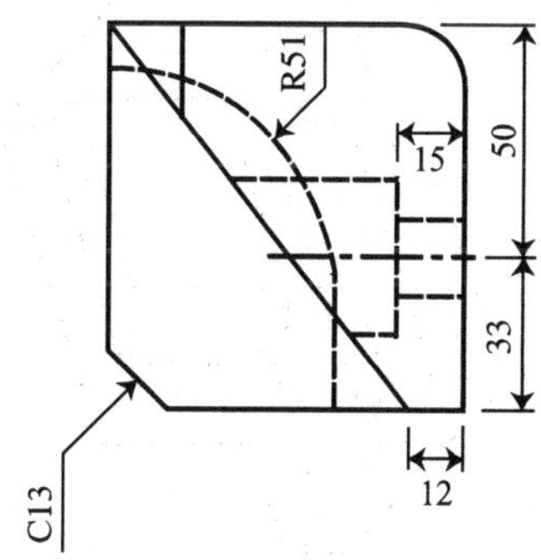

RIGHT

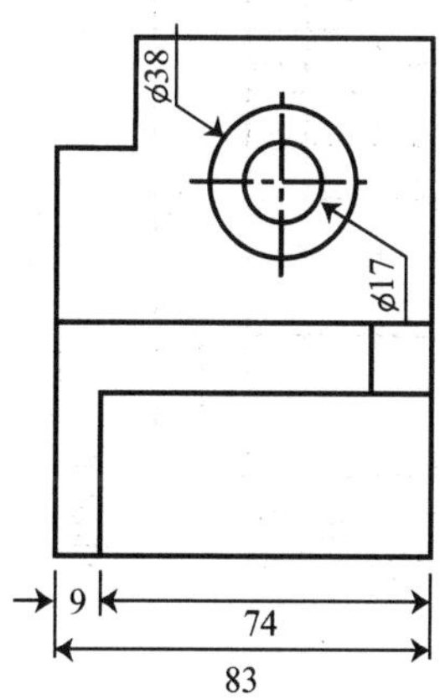

TOP

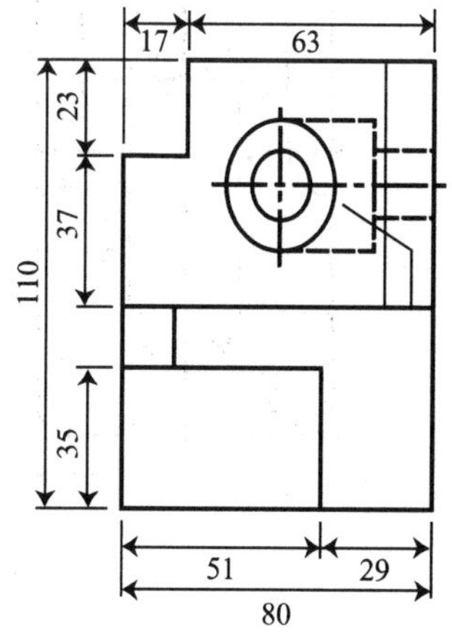

FRONT

정투상도 10

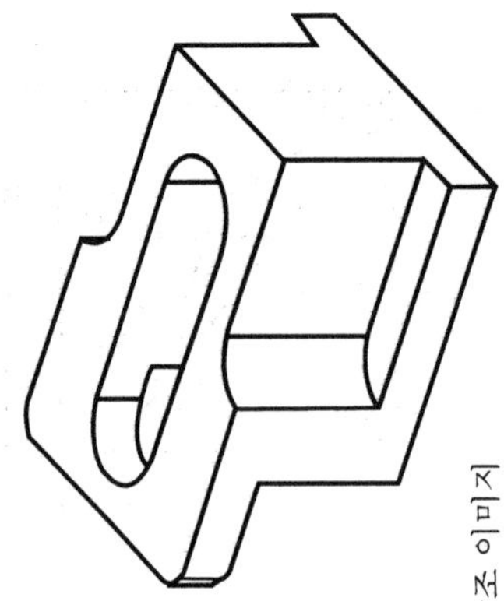
참조 이미지

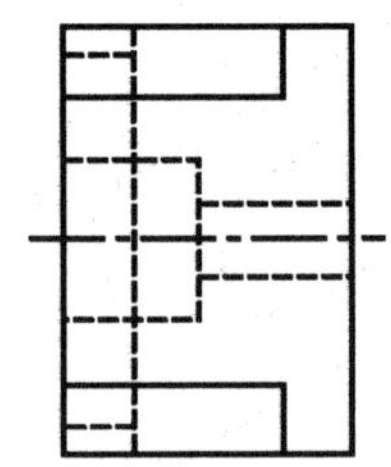
RIGHT

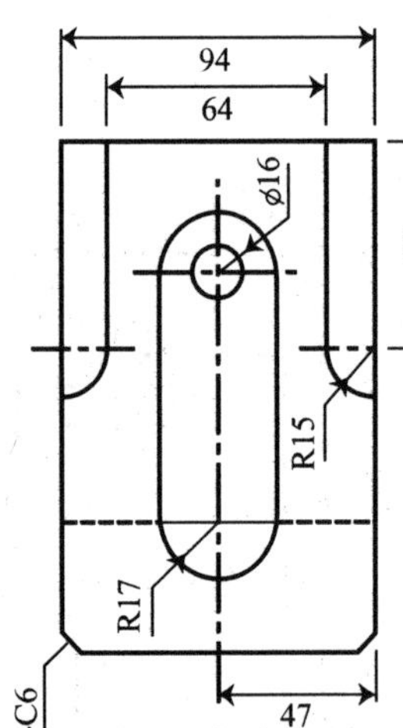

TOP

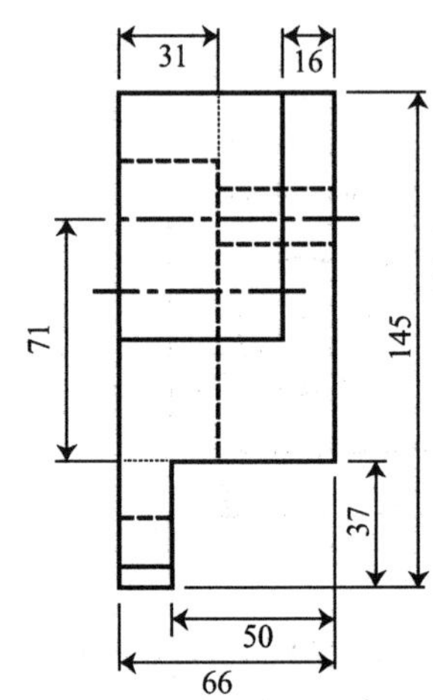

FRONT

옥외 연결 송수구

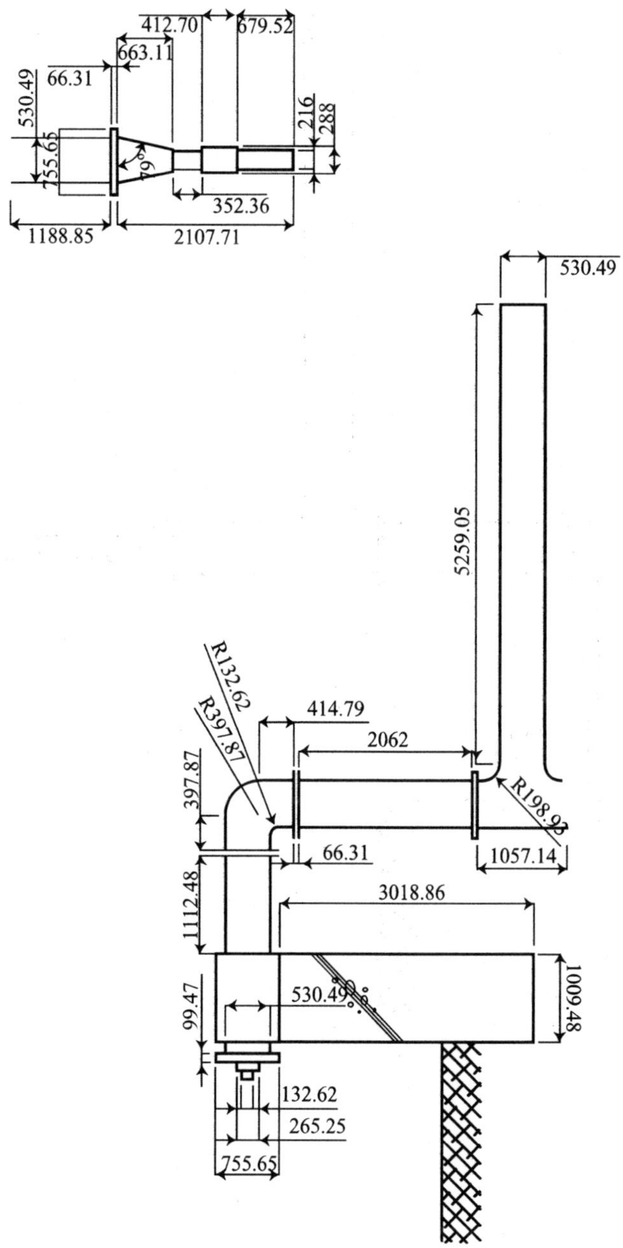
412.70
679.52
663.11
66.31
530.49
755.65
79°
216
288
352.36
1188.85
2107.71
530.49
5259.05
R132.62
R397.87
414.79
2062
397.87
R198.92
66.31
1057.14
1112.48
3018.86
99.47
530.49
1009.48
132.62
265.25
755.65

옥외 연결 송수구 완료

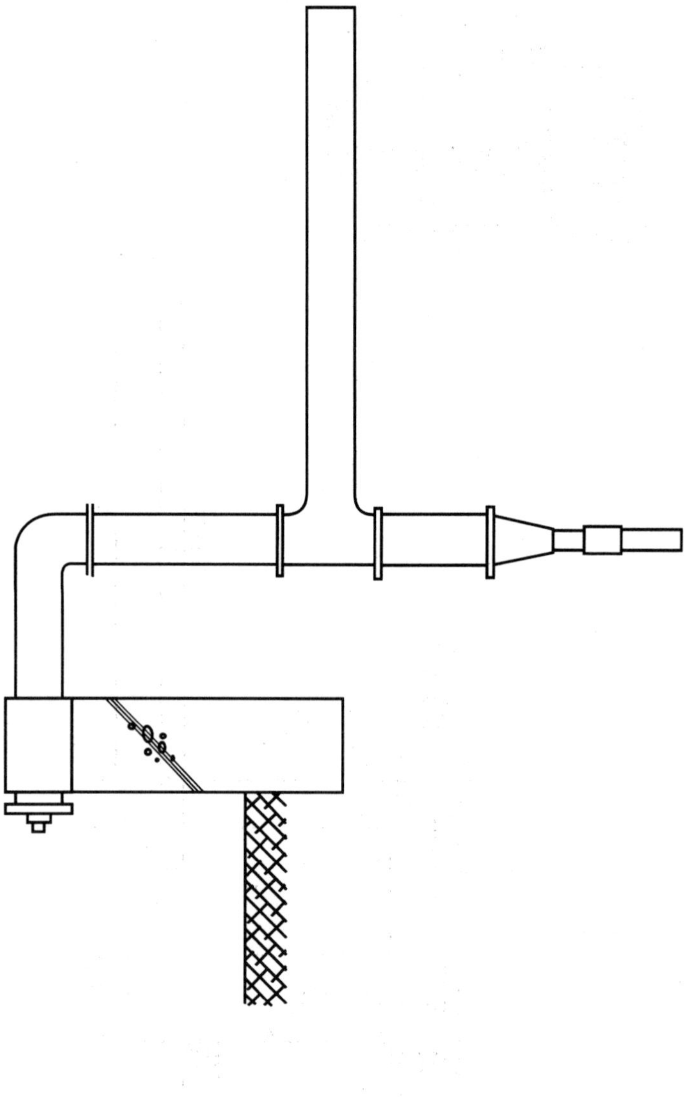

개폐 밸브

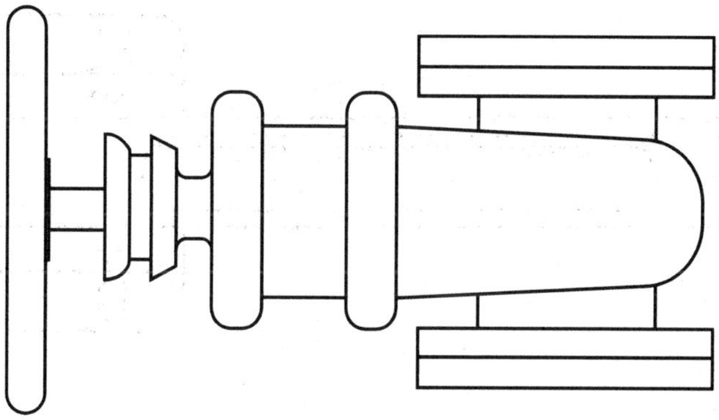

정면 ↑

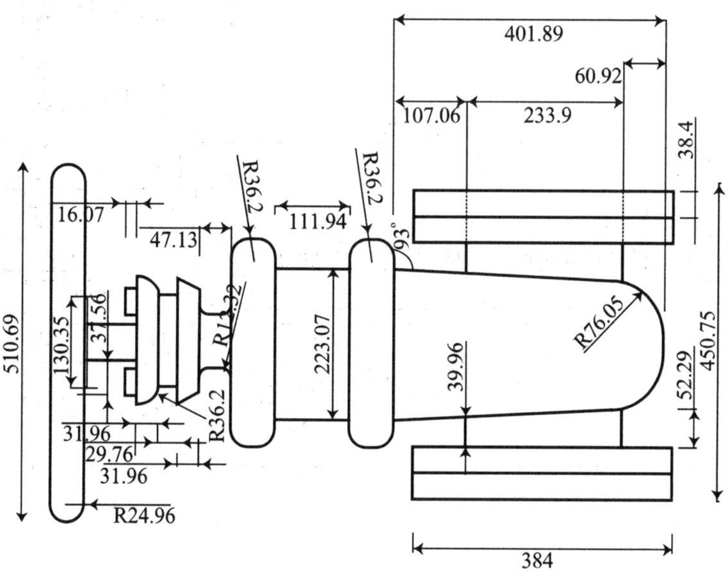
401.89
60.92
107.06
233.9
38.4
R36.2
R36.2
111.94
93°
16.07
47.13
510.69
130.35
37.56
R13.32
223.07
R76.05
39.96
52.29
450.75
R36.2
31.96
29.76
31.96
R24.96
384

유량계

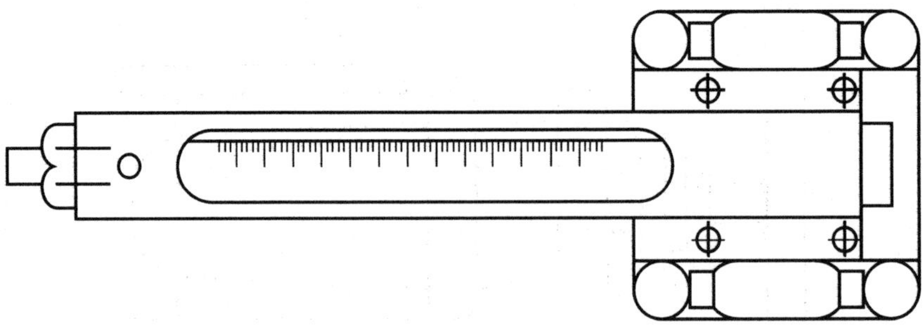

답 →

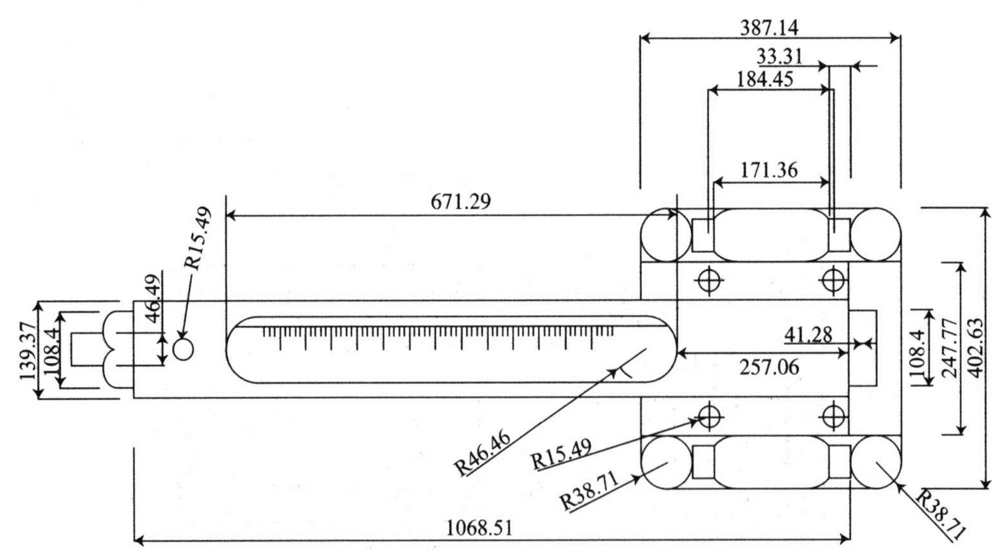
387.14
33.31
184.45
171.36
671.29
R15.49
46.49
139.37
108.4
41.28
257.06
108.4
247.77
402.63
R46.46
R15.49
R38.71
R38.71
1068.51

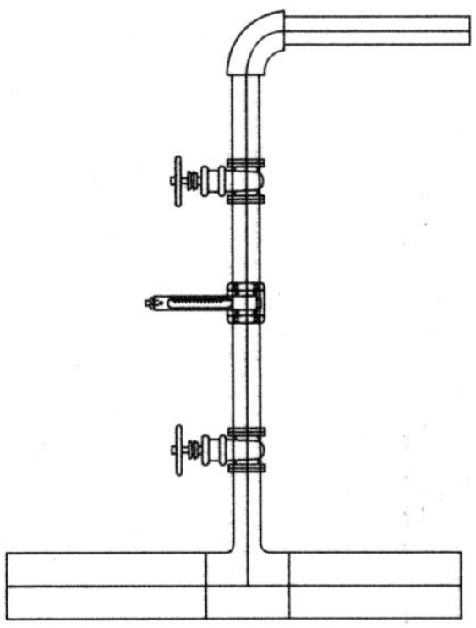

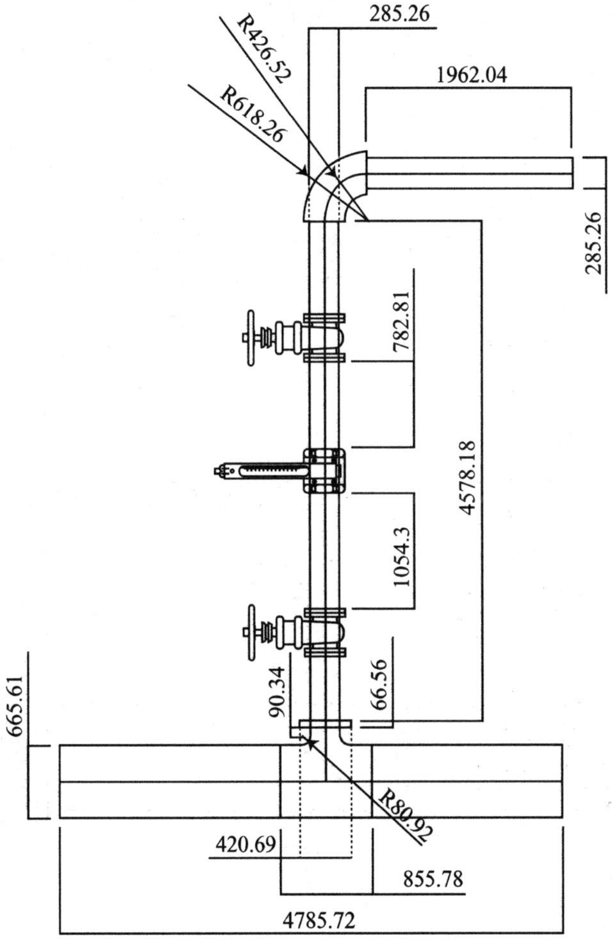

※ 유량계와 개폐밸브를 삽입시켜 완성한다.

상수도 소화전 1

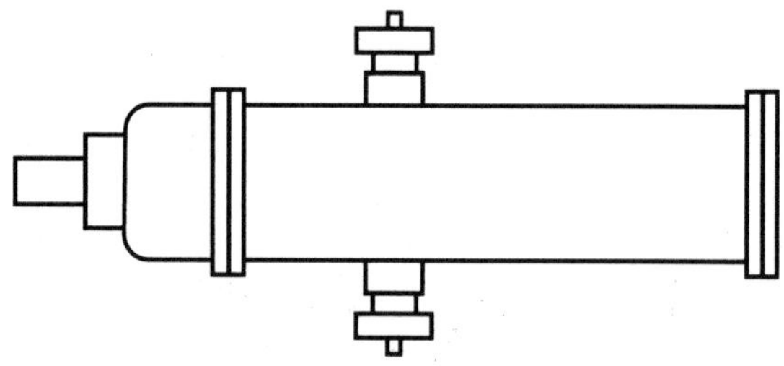

답안 →

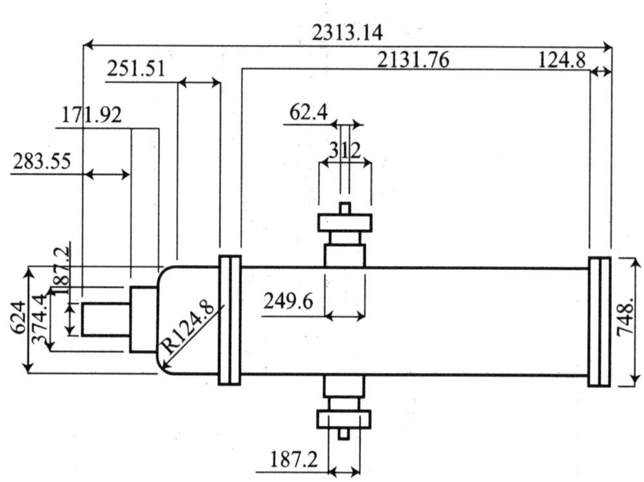
2313.14
251.51
2131.76
124.8
171.92
62.4
283.55
312
187.2
624
374.4
249.6
R124.8
748.
187.2

상수도 소화전 2

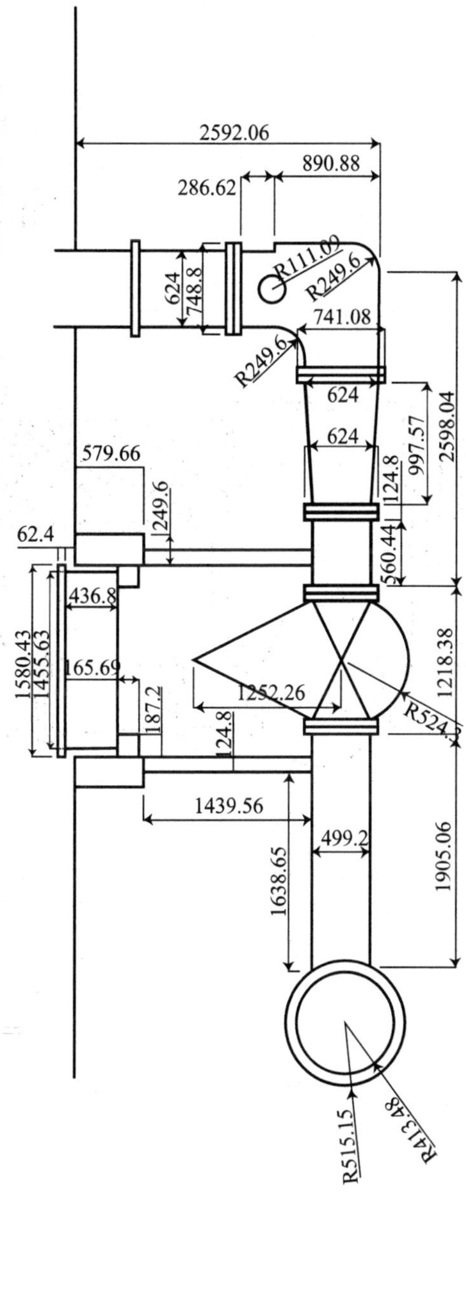
2592.06
890.88
286.62
R111.09
R249.6
624
748.8
741.08
R249.6
624
624
997.57
2598.04
124.8
579.66
249.6
62.4
560.44
436.8
1580.43
1455.63
165.69
187.2
1252.26
1218.38
R524.?
124.8
1439.56
499.2
1638.65
1905.06
R515.15
R413.48

상수도 소화전 완성

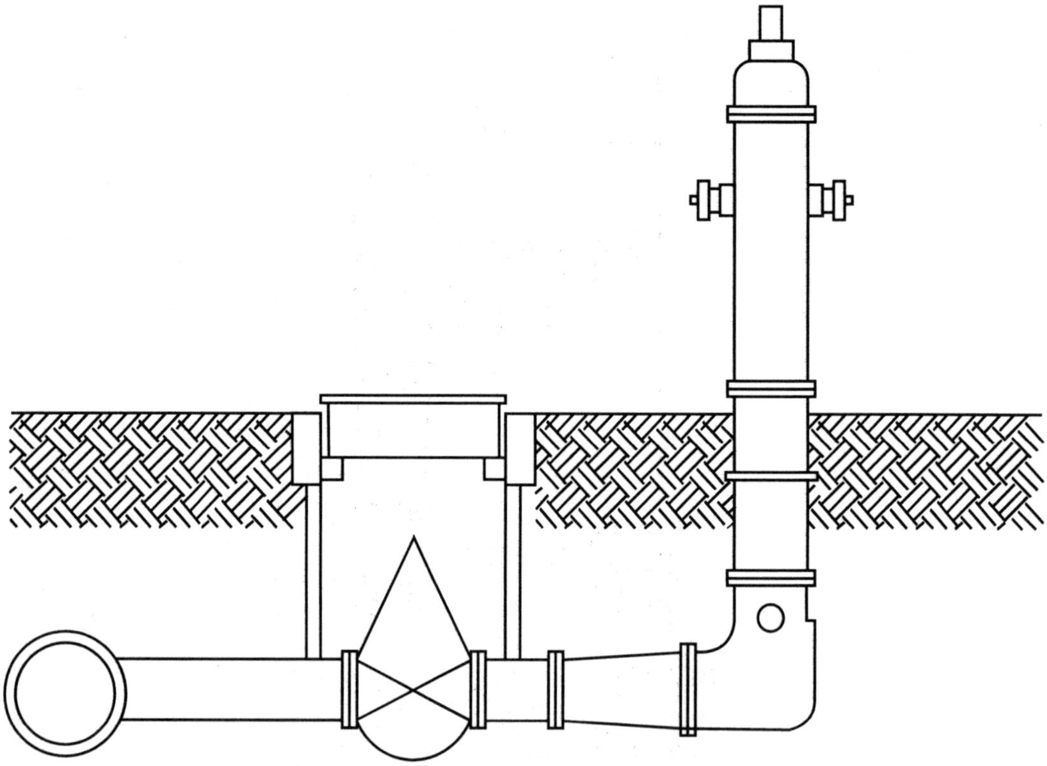

☞ 위의 상수도 소화전 1과 2를 연결하여 완성한다.

스프링 클러 헤드

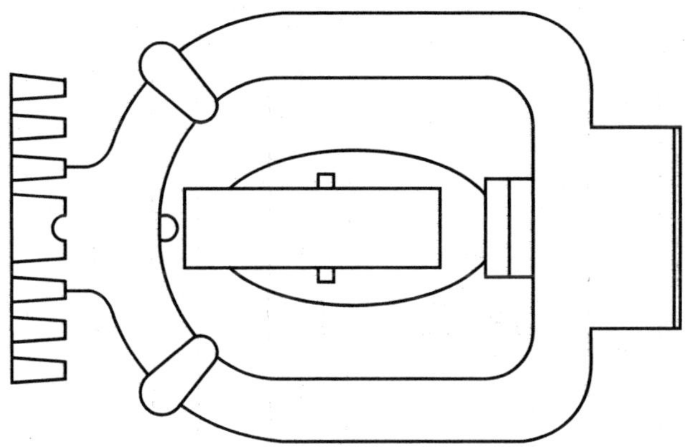

완료 ↑

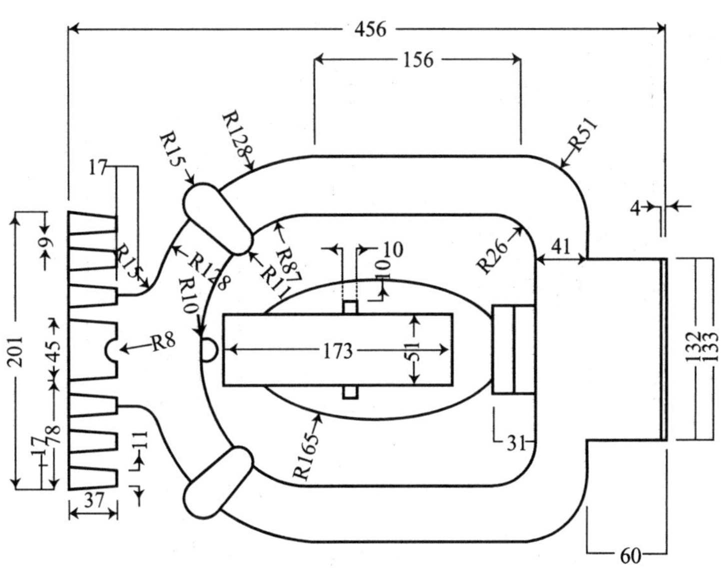

☞ 스프링클러 헤드를 배관에 연결하여 완성한다.

스프링 클러 헤드를 배관에 연결하여 완성한다

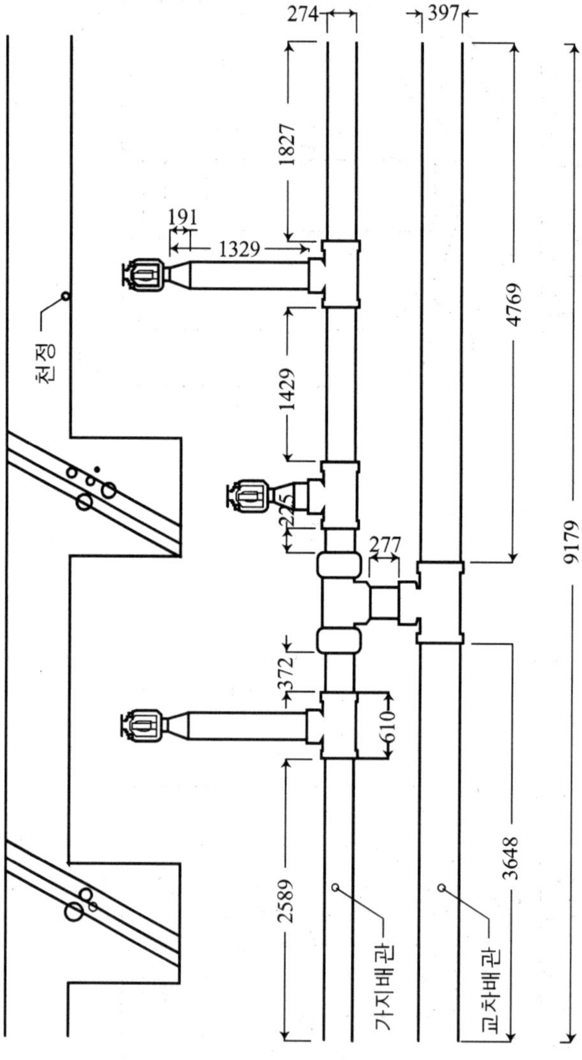

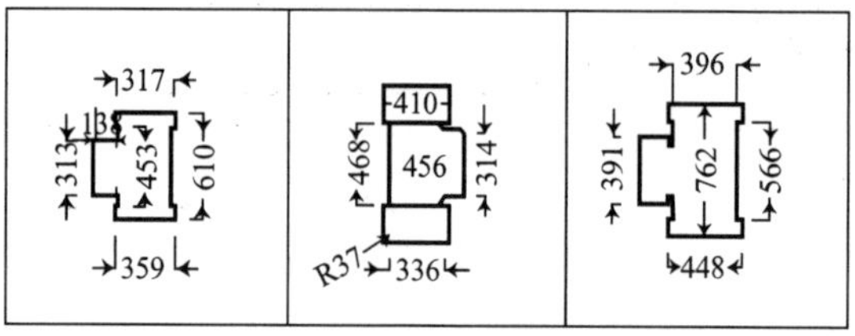

스프링클러 헤드

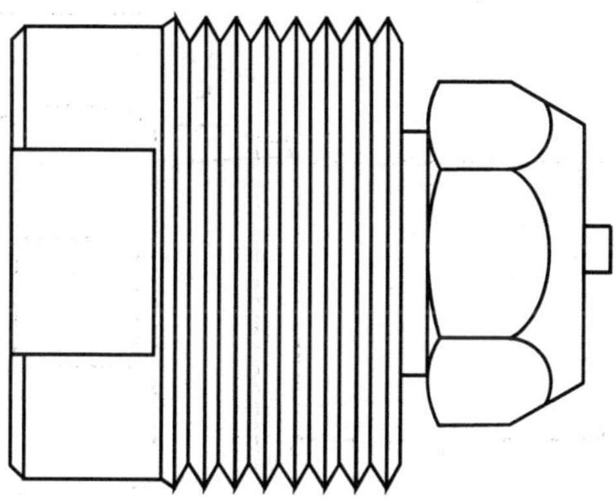

완료 ↑

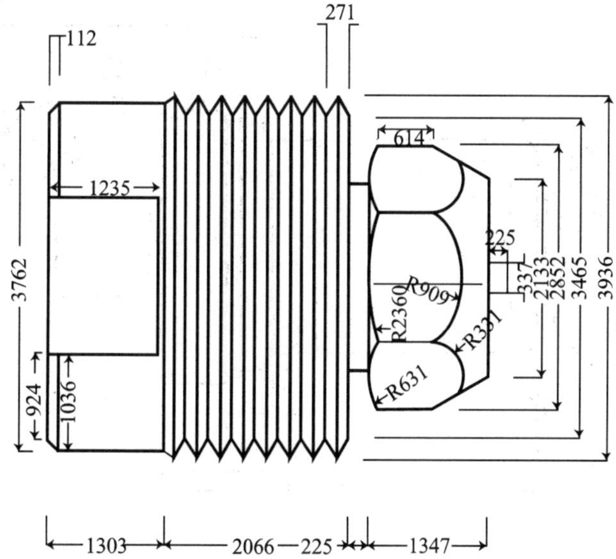
112
271
614
1235
225
3762
R909
R2360
337
2133
2852
3465
3936
R331
924
1036
R631
1303
2066
225
1347

릴리프 밸브

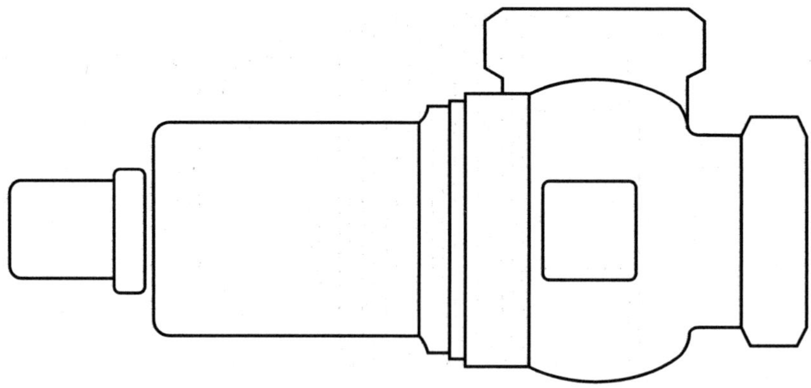

완료 ↑

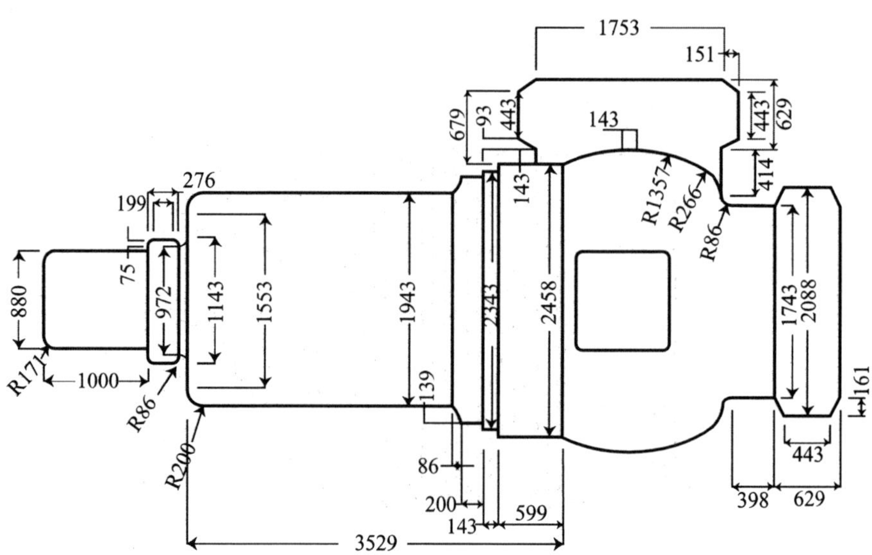
1753
151
679
93
443
143
443
629
414
R1357
R266
R86
276
199
75
880
972
1143
1553
1943
2343
2458
1743
2088
161
R171
1000
R86
R200
139
86
200
143
599
3529
443
398
629

기어 박스 본체

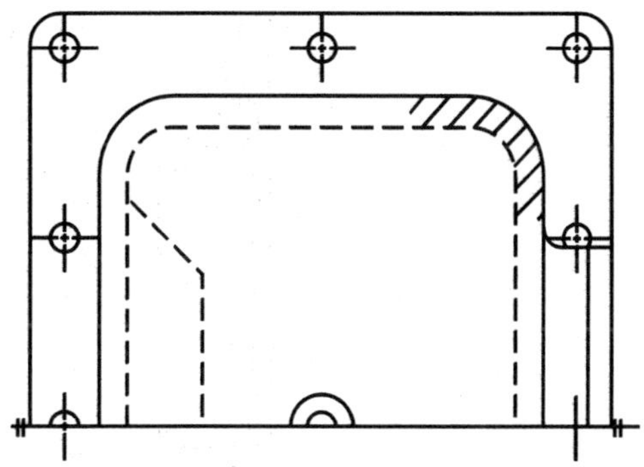

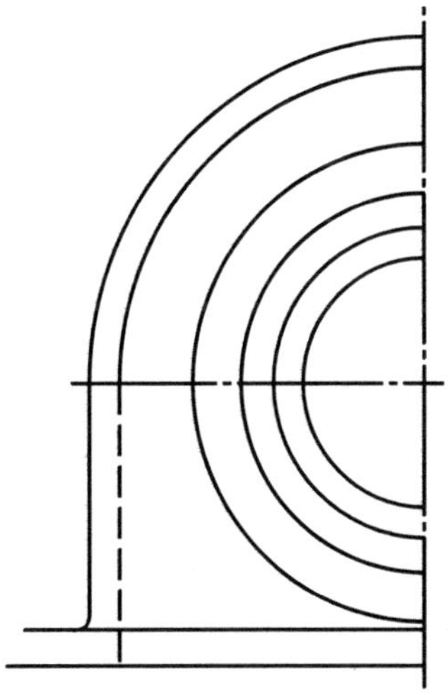

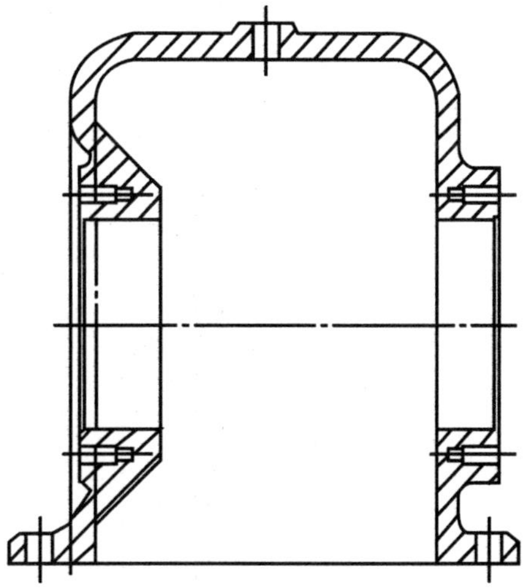

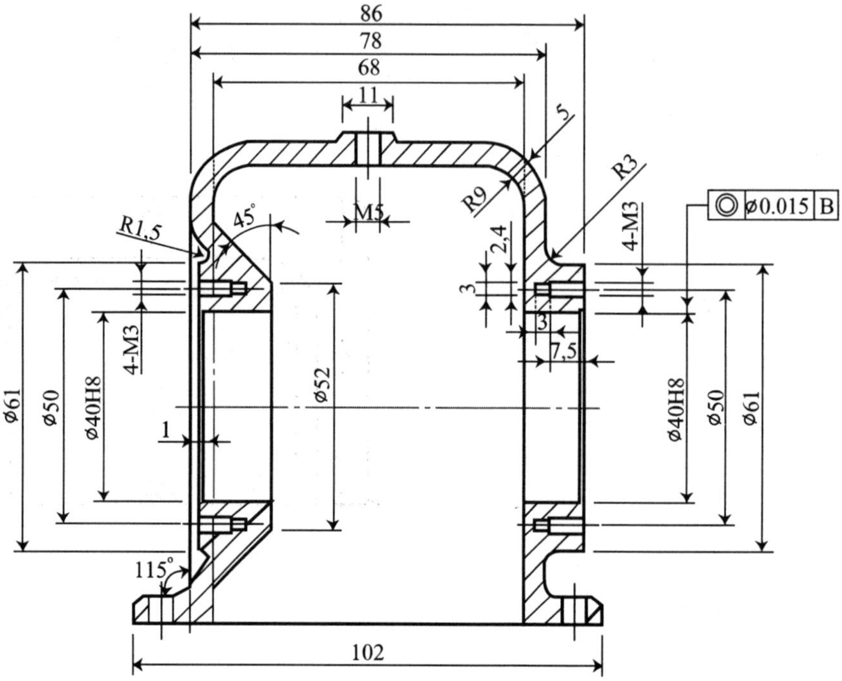
86
78
68
11
5
R3
R9
M5
45°
R1,5
2,4
4-M3
3
3
7,5
◎ ø0.015 B
ø61
ø50
ø40H8
4-M3
ø52
1
ø40H8
ø50
ø61
115°
102

완료 ↓

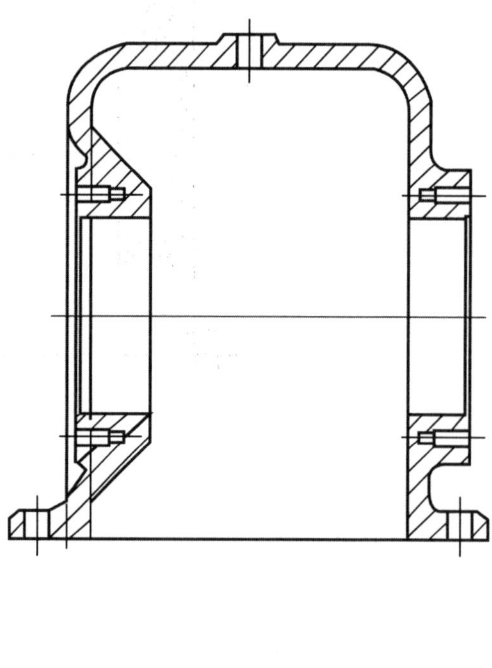

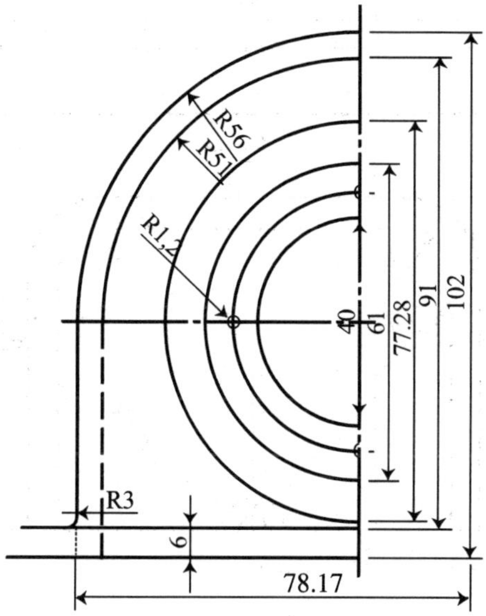

완료 ↓

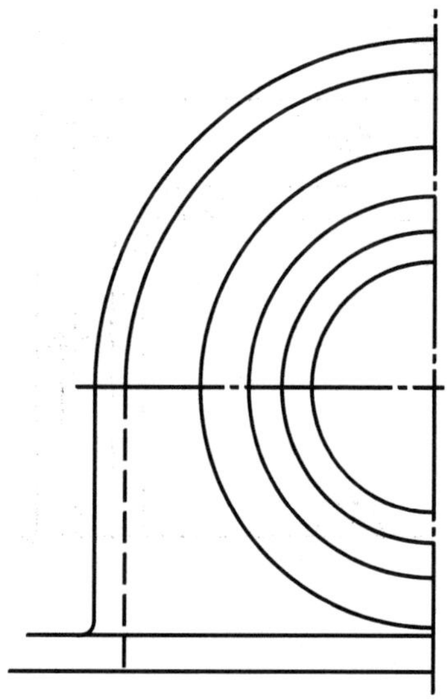

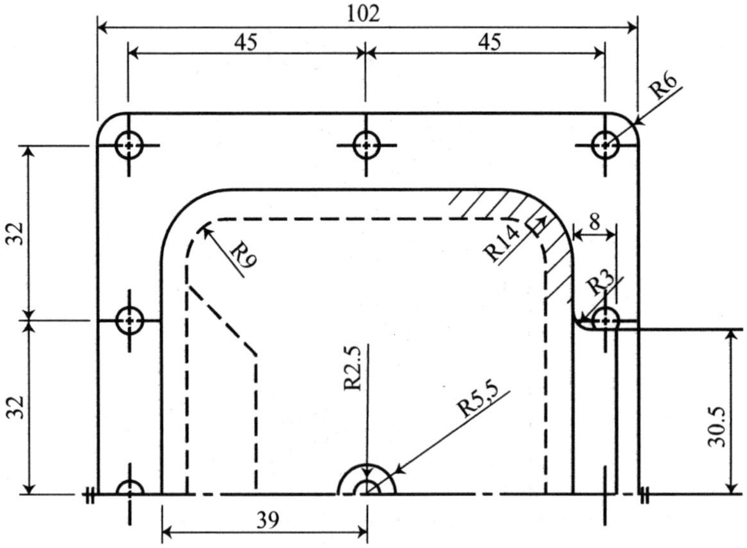

완료 ↓

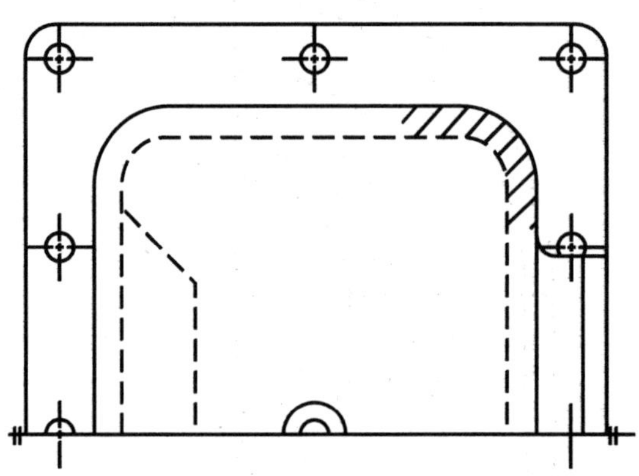

기어박스 V 벨트풀리

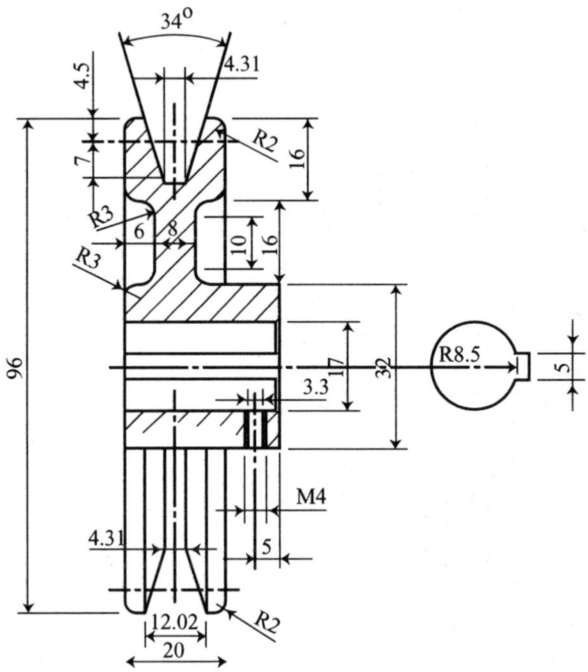

완료 ↓

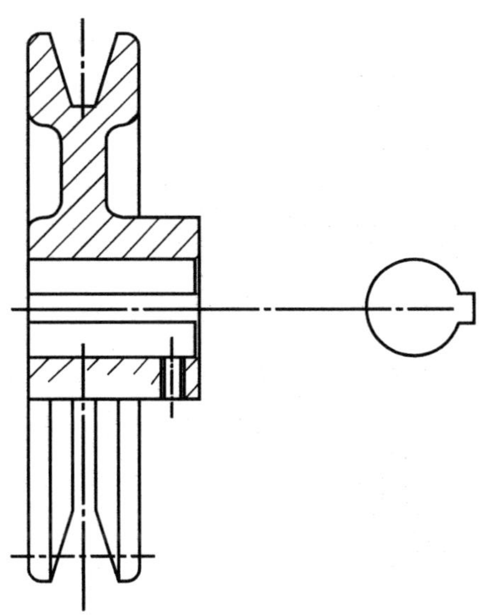

기어박스 스퍼기어

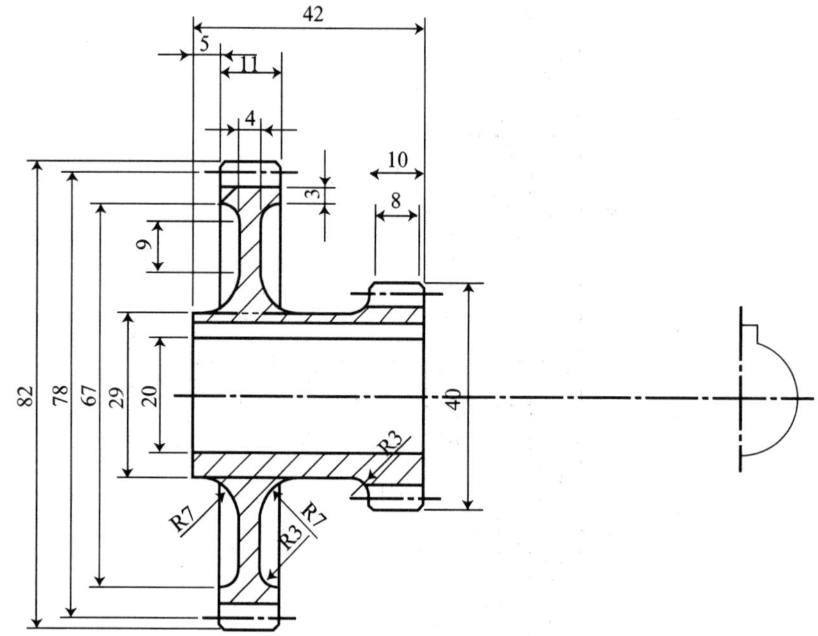

완료 ↓

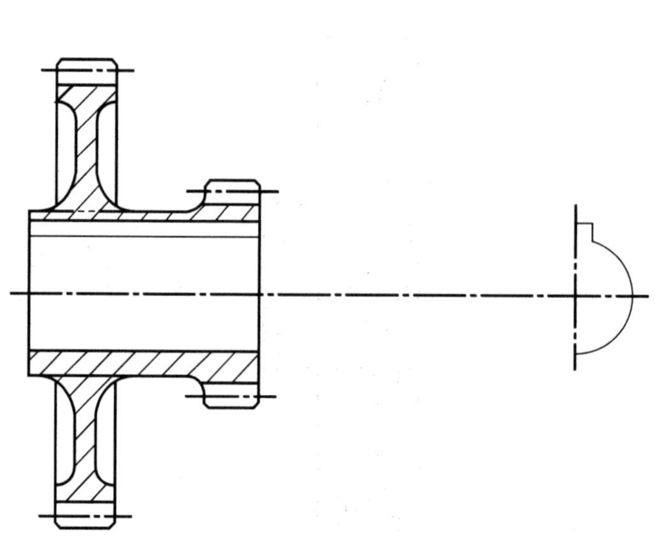

기어박스 축

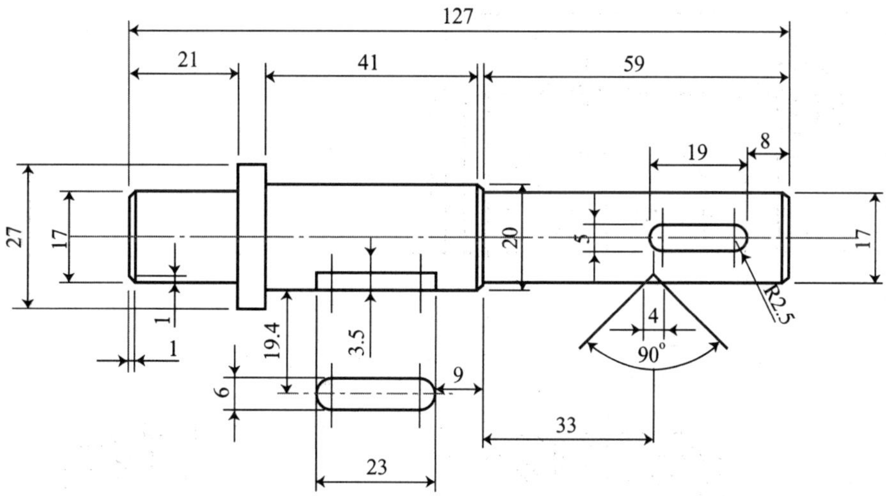

완료 ↓

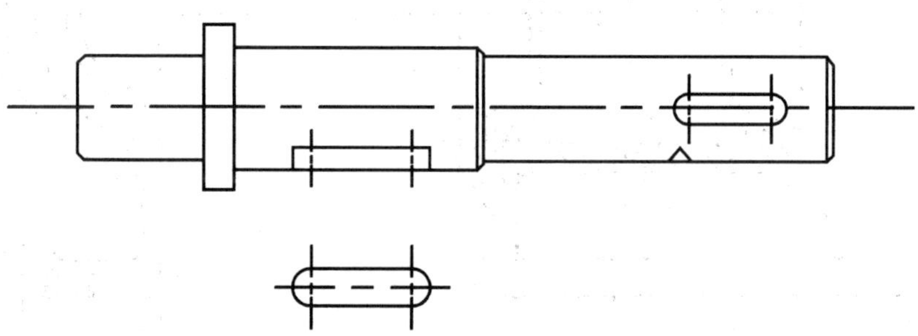

동력 전달장치 I (본체)

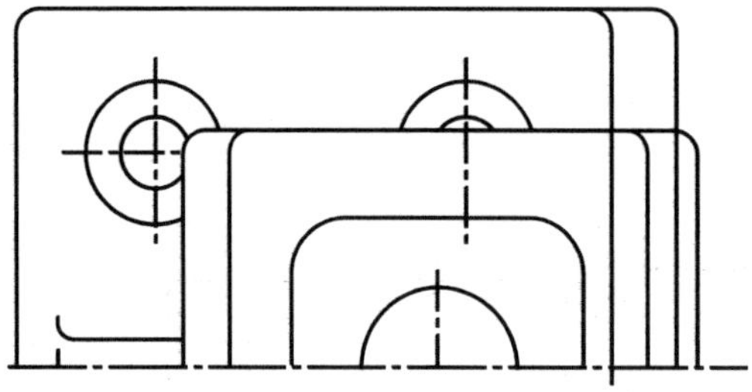

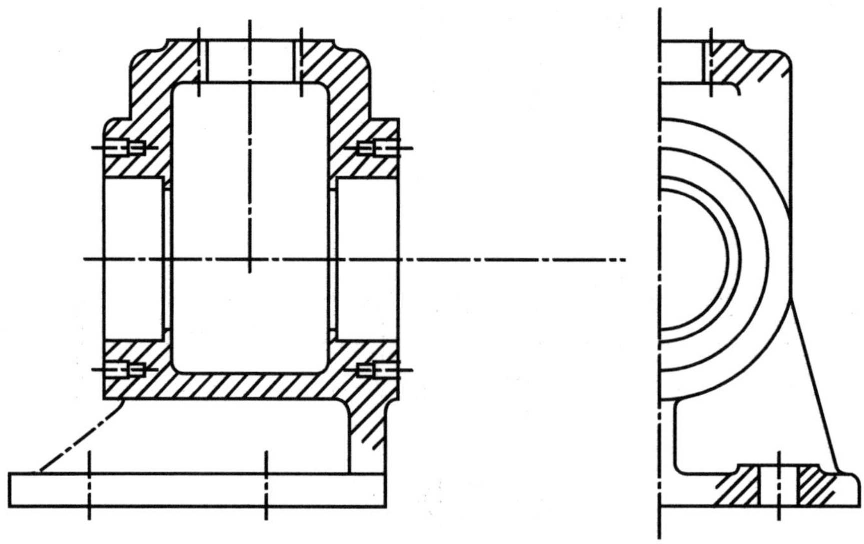

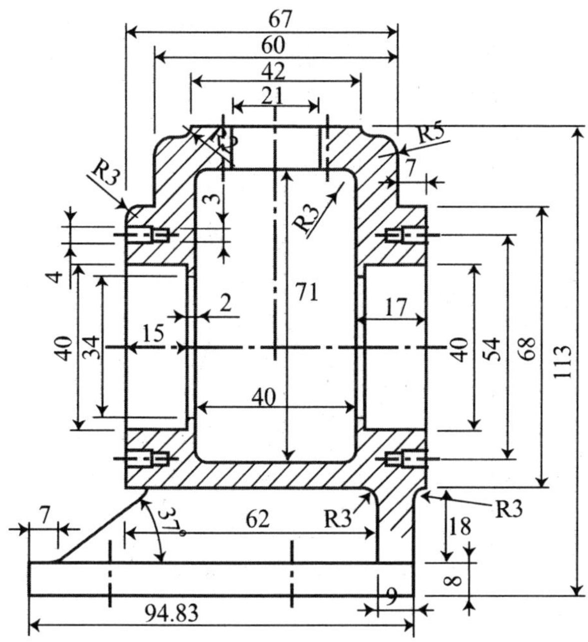
67
60
42
21
R5
R5
R3
7
3
R3
71
4
2
17
15
40
34
40
54
68
113
40
7
37°
62
R3
R3
18
8
9
94.83

완료 ↓

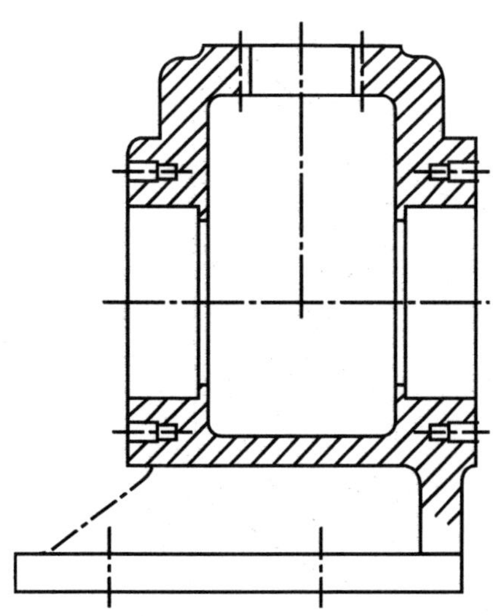

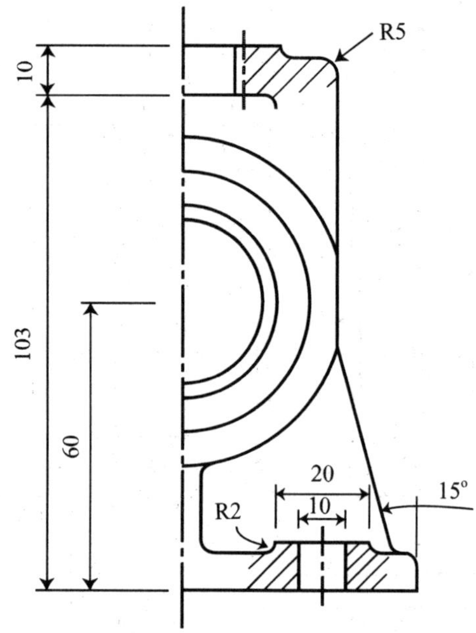

완료 ↓

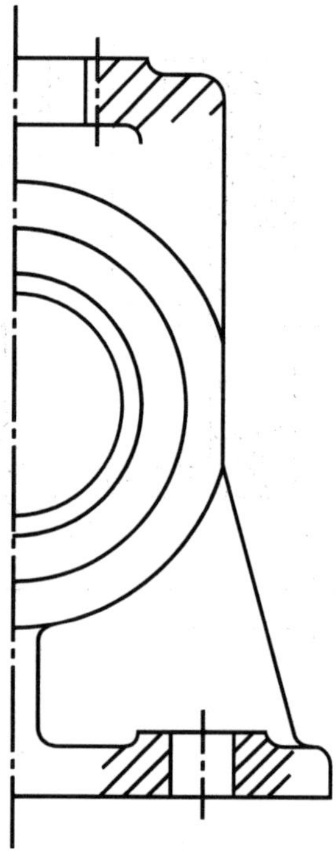

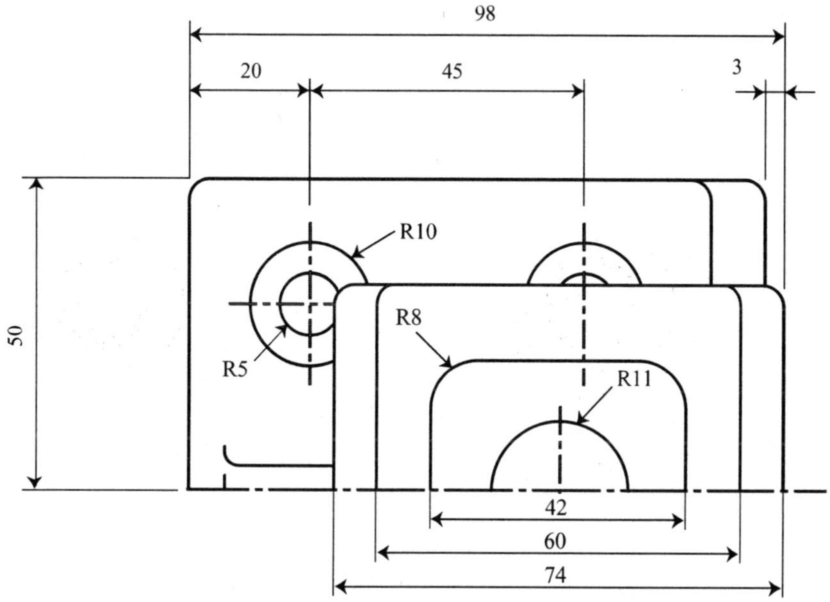

완료 ↓

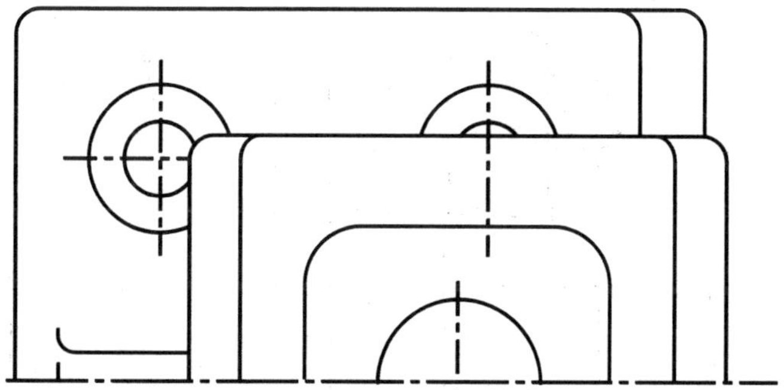

동력 전달장치 I (편심축)

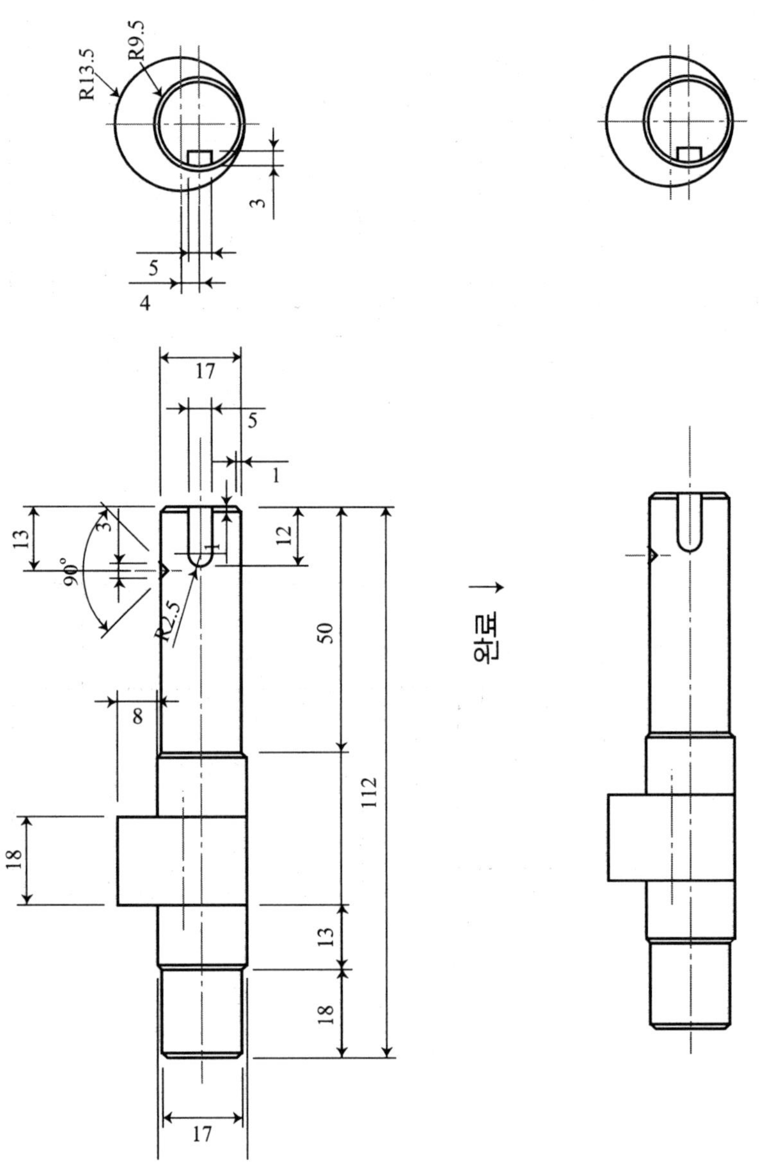

동력 전달장치 I (커버 1)

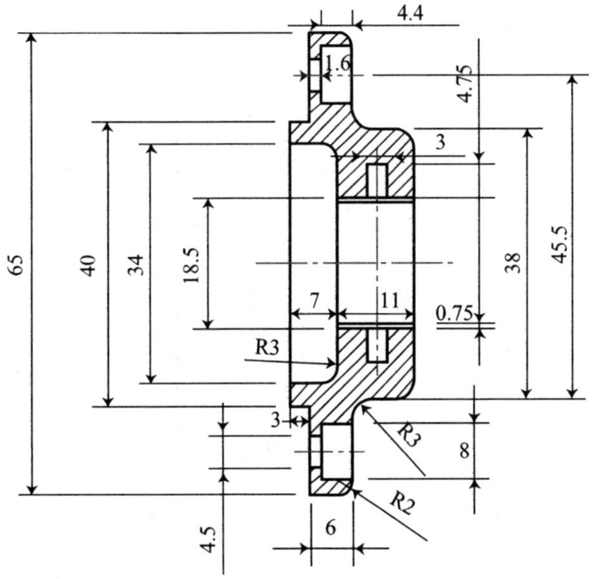

완료 ↓

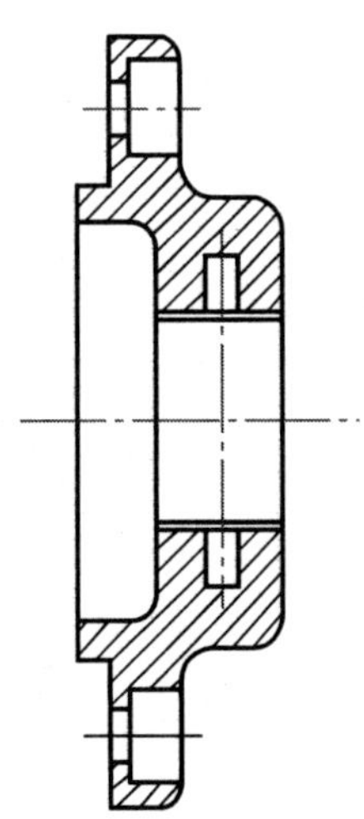

동력 전달장치 I (스프로킷)

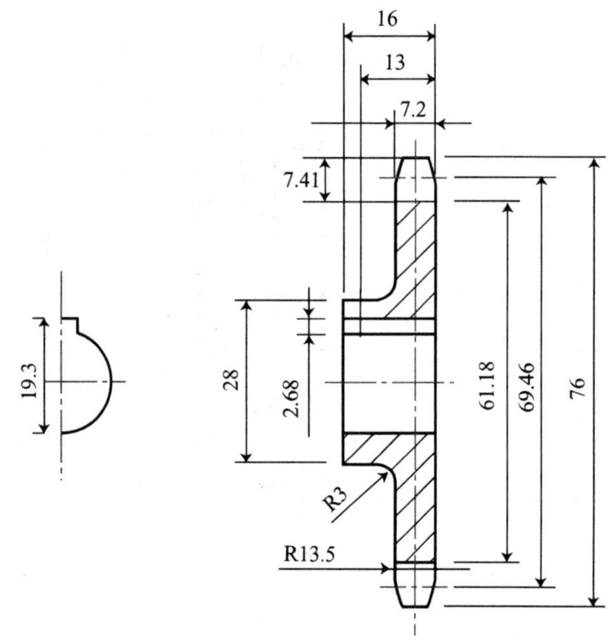

완료 ↓

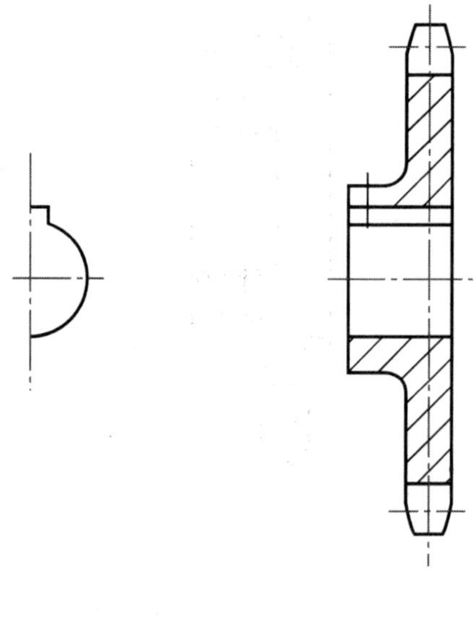

동력 전달장치 I (커버 2)

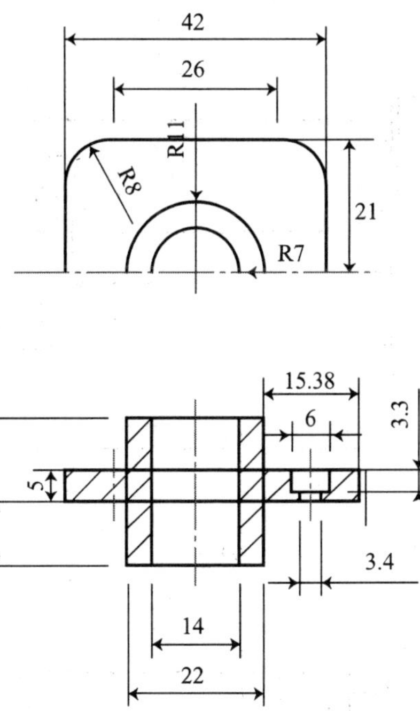

완료 ↓

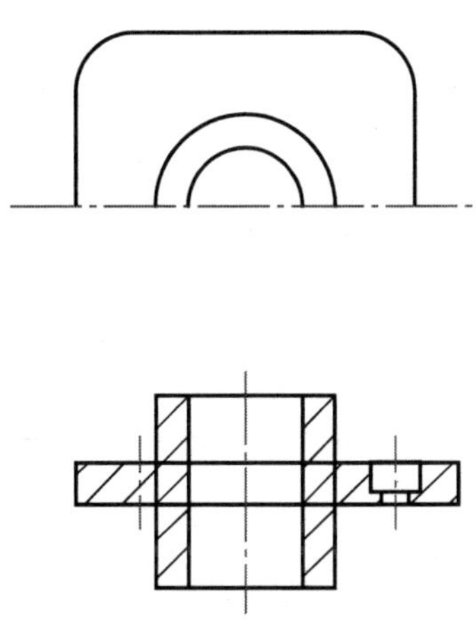

동력 전달장치 I (슬라이더)

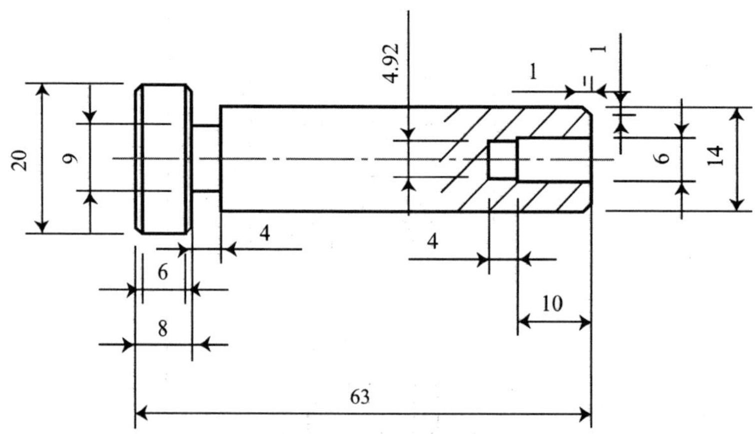

완료 ↓

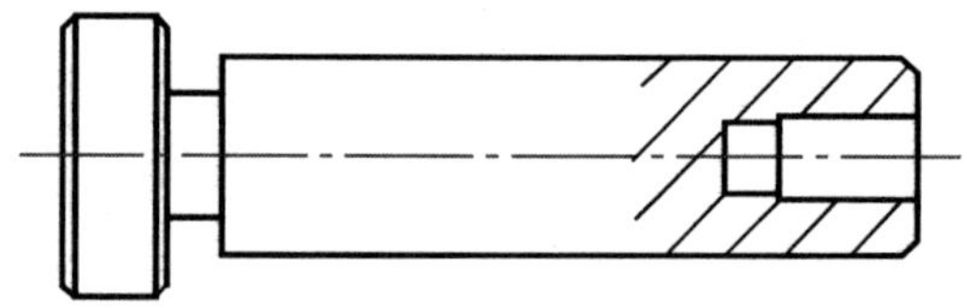

동력 전달장치 II (본체)

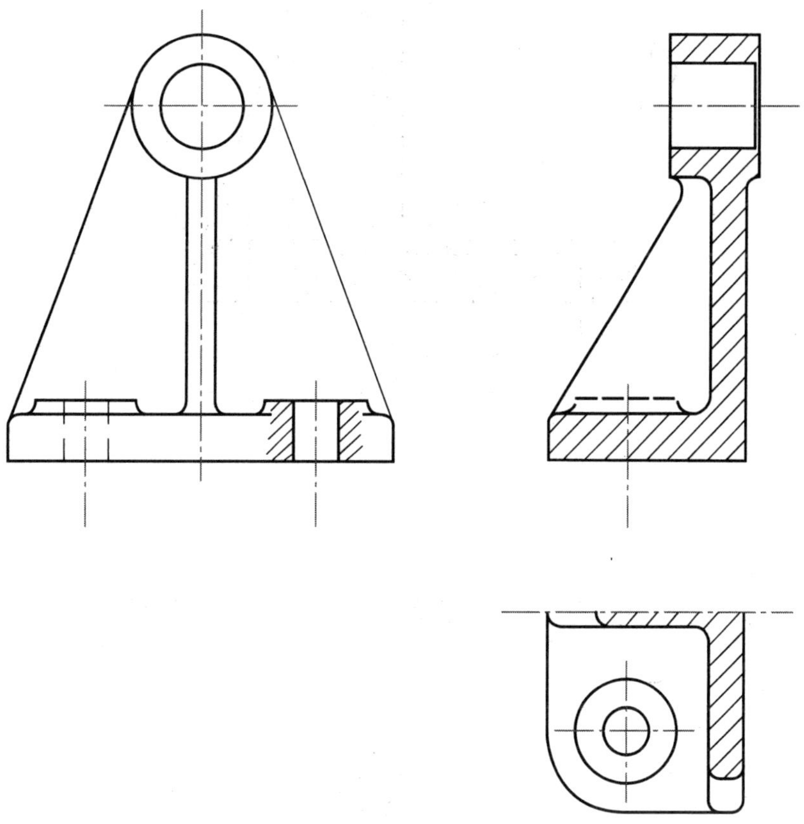

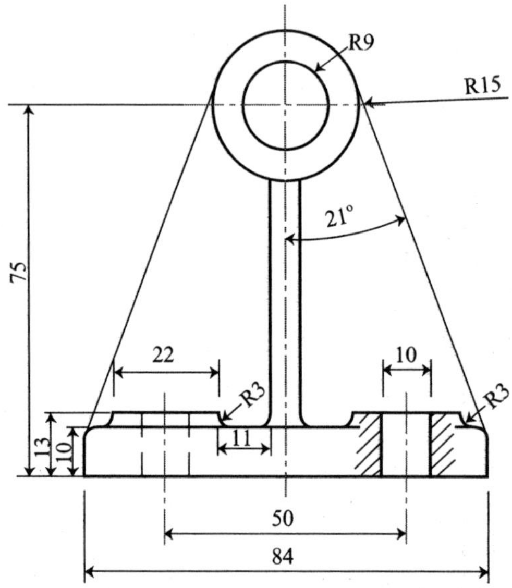

완료 ↓

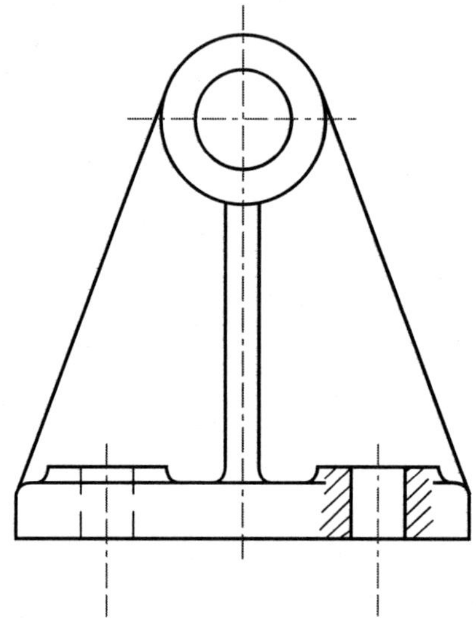

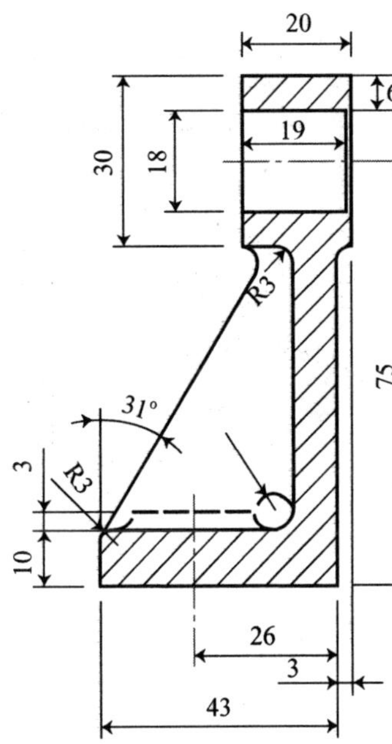

완료 ↓

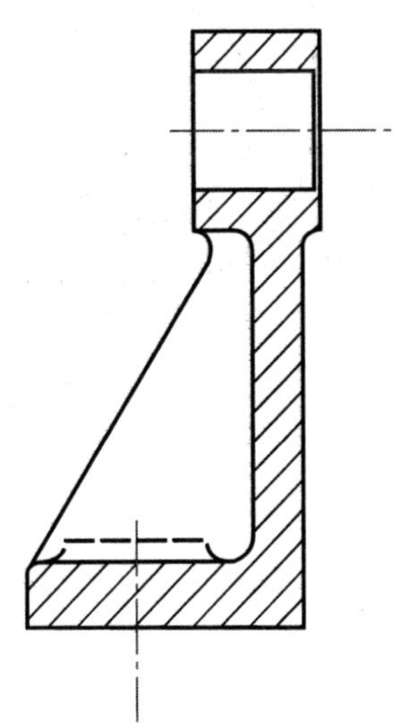

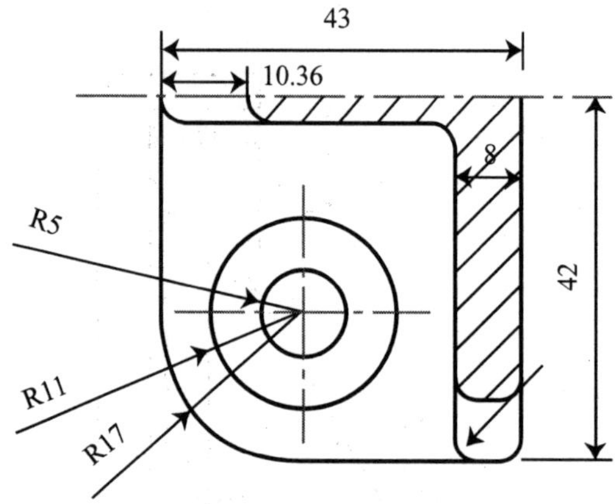

완료 ↓

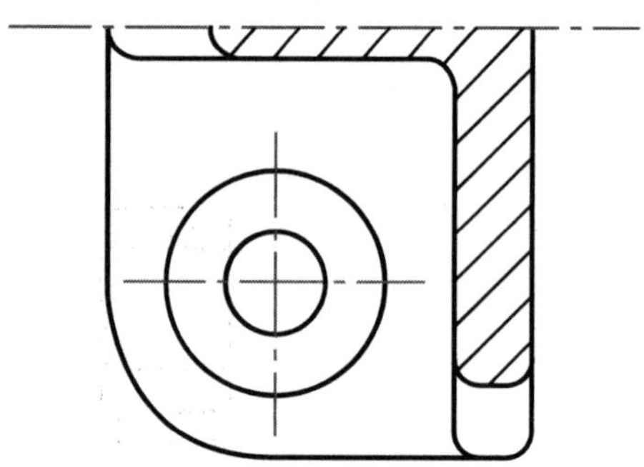

동력 전달장치II(V벨트 풀리)

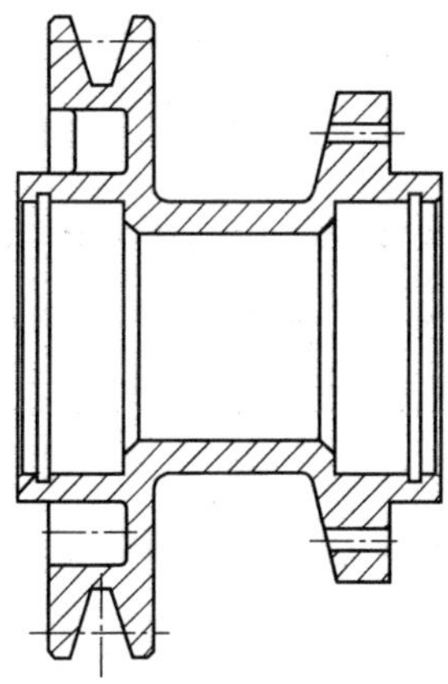

완료 →

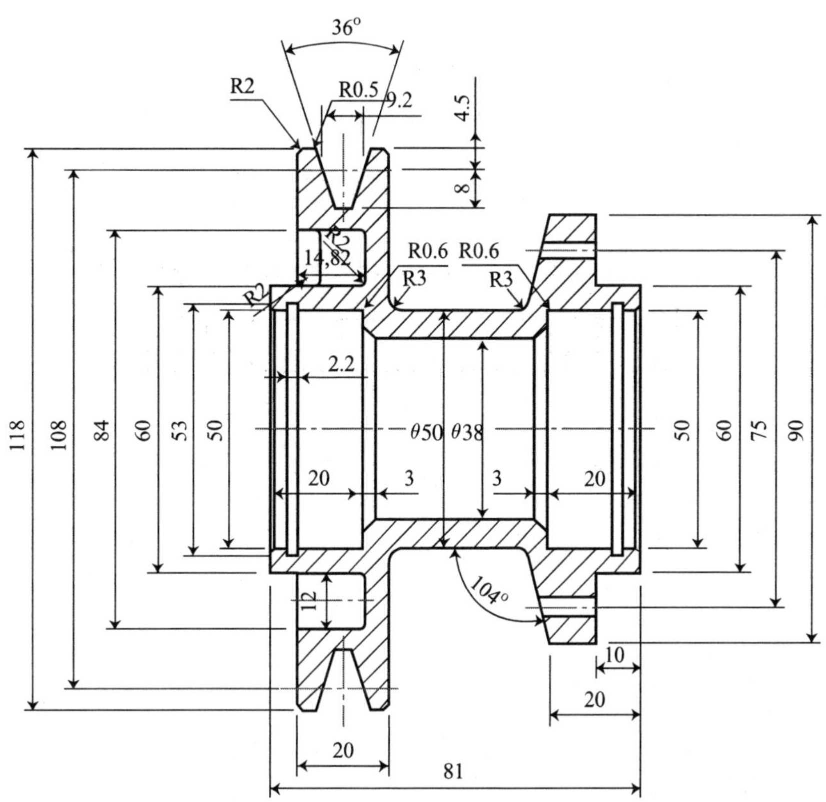

동력 전달장치 II(스퍼 기어)

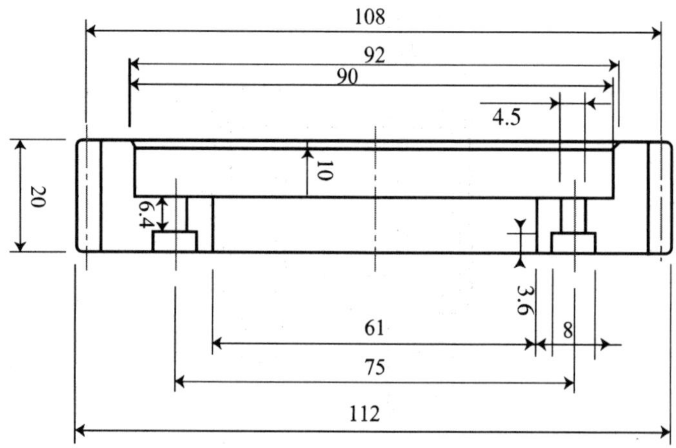

완료 ↓

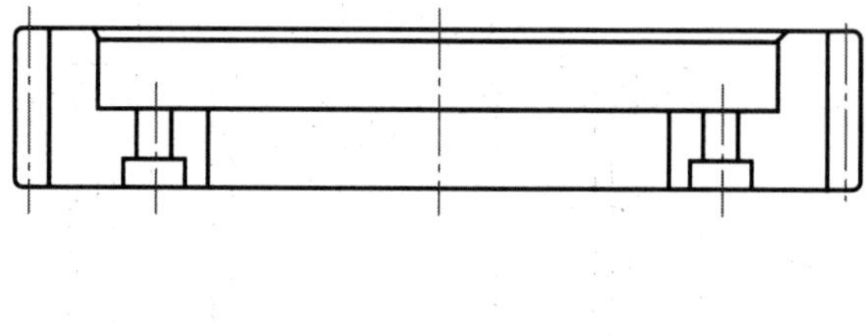

동력 전달장치 II(축, 스크루 베어링)

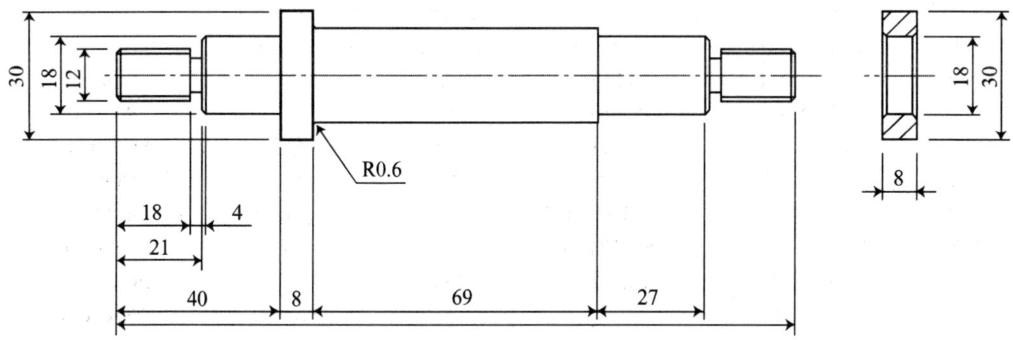

완료 ↓

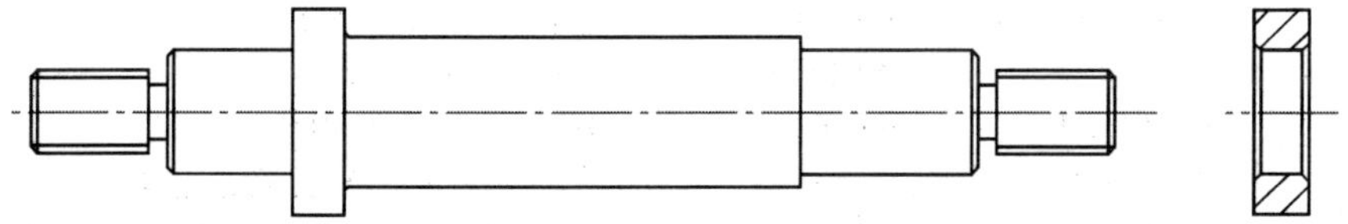

Auto CAD 명령어

그리기명령 (SKETCH)		
L	선 그리기	LINE
PL	연속선그리기	POLYLINE
SPL	곡선그리기	SPLINE
XL	무한선	X-LINE
RAY	광선 그리기	RAY
ML	다중 행 선 그리기	MLINE
REC	사각형그리기	RECTANGLE
POL	다각형그리기	POLYGON
C	원그리기	CIRCLE
A	원호 그리기	ARC
EL	타원그리기	ELLIPSE
DO	도넛그리기	DONUT
문자 기타 명령		
T	문자 쓰기	TEXT
DT	문자 쓰기	DTEXT
ST	문자스타일	STYLE TEXT
MT	다중 행 문자	MTEXT
SP	문자 검사	SPELL
ED	문자편집	EDIT TEXT
D	치수스타일지정	DIM
레이어, 해치, 블록 등 기타		
LA	레이어 설정	LAYER
LT	선 검색	LINETYPE
H	단면표기(해칭)	HATCH
BO	경계영역설정	BOUNDARY
POINT	점 표기	-
ME	길이분할	MEASURE
DIV	등분할	DIVIDE
G	그룹만들기	GROUP
UNITS	단위 설정	-
B	블록 만들기	BLOCK
WB	블록 만들기	WBLOCK
I	블록 불러오기	INSERT
RE	화면 해상도 복구	REGEN
R	화면정리	REDRAW
편집명령 (EDIT)		
E	지우기	ERASE
TR	자르기	TRIM
U	되돌리기	-

편집명령 (EDIT)		
REDO	되살리기(1번만)	-
PURGE	메모리 제거	
CO	복사	COPY
O	옵셋	OFFSET
MI	대칭복사	MIRROR
M	이동	MOVE
SC	축소 확대하기	SCALE
EX	연장하기	EXTEND
RO	회전하기	ROTATE
S	늘리기	STERTCH
AR	배열	ARRAY
F	라운딩	FILLET
CHA	모따기	CHAMFER
X	분해하기	EXPLODE
BR	중간자르기	BREAK
MA	특성 일치	-
LTS	선종류별 축척	LINE TYPE SCALE
LIMITS	한계 설정	-
TRACE	두께 선	-
SOLID	속이 찬 다각형	
LEN	객체 길이 조절	LENGTHEN
DIST	길이 측정	-
LIST	객체 정보 표시	
AREA	면적계산	
특성 및 환경 변경		
QSAVE	저장하기	QSAVE
NEW	새로운 도면	NEW
OPEN	열기	OPEN
Z	줌, 확대, 축소	ZOOM
P	화면 이동	PAN
CH	특성 경 메뉴 구성	CHANGE
OP	옵션 설정	OPTIONS
DWGPROPS	도면 정보	DWGPROPS
SE	스냅 설정	OSANAP
TO	도구 막대 부르기	TOOLBAR
RE	화면 해상도 좋게	REGEN
R	화면 다시 그리기	REDRAW
TIME	시간정보	TIME
SAVETIME	자동저장	SAVETIME

하 강 훈

• 순천제일대학교 소방방재과 교수

Auto CAD 이해와 활용 정가 20,000원

발 행 2022년 9월 10일 2판 1쇄
저 자 하강훈
발행인 정우용
발행처 도서출판 동화기술
경기도 파주시 광인사길 201(문발동, 파주출판도시)
Tel (031)955-4211~6 donghwapub@nate.com
Fax (031)955-4217 www.donghwapub.co.kr
(등록) 1977년 12월 19일/9-16호

Printed in Korea
ISBN 978-89-425-9376-7